ヘーゲル 主体性の哲学

〈自己であること〉の本質への問い

Hegel
Philosophie der Subjektivität:
Frage nach dem Wesen des Selbstsein

嶺岸佑亮
Yusuke MINEGISHI

東北大学出版会

Hegel Philosophie der Subjektivität :
Frage nach dem Wesen des Selbstsein

Yusuke MINEGISHI

Tohoku University Press, Sendai
ISBN978-4-86163-297-6

本書は「第 13 回東北大学出版会若手研究者出版助成」
（2016 年）の制度によって刊行されたものです。

目次

凡例

一、ヘーゲルの大全集版のテクスト（*Gesammelte Werke*, Hamburg, 1968ff.）からの引用は、ＧＷの略号を用い、巻数の後に頁数をそれぞれアラビア数字で表記する。

二、その他のヘーゲルのテクスト及び講義録からの引用に際しては、以下の略号を用い、巻数の後に頁数をそれぞれアラビア数字で表記する。

ＰｈＢ４１４ …… *Phänomenologie des Geistes, Hamburg*, 1988

ＳＷ …… *Werke in zwanzig Bänden*, Frankfurt a/M, 1971

ＶＰＲ …… *Vorlesungen. Ausgewählte Nachschriften und Manuskripte. Vorlesungen über die Philosophie der Religion*, Hamburg, 1983f.

三、本文及び註の中でヘーゲル、およびその他の哲学者のテクストから引用する際、理解の助けとなるよう必要に応じて訳文の後で（　）の中にドイツ語の原語を加えている。その際、大全集版のテクストからの引用の場合、当時の表記法のままではなく、現代の標準的表記法に改めている。

四、本文及び註の中で用いられている〈　〉の記号は、重要な思想を強調したり、一まとまりの長い言葉を見やすくするために用いている。

五、各章の註は、巻末にまとめて収録してある。

序論

はじめに ——〈自己であること〉について——

〈自己であること〉とは一体何を意味するのだろうか。この問いは、誰にとっても極めて身近な事柄であり、あまりにも自明である。そのため、通例わざわざ改めて問うまでもない、というようにしてあっさりと片付けられてしまうことが多い。けれども時代や国、あるいは性別等々に関わりなく、誰にでも身近であるはずの〈自己であること〉について、二千五百年以上にわたって、様々な哲学者たちが問いを発してきたのもまた事実である。いや単に「様々な」というのではない。およそ哲学者たる限りの人物ならば、全ての者が何らかのかたちでこれを問わざるを得なかったといっても過言ではない。それは一体なぜなのだろうか。そこには極めて内的で切実な必然性が潜んでいるはずである。およそ哲学という営みをしようとする者ならば、そうした必然性から眼をそらすことなく、むしろそれを直視することが求められよう。

これから本書で取り上げるG・W・F・ヘーゲル（一七七〇～一八三一）という思索家もまた、この問いに直面せざるを得なかった。従来の一般的な理解では、ヘーゲルは、「絶対者」であるとか「絶対精神」といったものをその中心的思想として掲げており、われわれ人間という有限な存在者についてはあくまでも主題的にではなく、せいぜいのところ副次的に論じているに過ぎないと見做されてきた。だが前世紀後半以来の一連の発展史的研究の成果により、そうした見方は大きく覆されてきた。すなわち、ヘーゲルの哲学的思索は、人間という有限な存在者と無限な存在者との隔絶という、カントが『純粋理性批判』の弁証論で提示した問題を受け止め、何とかして両者の間に橋を架けようと試みたものであった。その試みの詳細については、現在までの研究の進展により、初期の神学論考やイエーナ期の一連の体系構想に即してかなり明確にされてきたといえる。

だが残念なことに、それらの優れた成果は、現在までのところ、ヘーゲルの主著の一つである『大論理学』に反映されるまでには至っていない。従来の研究を概観すると、ヘーゲル論理学については、もっぱら弁証法（die Dialektik）の側面から考察されてきたといえる。思考の運動やプロセス自体をいわば客観的に論じること自体の重要性は否定されるべきではないが、それだけではなお十分ではない。なぜなら、そうした運動やプロセスの担い手、換言すれば、「主体」の位置付けや本質的特徴にまで踏み込んで論じてこそ研究として十分なものになるはずであるのに、この点に対して十分に光が当てられているとは言い難いからである。

その一方で、ヘーゲル論理学について存在神学論（die Ontotheologie）の観点を手掛かりとした研究がドイツを中心に行われてきた。その際こうした研究が大前提とするのは、ヘーゲル論理学が「純粋な思想」の体系である、ということである。それは一面では正しい。ただし、この「純粋な思想」が有限な存在者とは隔絶した「絶対者」の思想なるものを扱っているとするならば、決して正しいとはいえない。ヘーゲル自身、『大論理学』の序論で「真理とは、純粋な自己意識（das reine Selbstbewußtsein）であり、また、自己の形態（die Gestalt des Selbst）を有している」（ＧＷ１１、２１）と明確に述べているからである。これに従うならば、ヘーゲル論理学は、むしろ我々有限な存在者の自覚的な在り方を「純粋な思想」においてとらえ返し、掘り下げようとしているとみるべきことが明らかとなる。しかるに、まさにこうしたヘーゲルの言明こそ、従来の研究ではほとんど顧慮されてこなかったのであった。本書では、ヘーゲルの思索の初期から後期の宗教哲学に至るまでを跡付けることで、こうした言明がどれほどの射程を有するのかについて可能な限り明らかにすることを試みる。だがその前に、まず〈自己であること〉をめぐるヘーゲルの思索にみられる様々な要素や層について、注意を喚起しておく方がよいだろう。

a）ヘーゲルにおける主体性の理解とハイデッガーによる形而上学批判

本書の目的は、近代ドイツの哲学者ヘーゲルの哲学における主体性（die Subjektivität）の思想について、その哲学的思索の初期から後年のベルリン期に至るまで、すなわち一七九〇年代後半から一八二〇年代後半にかけての思想的発展を跡付け、解明することにある。特にその際、有限な存在者が〈自己であること〉の本質や、その自己知に対して主体性の思想がどのように関係するのか、という観点をもとに考察を進める。

ヘーゲルの哲学は、主体性の哲学である。主体性とは、ヘーゲルによれば、経験的・心理学的な概念を意味せず、むしろ形而上学的な、あるいは彼独自の意味で「論理学」的なものと理解される。このことから、ヘーゲルの哲学は、第一義的には〈主体性の形而上学〉と特徴付けることが出来よう。だがこれに対し、直ちに次のような疑義が提起されるかもしれない。すなわち主体性の考えや、そもそも形而上学というものは、ヘーゲルが生きていた一八、一九世紀という過去の時代の遺物であって、現象学や解釈学、構造主義や分析哲学等々といった、様々な思想的転換を迎えた二〇世紀を経た今となっては、もはや過去の記念物としての居場所しか残っていないのではないか、と。

二〇世紀最大の哲学者のひとりであるM・ハイデッガー（一八八九〜一九七六）は、形而上学における存在忘却（die Seinsvergessenheit）という事態に対して一貫して批判的な態度をとり続けてきた。ハイデッガーによれば、「主体（subjectum）からして規定されているものの、必ずしも自我によって規定されているのではない」ような「存在」、あるいは「現実性の本質」といったものは、近代形而上学においては「主体性」として、もしくは彼自身の言葉遣いで言えば「Subjectität」として理解される。ハイデッガーによれば、現実に存在するものをまさしく存在するものたらしめる本質や根底こそ、いうところの「主体性」に他ならない。[1] さらにハイデッガーは、こうした主体性のうちに意志的な性格を認め、この性格がヘーゲルの場合にも同様に当てはまるとして次のように述べる。「形而上学の終焉は、ヘーゲルによる精神の意志としての絶対的意志の形而上学とともに始まる」。[2] 主体性が単に人間という個別的存在者の一特性を意味するに過ぎないのではなく、存在するものがまさに存在するものとして成り立つことの根幹にかかわるとする点では、ハイデッガーの指摘は正しいといえる。

翻ってヘーゲル自身について見るならば、主体性の考えが詳細に展開されるのは、主著の一つである『大論理学（Wissenschaft der Logik）』（一八一二〜一六年、うち「存在論（Das Sein）」第二版は一八三二年に刊行）においてである。中でも、一八一六年に出版された第二巻「概念論（Die Lehre vom Begriff）」の第一章に対し、「主体性（Die Subjektivität）」という題が与えられている。この章で議論の対象となるのは、ヘーゲル哲学全体の中心的モチーフたる「概念（der Begriff）」である。こうしたヘーゲルの主体性の思想が、ハイデッガーがいうように「意志（der Wille）」として特徴付けられるのかといえば、決してそうではない。なぜならハイデッガーに従うならば、意志としての主体性は、存在するものを成り立たせる原理である一方、存在するものに対して異質なものに対するかのように外側から干渉するため、主体性は、存在するものにとって真の意味で固有な原理であるとはいえないからである。これに対しヘーゲルによれば、主体性は自発的な活動を伴うとされる。この場合、活動は第一義的には主体性自身の外なるものに向かうのではなく、むしろ当の主体性自身へと向かうのだと理解される。

以下の論述でみるように、主体性は、こうした自発的な活動によってこそ、真に〈自らがそれであるところのもの〉として、換言すれば自己自身として存在する。このような活動とは、ヘーゲルによれば、ハイデッガーの場合とは異なり、「意志」ではなく、むしろ〈自己認識〉という知のはたらきである。

そうはいっても、ここでいう〈自己認識〉とは、あくまでもいわゆる「絶対精神」の自己認識であって、我々人間という有限な存在者の自己認識とはかけ離れているのではないか、という別の疑義が持ち出されるかもしれない。一体なぜそのような疑義が提起されるのか。それは、ヘーゲルがいう意味での〈自己認識〉といったものは、有限な存在者の能力の限界を遥かに超え、その知の営みから大きく外れており、だからそうしたものについて論じることは無意味ではないかという懸念が付きまとって離れないからである。だが筆者としては、そのようなことは決してないと主張したい。ヘーゲルが論理学で示している主体性の思想は、有限な存在者が自ら自身に基づいて活動し、それによって自ら自身を認識し知るという、こうした事態から隔絶したものなのではない。また主体性は、有限な存在者をその自己認識もろとも根絶してしまうようなものでもない。むしろ主体性は、有限な存在者の自己認識を基礎づける役割を果たしており、有限な存在者自身によって明らかなものとして認識され得る。本書では、以下の各部の論述を通してこれらの事態を明らかにする。

b）ヘーゲルにおける主体性の思想の形成

「汝自身を知れ（Γνῶθι σαυτόν）」というデルフォイの名高い神託の言葉は、古代ギリシア以来、哲学的思索を推進する原動力の一つとしての役割を果たしてきた。人間という有限な存在者がその本質において一体何者であるのか、ということを自ら問い求めることは、常に哲学の根本的な課題の一つであり続けている。そのことは、ヘーゲルが属する近代哲学の場合もまた然りであり、とりわけ他ならぬヘーゲル自身にこそ当てはまるといえる。このことからも、ヘーゲルにおいてはいわゆる「絶対精神」こそ全てであり、それと比べるならば有限な存在者など無に等しいものに過ぎず、退けられるべきである、などとする解釈は適切ではないことが窺えよう。(3)

そもそもヘーゲルは、その経歴の初めから哲学的思索の形成へと向かったわけではない。また彼独自の意味での主体性の考えも、ヘーゲル自身にとって最初から明らかであったわけではない。一七九〇年代半ばから後半にかけて、ヘーゲルは、最初はスイスのベルンで、後にドイツに戻ってフランクフルトで神学の研究に打ち込んでいた。その際彼が目指していたのは、一つには、有限な存在者が無限なものへと近付くことが一体どのようにして可能なのかということであり、もう一つには、有限な存在者が自ら自身のうちにその内なる無限を見出すことが出来るのは一体どのようにしてなのか、ということの解明であった。

ヘーゲルは、とりわけ『ヨハネによる福音書』に見られるような、父・子・聖霊という〈三位一体〉なる神、及びイエス・キリストとしての〈受肉〉という、キリスト教における二つの根本的教義の意味について徹底的に問いつつ、独自の「精神（der Geist）」の思想を形成していった。そうした只中で、有限な存在者と無限なものとの関係は、〈精神が精神に向かい合う〉ということであり、したがって、そこにはいかなる異質さも介在することはない、という考えが形成されたのであった。

「それ自身精神であるのではないようなものが、一体どのようにして精神を認識することが出来るというのか（Wie könnte dasjenige einen Geist erkennen, was nicht selbst ein Geist wäre?)。精神の精神に対する関係（die Beziehung eines Geistes zu einem Geiste）とは、調和の感情（Gefühl der Harmonie）であり、両者の合一（Vereinigung）である。異種的なもの（Heterogenes）がどのようにして合一し得るというのか」（SW1、382)。

ヘーゲルによれば、無限なもの（das Unendliche）は、有限な存在者にとって接近可能であると理解される。それればかりではない。有限な存在者が無限なものに接近するということは、同時にこの有限な存在者が自らに固有なものへと向かって深まることを意味する。ここでは、有限な存在者の存在も、その活動も、この存在者が精神としてとらえ返されることによって積極的なものとして示されている。

ヘーゲルは、こうした洞察を自らのものとして獲得しつつ、哲学的思索の道へと向かっていった。そして、この洞察はそれ以後も撤回されることなく維持され続ける。とはいえ、このようにして〈精神が精神を認識する〉ということであるとか、〈精神の自己認識〉という考えは、フランクフルト期においては、「調和の感情」という言葉に示されるように、なお感性的な側面の痕跡を残していた。そのことは、別の側面からみるならば、精神同士の合一が「愛」によって形成されるという点に認められる。愛の考えは、パウロ書簡の中で、「愛を身に着けなさい、愛は、すべてを完成させるきずなです」と述べられているように、キリスト教神学の中で最

も重要な位置を占めるものの一つである。(4)

愛とは、愛する相手のうちに、すなわち、他なるもののうちに自らを見出すことと特徴付けることが出来よう。このように〈互いが互いのうちに自ら自身を見出す〉ということは、「自己」を他のものから切り離されるような個別的なものとしてではなく、より高次のものとして、かつ普遍的なものとして見出すことを意味する。だがその際、愛する者は、自らが愛する相手のうちへと没入したままにとどまってしまう危険性に陥りかねない。そうなると、自ら自身をより高次のものとして獲得しつつ立ち返る、という契機が欠けてしまうことになる。しかるに、自ら自身とは異なるはずの相手に対して、別の言葉でいえば、「もう一人の自分(alter ego)」に対して、愛する者自身がより高次のものに高められた「自己」自身として存在するようになってこそ、はじめて真に開かれたものとして関わることが出来るようになるはずであろう。愛は、それが愛である限り、こうした「もう一人の自分」といったものから離れることが出来ないし、それを抜きにして単独で「自己」というものへと焦点を絞ることも出来ない。そのためには、むしろ愛とは別のものが原理として求められねばならないであろう。

これに対しヘーゲルによれば、有限な存在者にとって、より高次なものとしての自らの「自己」、あるいは〈自らが真にそれであるところのもの〉は、当の自ら自身にとってまさしくそのものとして存在しなければならない。換言すれば、有限な存在者には「自己意識(das Selbstbewußtsein)」という契機が不可欠である。この場合の〈自己意識〉が意味するのは、有限な存在者が自ら自身にとって存在する、ということである。ただし注意すべきことに、このことは、有限な存在者が自己閉鎖的でいかなる他なるものの介在をも許さず、他なるものとの交流を一切断ってしまう、ということを直ちに意味するわけではない。反対に、有限な存在者は、その自己意識においてさえも外へ向かって開かれている。したがって、「外」とはいっても、自己意識にとって全く異質であるわけではない。なぜなら有限な存在者は、こうした「外」といったものにおいてこそ自己意識を実現するとともに、自ら自身にとって〈自らが真にそれであるところのもの〉として存在するようになるからである。

c）有限な存在者の主体性は、より高次なものに根差している

右にみるように、有限な存在者は、その外なる現実性において、自らの活動によって自ら自身の本質を自らに対して獲得すると理解される。このことにより、有限な存在者の本質そのものが一定の〈現実性〉を獲得する。その際この本質は、有限な存在者自身の自己実現のプロセスを通してこそ、紛れもない「本質」として確証され得る。

有限な存在者は、このようにして自己実現の活動を行うことから、〈主体性〉をなすものと特徴付けられる。その際有限な存在者は、一方では〈個別的なもの〉でありつつも、同時に自らを〈普遍的なもの〉として知るのでもある。有限な存在者にとって、自らを自ら自身であらしめる本質としての「自己」は、それ自身にとって何よりも固有のものである。他方でこの「自己」は、それ自身とは別のものに対して排他的であるのはない。むしろ有限な存在者は、排他的になってしまうような特殊な在り方を自ら自身で否定することで、自らを高めるのであり、まさにそうすることで〈普遍的なもの〉となる。このようにみるならば、先に「愛」の考えで示されたような、「互いのうちにある自己」という考えが有限な存在者の主体性のうちに新たな仕方で確保され得ることが分かる。

ところで注目すべきことに、有限な存在者は、自発的な活動によって自ら自身を担い、その存在を保つと同時に、まさにその限りにおいてより高次のものに根差しているのでもある。このことは、一見非常に奇妙に聞こえる。というのも、〈自らにとって自ら自身として存在する〉ということは、十全な意味において自足した在り方を意味するはずであって、より高次のものなどそもそも必要ではないのではないのか、と問われるかもしれないからである。

ヘーゲルの理解では、同時代人であるJ・G・フィヒテ（一七六二〜一八一四）は、有限な存在者をまさにそのようにしてそれ自体で絶対化していた。一八〇一年に公刊された処女作である『差異論文（Differenz des Fichte'schen und Schelling'schen System der Philosophie）』の中で、ヘーゲルは、フィヒテの場合、一面性を免れないままの有限な「自己意識（das Selbstbewußtsein）」がより高次のものとの関係を抜きにそれだけで絶対化されてしまっていると述べ、次のような批判を加える。「フィヒテは、対立するもののうちの一方を絶対的なもの（das Absolute）のうちへと定立しており、あるいはまた、この一方のものを絶対的なものとして定立している。［中略］この自己意識は、より高次のものとしての絶対的なものへと関連付けられることがなく、むしろそれ自身が絶対的なものであり、絶対的な同一性（die absolute Identität）であるとされる」（GW4、64）。もしフィヒテのように考えるならば、こうした〈それ自体で絶対化された有限なもの〉は、何でも意のままに支配する専制君主のようなものとなってしまいかねない。しかるに〈恣意的・暴力的支配〉というものこそ、ヘーゲルが避けようとしていたものに他ならない。この点については、次のことを思い起こすならば納得できよう。すなわちヘーゲルは、フランス革命による一連の混乱を身をもって経験した時代の人物である。彼がドイツ東部のバンベルクで『精神現象学（Phänomenologie des Geistes）』（一八〇七年公刊）を執筆したのは、ナポレオン軍の大砲が鳴り響く最中においてのことであった。〈いかなる既存のものにもとらわることがないもの〉として特徴付けられる自由が、一変して一切のものを意のままに支配してしまう恐怖に転じ得ることを、ヘーゲルは身に染みて実感していた。こうした〈支配〉と〈恐怖〉へと変貌してしまいかねないようなものこそ、ハイデッガーがいうところの「意志」としての「存在」という、「近代形而上学の究極の形態」に通じるといえよう。

d）主体性についての従来の研究について

主体性の考えは、この半世紀ほどの間に再び脚光を浴びるようになってきた。その嚆矢となるのは、ディーター・ヘンリッヒが一九六七年に発表した論文『フィヒテの根源的洞察』である。(5) ヘンリッヒは、これを皮切りに、カント的な有限な理性的存在者の立場と、ヘーゲル的な〈同時に実体でもある主体〉の考えを統合することを目指し、そうした統合の理念を発展させていく中で、自ら自身に立脚しつつも同時に不可共役的であるような根源に根差しているような「意識的生（bewußtes Leben）」という、彼独自の考えを展開していった。(6)

近代哲学の根本モチーフの一つである主体性の考えのヘンリッヒによる新たな掘り起こしは、フィヒテやヘーゲルといったドイツ観念論哲学の研究の枠組みにとどまらず、各方面に大きなインパクトを与えた。ヘンリッヒと同じくミュンヘンで教鞭をとっていた二十世紀後半を代表するプロテスタント神学者であるヴォルフハルト・パネンベルクは、プロテスタント神学者としては珍しく、ヘーゲルの哲学的思想を積極的に受容した人物の一人に数えられる。パネンベルクは、一九七一年に『ヘーゲル哲学におけるキリスト教の意義』という題の有名な論文を公表した。(7) 彼は、後にヘンリッヒと共同でゼミナールを開講し、その中で得られた成果を基に、『形而上学と神の思想』というナポリでの連続講演を公刊している。[8]

また同じくミュンヘンにゆかりのある人物として、新プラトン主義哲学の研究で高名なヴェルナー・バイアーーヴァルテスの名も挙げられねばならない。バイアーーヴァルテスの関心の主軸の一つとして、精神（ヌース）が超越的一者への高揚において真の自己を獲得するというモチーフがある。彼は、このモチーフがプロティノスやプロクロスに代表される新プラトン主義哲学のみならず、アウグスティヌスやエックハルト、ニコラウス・クザーヌス、あるいはジョルダーノ・ブルーノ等を経由して、シェリングとヘーゲルというドイツ観念論の哲学者の思索にまで通底していることを浮き彫りにしようと努めた。その最初の試みが、一九七二年に公刊された『プラトン主義と観念論』である。[9] バイアーーヴァルテスは、その後もプロティノスにおける精神（ヌース）と一者の連関についての考察を踏まえて「真の自己（das wahre Selbst）」の問題の解明に取り組むとともに、近代における自己意識や主体性のモチーフの成立に至る概念史的経緯を解明することを目指した。その成果の一端は、二〇〇一年に公刊された『真の自己 ――プロティノスにおける精神概念と一者概念の研究――』に示されている。[10]

以上のように、主体性の問題は、ドイツ観念論や近代哲学という狭い枠組みの中にとどまるのでは決してないことが、ヘンリッヒ、パネンベルクやバイアーーヴァルテスによる研究からも窺い知ることが出来る。

さらに、ヘーゲル自身の論理学に即した研究としては、クラウス・デュージングによる一九七六年公刊の『ヘーゲル論理学における主体性の問題 ――観念論と弁証法の原理のための体系的・発展史的諸探求――』が特筆されよう。[11] デュージングは、同書で一七九〇年代の初期フランクフルト期から出発点して、一八〇〇年から七年にかけてのいわゆるイエーナ期におけるヘーゲルの主体性と弁証法のモチーフの発展を丹念に追うことで、一八一二年から一六年にかけて出版された『大論理学』における「無限で絶対的な主体性（die unendliche und absolute Subjektivität）」の考えを明確に描き出そうとした。彼は、その後もヘーゲルの「無限で絶対的な主体性」の考えとアリストテレスの『形而上学』第一二巻における「思考の思考（Νοήσεως νόησις）」としての神的ヌースの考えとの連関や、「思弁的推理」等に関する研究を行っている。[12] なお、デュージングは、一九八〇年代前半から二〇〇〇年代半ばまでに公刊した一連の諸論考をまとめ、二〇一二年に『弁証法的思考における伝統の止揚　ヘーゲルの論理学、倫理学と美学の諸探求』と題した論文集を公刊している。[13]

e）「学としての哲学」と有限な存在者の自己認識

本書では、ヘーゲル哲学における主体性についてのこれまでの研究の成果を踏まえつつ、ヘーゲル哲学の中でもとりわけ論理学と宗教哲学において、有限な存在者の主体性が、デュージングがいう「無限で絶対的な」主体性との関係において一体どのように積極的なものとして掬い出されるのか、ということについて解明を目指す。従来の研究では、「絶対知（das absolute Wissen）」や「概念の概念」、あるいは「絶対的理念（die absolute Idee）」、さらには、「絶対精神」といったものが考察の眼目になっていた。その際、有限な存在者の主体性は、ここに挙げられたようなものと対比するならば、制限されたものにとどまり、そのため『大論理学』で示されるような普遍的な知の境位においてではなく、むしろ『エンチクロペディー（Enzyklopädie der philosophischen Wissenschaften im Grundrisse）』の「精神哲学（Philosophie des Geistes）」で示されるような「霊魂論（die Psychologie）」の領域において探求されるのが相応しい、と看做されてきた。

だがそもそもヘーゲルが『精神現象学』の論述を通して、その最終的な境地たる「絶対知」として示そうとしたものは、彼自身の理解に従うならば、他ならぬ有限な存在者にとって到達可能なものである。したがって「絶対知」は、有限な存在者とはかけ離れたものではあり得ない。有限な存在者がそれ自身の活動によって、こうした絶対的、あるいは純粋な知の境地に到達可能であるとすれば、この有限な存在者自身がそれであるところのもの、言い換えれば、その「自己」そのものは、この知の境地からしてとらえ返されることになる。ヘーゲルがいうところの「体系」としての哲学は、有限な存在者やその知から離れた別のところで展開されるのではなく、有限な存在者が真に自己自身へと至るという自己実現の場をなすものでなければならない。

以下、本書ではこのような観点のもとに、『大論理学』に至るまでのヘーゲルの主体性の考えの萌芽や、それに関連するものとして〈精神の自己知〉の問題等を考察するとともに、『大論理学』における〈同時に実体でもある主体〉の考えの成立とその内実について考察する。さらに、同著作で示されるような〈自発的な活動によって自ら自身を知り、自ら自身として存在する主体性〉という考えがただ単に純粋で普遍的な境地にとどまるのではなく、同時に有限な存在者の本質をなすのでもあることを確認するために、ベルリン期の『宗教哲学講義（Vorlesungen über die Philosophie der Religion）』にも踏み込む。それにより、有限な精神と無限な精神との関係についても考察を行う。

本書は、以下の各部の論述を通して、〈学としての哲学〉というヘーゲルの哲学が「概念」や「絶対的な精神」というその核心そのものにおいて、有限な存在者に通底するような自己知の活動性の構造を有していることを明示する。またそれにより、「学（die Wissenschaft）」や「体系（das System）」といったものが、実際には有限な存在者の認識のはたらきからかけ離れたものを自体的に叙述するのでなく、このはたらきそのものをより高次の境地において示しており、有限な存在者をより高次のものとしてとらえ返そうとしていることを同時に明らかにしたい。

さらにこのことにより、従来のヘーゲル研究で見られたような絶対者像が変更されるべきことも明らかとなる。なぜなら特に第二、三部でみるように、主体性は、同時に「実体（die Substanz）」としても理解されるが、その際、有限な存在者にとってより高次のものであり続けながらも、同時に有限な存在者からかけ離れているのでは決してないからである。そしてまた、主体性における活動性と認識の関係が見直されるべきであり、それも単に近代哲学的な枠組みにおいてのみならず、〈自己であること〉というより広い問題設定のもとに、かつより包括的な視野のもとにとらえなおされるべきことも明らかとなろう。

f）各章の論述の概観

本書の論述は次に挙げるように四部に分かれる（なお、本書では、先行研究に関する言及については、すべて註にまわしていることを予め断わっておく）。

まず第一部では、一八〇一年から七年にかけてのいわゆるイエーナ期におけるヘーゲルの哲学的思索の発展を追うとともに、後の『大論理学』において展開される主体性の思想の萌芽について考察する。ヘーゲルにおいては、主体性は、差し当たり彼独自の思想としてよりもむしろ批判の対象となるものとしてとらえられていた。その中で、無限なものから切り離されたままのかたちで絶対化されるのではなく、自ら自身を見出すことで内なる無限を自覚し、それによって自ら自身において普遍的となっていくという、有限な主体性の思想が次第に形成されていくことになる。第一部では、いくつかの著作や草稿を手掛かりにその過程を追跡する。また、主体性の自発的な活動が一定の原理に基づいており、この原理が「絶対的な精神（der absolute Geist）」として打ち出される次第を確認するとともに、こうした原理が単に有限な主体性の活動を支える「実体」であるのみならず、それ自身主体性をなすことについてもみていく。

第二部では、『大論理学』のうち、特に「本質論（Die Lehre vom Wesen）」（一八一三年公刊）をもとに、〈同時に実体でもある主体〉という、一八〇七年公刊の『精神現象学』序文で萌芽的に示された思想が実際に展開される場面を取り上げる。

ヘーゲルは、一切の存在するものの根底のことを、従来の哲学の伝統を踏まえつつ、「実体」と特徴付ける。実体は、「それが存在するが故に存在する」ところの「存在（das Sein）」であり、現実の存在とその根拠が一体をなしている。「実体」は、その限り完全に自足し、それ自身のうちに閉ざされているようにみえる。だが実際には、「実体」は、それ自身のうちにとどまることなく、「原因（die Ursache）」として活動することで一定の「結果（die Wirkung）」を産み出すことにより、真の意味で現実的に存在する。「実体」は、こうした活動によって自ら自身を顕現する。

「原因」と「結果」両者の関係は、別々のもの同士の関係ではなく、むしろ「実体」自身の自己関係として理解される。これにより、「実体」自身のうちに「定立されていること（das Gesetztsein）」という契機が認められる。それによれば、「実体」は、純粋に能動的なのではなく、根源的に他なるものに対して開かれている。そしてこのように開かれた在り方においてこそ、「実体」は、自らの根源的な在り方を自ら自身に対して明らかにする。このようなものこそ、ヘーゲルがいうところの「概念（der Begriff）」に他ならない。ヘーゲルのこうしたコンセプトに従うならば、「必然性（die Notwendigkeit）」と「自由（die Freiheit）」の両者は、互いに排除し合うことではない。むしろ「自由」とは「必然性」の真理なのであり、「必然性」をそれ自身のうちに含み込んでいると理解される。

続く第三部では、右の考察を受け、同じ『大論理学』の「概念論」（一八一六年公刊）をもとに、主体性としての概念の特性並びにその活動について考察する。概念は、右で示される「実体」の考えを継承していることから、「普遍的なもの（das Allgemeine）」と特徴付けられる。同時に概念は、他なるものに対して根源的に開かれていることから、それ自身のうちに一定の規定を受け入れる。その際概念は、同時に「特殊的なもの（das Besondere）」としても特徴付けられる。さらに概念は、規定づけのプロセスを自ら自身で担うことから、「個別的なもの（das Einzelne）」としても特徴付けられる。

ヘーゲルによれば、概念の規定づけのプロセスは、差し当たり概念自身の内部で展開される。だが概念は、他なるものに対して根源的に開かれている以上、外なる現実的世界、あるいは「客観的世界（die objektive Welt）」へ向かって活動しなければならない。その際「客観的世界」は、概念に対して差し当たり異質なものとして現れる。概念は、その自発的な稼働によってこうした異質さを克服しようとする。だが概念の活動とは、真実には外へ向かっての働きかけなのではなく、概念自身の自己実現に他ならない。概念は、このようにして「客観的世界」において自己自身を認識する。

以上のように、概念の自己実現の活動は、自己認識として特徴付けられる。概念は、それ自身の活動によって自己自身として存在することから、「人格性（die Persönlichkeit）」をなす。第三部では、こうした概念の「人格性」が有限な存在者の「人格性」とかけ離れたものではなく、むしろそれを普遍的な仕方で基礎づけ、より高次のものとしてとらえ返すことについても考察する。

最後に第四部では、以上の考察を踏まえて、ベルリン期の『宗教哲学講義』をもとに、有限な精神の〈自己であること〉とその根源について論じる。宗教において何よりも重要なのは、信仰を通して到達されるべき「神の知」である。だがだからといって、有限な存在者、あるいは有限な精神が閑却されてしまってよいわけではない。なぜなら有限な精神は、ヘーゲルによれば、無限な精神から隔絶しているのでは決してないからである。

そもそも、有限な精神が無限な精神をまさしく無限な精神として認め得るためには、そうした認めるはたらきを行う当の有限な精神自身のうちに無限な精神と通じ合うものが示されねばならない。その際重要なのが、「精神が精神について証しすること（das Zeugnis des Geistes vom Geist）」というモチーフである。こうした「証し」というモチーフを手掛かりに、有限な精神が無限な精神との関わりを通じて〈自らの内なる無限〉を見出し、自らの「自己」を高められたものとする次第について考察する。

第一部　イエーナ期における主体性の思想の成立

——精神の活動性と自己知——

序

主体性（die Subjektivität）の思想は、近代哲学の根本問題の一つに数えられる。この思想が言い表そうとするのは、いかなる外的なものからの働きかけにも束縛されることなく、自ら自身に立脚し活動するということである。換言すれば、自由で自発的な意識の在り方のことである。主体性の思想は、啓蒙思想における、宗教上の因習的な教義にとらわれない自然的理性や、I・カント（一七二四〜一八〇四）における実践的理性の意志の自律（die Autonomie）、さらにカントの思想を継承したJ・G・フィヒテにおける、自我の根源的な自発性としての事行（die Tathandlung）の思想に示されるように、とりわけ一八世紀後半から一九世紀前半にかけてのドイツ哲学において広範な展開を辿った。

主体性の思想は、ヘーゲルの哲学においても中心的な位置を占めている。その際ヘーゲルの思想は、以下の点で他の思想家たちから区別され際立たされている。すなわちヘーゲルによれば、主体性は、人間という有限な存在者だけにとどまらず、存在するものの根本的な原理にも帰属する。この場合主体性は、心理学的・人間学的性格のもの、あるいは経験的な性格のものではなく、形而上学的・論理学的な性格のものであるとされる。こうした理解の淵源は、近代よりはるか以前の古代ギリシア哲学にまで遡る。周知のように、アリストテレス（前三八四〜三二二）は、『形而上学』の中で、存在するものをまさしく存在するものたらしめる原理のことを、実体（οὐσία）と言い表している。

翻って近代哲学に目を向けるならば、実体の思想を哲学的思索の原理として掲げた重要な人物としては、まずはB・スピノザ（一六三二〜一六七七）が挙げられよう。スピノザは、主著の『エチカ（Ethica, ordino geometrico demonstrata）』の中で、唯一の無限な実体こそ一切の存在するものの原理をなすと主張した。若い頃のヘーゲルは、テュービンゲンの神学校時代以来の親友であるF・W・J・シェリング（一七七五〜一八五四）の影響下に、F・H・ヤコービ（一七四三〜一八一九）の『スピノザ書簡（Über die Lehre des Spinoza in Briefen an den Herrn Moses Mendelssohn）』（一七八五年初版、一七八九年第二版刊行）等を介して、スピノザ的な唯一実体の思想を積極的に摂取していった。だが後になると、ヘーゲルの思想的態度は変化を遂げる。一八〇七年に刊行された『精神現象学（Phänomenologie des Geistes）』の序文では、「重要なのは、真なるものを実体（die Substanz）としてではなく、まさしく同様に主体（das Subjekt）としてとらえ、言い表すことである」（GW9、18）と表明される。このように実体ではなく、主体性こそ真の意味で根源的なものであるとする点にヘーゲルの独自性がある。

ヘーゲルの考えはそれ以前の哲学者たちからどのような点で大きく異なり、独特な性格を帯びているのだろうか。ヘーゲルが主張するには、主体性は、単に実体に取って代わるのではなく、むしろ実体をそれ自身のうちに引き受けている。その際主体性は、存在するものの根本的な原理としての性格をも兼ね備えていることから、人間の有限な主体性から明確に区別される。だとすれば、有限な主体性に対して、〈同時に実体でもある主体性〉との関係においていかなる位置付けが与えられるのかが問われる。というのも、次のような事情があるからである。すなわち、有限な主体性がそれ自身において自立的であり、いかなる外的なものにも依存しないとしても、それでもなお、主体性特有の自立性は、全面的に無条件的なものではあり得ない。そこでこうした自立性を可能ならしめる根底を探し求める必要が生じるわけである。有限な主体性は、それ自身に立脚しつつも、同時により高次のものを自らの根底とするのでもある。有限な主体性は、こうした根底によってこそ、はじめて本来的な意味で自立的なものとして存在するようになる。

ただし、〈同時に実体でもある主体性〉と有限な主体性が区別されるからといって、両者が完全に異質で触れ合うところがないわけではない。また両者が単に主従関係や依存関係のうちにあるというのでもない。なぜなら、自ら以外のいかなる外的なものにも依存せず、それ自身において自立的である、ということを主体性が意味するからといって、いかなる「他なるもの」に対しても閉ざされているというわけではないからである。むしろ主体性は、その本質からして他なるものに対して開かれており、かつ他なるものにおいてこそ、自らを自ら自身としてとらえることが出来る。主体性が真の意味で〈自ら自身である〉ようになるのは、こうしたプロセスを通じてである。ヘーゲル自身の言い回しを用いるならば、主体性は、「自らの他であることにおいて自らのもとにある（in seinem Anderssein bei sich selbst ist）」（GW9、428）のである。

こうした主体性の思想と密接に関わってくるものとして、精神（der Geist）及びその自己知という、ヘーゲル哲学におけるもう一つの中心的思想がある。イエーナ期のヘーゲルは、精神のことを、〈学としての哲学〉の原理そのものに関わるものとして、別の言葉でいえば、形而上学的なものとしてとらえていた。その際精神は、それ自身精神であるところの他なるものに対してのみ、精神として関わるのであり、かつ他なるもののうちに精神としての在り方を認めることで、他ならぬ自ら自身を「精神」として見出すとされる。精神の存在とは知（das Wissen）に他ならない、というわけである。

以下の論述では、ヘーゲルの哲学的思索における主体性と精神の自己知の思想について、一八〇一年から七年にかけてのいわゆるイエーナ期の発展を追うことで、有限な存在者が〈自己であること〉の成立と構造が「絶対的な精神（der absolute Geist）」との関係においてどのように構想されているのかについて考察する。また、有限な存在者が自己を知るはたらきに対し、〈学としての哲学〉というヘーゲル自身の構想において果たしていかなる積極的な位置付けが与えられ得るのか、という問題についても考察する。

第一章　〈それ自身において無限であること〉と自己知のはたらき

一　有限な精神の内なる無限性と「自ら自身の他なるもの」

a）それ自身において無限なものとしての有限な主体性

主体性の思想は、ヘーゲルの哲学的思索において中心的な位置を占める。そのことは、『大論理学（Die Wissenschaft der Logik）』の「概念論（Die Lehre vom Begriff）」（一八一六年刊行）の中で、彼独自の概念（der Begriff）の思想が詳細に展開される箇所に対し、「主体性（Die Subjektivität）」という題が与えられていることからも窺える。とはいえ、彼の哲学的思索の出発点、すなわちイエーナ期の初期には、主体性に対して積極的な位置付けが与えられていたわけではなかった。反対に主体性は、批判的な吟味の対象とされていた。ただし批判の対象となるのは、彼独自の思想ではなく、先行する哲学者たちの思索のうちに示されたものであった。

ヘーゲルは、一八〇二年刊行の『批判的哲学雑誌（Kritisches Journal der Philosophie）』の中で『信仰と知（Glauben und Wissen oder die Reflexionsphilosophie der Subjektivität, in der Vollständigkeit ihrer Formen, als Kantische, Jacobische, und Fichtesche Philosophie）』と題した論稿を匿名で公表している。そこでは、カント、ヤコービ、及びフィヒテの哲学が俎上に載せられている。ヘーゲルが批判するには、彼らの哲学においては、有限なものが無限なものから切り離されてしまっており、かつ有限なものが対立を抱えたままの状態において絶対化されてしまっている。[1]「有限なものは、端的にかつそれ自体で（an und für sich）、そしてまた絶対的に存在しており、唯一の実在性である」（GW4、319）。

ここでいう「有限な」主体性は、たとえば中世の神秘神学の場合とは異なり、神的なものたる無限なものを観想するのではなく、もっぱら此岸の有限なものを対象とする。「有限なもの」にとっての対象は、「有限なものと経験的な実在性の両者が絶対的であること（das Absolutsein des Endlichen und der empirischen Realität）」（GW4、320）と述べられるように、あくまでも「経験的なもの（das Empirische）」（ibid）にとどまる。そのため、「有限なもの」にとっての対象は、それをとらえる思考のはたらきとはどこまでも異質であり続ける。かくして「経験的なもの」をめぐって、思考と対象の両者は、絶対的な対立へと陥る。主体性にとって、こうした対立はその思考のはたらきによっても解消不可能であると映る。[2]「有限なもの」に拘泥する主体性からすれば、無限なものは、どこまでも彼岸のものにとどまる。そのため、「無限なものと有限なものの両者が絶対的に対立していること（das absolute Entgegengesetztsein des Unendlichen und Endlichen）」（GW4、320）という言葉に端的に示されているように、両者の間には深い断絶が生じる。その結果、「制限されていること（die Beschränktheit）が永遠の法則と存在」（GW4，322）とされてしまう事態に陥る。

だが、有限な主体性が対象に没入するだけにとどまらず、自らが対立のうちに置かれていることを意識するならば、「経験的なもの」に制限され、対立を解消出来ずにいる在り方が自ら自身に相応しくないのではないか、という予感が生じる。だがあくまでも予感の域を出ない。そのため、そうした在り方を超えたところに別のもっとすぐれた何かがあるだろう、というおぼろげな見込みが生じるにとどまる。ヘーゲル自身の言葉でいえば、「このようにして制限されていることの彼岸を信じること（Glauben an ein Jenseits dieser

Beschränktheit)」（ＧＷ４、３２３）が生じるに過ぎない。有限な主体性は、実際に制限を乗り越え、「自ら自身にとって明らかであるとともに、憧憬にとらわれることのない理性の領域（das sich selbst klare und sehnsuchtslose Gebiet der Vernunft）へと高まる」（ibid）ことが出来ずにいる。

『信仰と知』では、主体性は哲学上の問題として論じられる。その一方でヘーゲルによれば、それは同時に北方プロテスタンティズムの原理をなすのでもある。主体性は、その成立と根源においてみるならば、宗教的なものと無縁ではない。[3] プロテスタンティズムに端を発する主体性の特徴として、個人の内面性を拠りどころとしており、「諸々の感情や志操（Gefühle und Gesinnungen）」（ＧＷ４、３１６）に重きを置くことが挙げられる。この意味からすれば、主体性は、自らの外なる何ものにも左右されることなく、自らの内なる洞察と確信によって「真なるもの」をとらえようとするものと特徴付けることが出来よう。

主体性は、こうした自己確信に基づくことによってこそ自立的たり得る。極めて重要なことだが、この自立性そのものは決して破棄されてはならない。むしろ、「有限性のうちに沈み込んでいるだけで、永遠なものの直観と認識を断念している理性（eine nur in Endlichkeit versenkte, und der Anschauung und Erkenntnis des Ewigen sich entschlagende Vernunft）」（ＧＷ４、３２２）とあるように、主体性がもっぱら「経験的なもの」だけを対象とし、無限なものと断絶してしまっている在り方こそ撤廃されねばならない。このことからも、有限なもの自体が根絶されたり、撤廃されたりすべきではないことがはっきりと分かる。否定されるべきは、有限なものが「経験的なもの」の領域にうちへともっぱら制限されている在り方であり、かつこうした在り方自体がいわば「絶対的」とされてしまっていることである。こうした意味での「否定」が達成されることによってこそ、有限なものはその本来の意義をはじめて獲得する。

「理念（die Idee）においてみるならば、有限なものと無限なものの両者は一である。それゆえ、有限性（die Endlichkeit）そのものは、そもそもそれ自体で（an und für sich）真理と実在性を有するはずだとされる限りでは消失してしまっている。だが否定されたのは一体何かといえば、有限性のもとで否定をなすもの（das, was an ihr [der Endlichkeit] Negation ist）だけである。それゆえ、真の肯定（die wahre Affirmation）が定立されているといえる」（GW4、324、〔　〕内は筆者による補足）。

ここに挙げた引用に従うならば、有限な主体性は、無限なものから切り離されてしまうならば、それだけでは存在することとさえ出来ないようなものであるといえよう。

だが、こうした「出来ない」という意味での「否定」が意味するのは、有限な存在者そのものを根絶することではない。反対に、他ならぬ「否定」を介してこそ、「真の肯定」がはじめて獲得され得るのである。こうした「真の肯定」においてこそ、有限な主体性に特有の積極的な意義が示される。以上のように、有限な主体性は、無限なものとの断絶を解消し、無限なものとの一体性を自ら自身に対して明らかにするならば、〈有限である〉という固有の性格を失うことなく、肯定的なものとしてとらえ返され得る。こうした思想は、後に『大論理学』の「概念論」で詳しく展開されるように、「規定的否定（bestimmte Negation）」として独自の意義を獲得することになる。

かくしてヘーゲルによれば、主体性が有限であるということ自体は認めつつも、カント、ヤコービ、及びフィヒテのように、無限なものに接近不可能だと結論付けてはならない。反対に主体性のうちには無限なものへの通路が開かれている。だとすれば、主体性が無限なものと一定の関係性を有することを確認するとともに、こうした関係性においてどのように積極的にとらえ返されるのかを問う必要が生じる。ヘーゲルは、上記の三者の哲学を批判しつつ、今度は自ら自身の思索の課題として、有限なもの自身において無限なものとの橋渡しをしようと試みる。このことを無限なものの側からみるならば、次のように言い表せよう。すなわち、無限なものが有限なものと対立し、そこから断絶し、まさにそうした在り方において絶対化されることが撤回されねばならない、と。

こうした対立や断絶を解消するには、有限なものが無限なものに由来すること、並びに無限なものが有限なものに内在的であることを示す必要がある。まさにこうした内在が示されることによってこそ、有限なものは、その制限された在り方から解放され得る。ヘーゲルの極めて凝縮した表現を用いるならば、「対立を、あるいは有限性を純粋に無化することであるとともに、永遠なる運動の源泉、換言すれば、無限であるところの有限性（Endlichkeit, die unendlich ist）の源泉、すなわち、自らを永遠に無化するところの有限性の源泉」（GW４、４１３）といったものとして表現される。[4] 今挙げた文章は、一見しただけでは意図するところが非常に読み取りにくいが、いわんとするのは、およそ次のようなことである。すなわち有限なものは、それがまさに有限であり、制限されていることを自ら自身で否定し、克服するならば、そのことによって、それ自身において「無限」となる。なぜなら、まさにこうした自己否定のはたらきによってこそ、有限なもののうちに「永遠」といったものとのつながりを示す側面が明らかになるからである。

以上のことを通じて、有限なものは、「無限であるところの有限性」としてとらえ返される。有限なものがそれ自身の否定を介してもなお自立的なものたり得るとすれば、そしてまた、有限なものがそれ自身において

「無限」なものとして立ち現れるためには、無限なものがその「源泉」として不可欠であるとすれば、主体性に対してこれまでとは異なる新たな意味付けを与える必要が生じる。

b）有限な精神が「自ら自身を見出すこと」とその内なる無限性

このことが明瞭な仕方で遂行されるには、『信仰と知』からおよそ二年後の一八〇四年から翌年かけて、イエーナ大学で行われた講義の草稿とされる『体系構想Ⅱ（Jenaer Systementwürfe II）』の「形而上学」を俟たねばならない。この「形而上学」は大きく三つの章に区分されるが、注目すべきことに、最後の章には「主体性の形而上学（Metaphysik der Subjektivität）」という表題が与えられている。(5)

そこで主に議論されているのは、有限な存在者やその認識のはたらきが根本においてどのようなものなのか、ということである。その際、有限な存在者は、「個別的なもの（das Einzelne）」（ＧＷ7、157）や「自我（das Ich）」（ＧＷ7、158）と特徴付けられており、それを包括する上位者としての「類（die Gattung）」とは区別される。だが有限な存在者は、たとえより包括的なものに従属しているとしても、ただ単にそうしたもののうちに沈み込むのではなく、自発的に活動を遂行することで自ら自身を担っている。有限な存在者は、この活動を通じて、「個別的なもの」たる自らが他ならぬ自ら自身において普遍的なものであることを自覚する。ヘーゲルが有限な存在者のことを「普遍的であるようになった個別的なもの（Einzelnes, das allgemein geworden ist）」（ＧＷ7、157）と特徴付ける場合、まさにこうしたことを言い表している。だとすれば、問題となるのは、このことが一体どのようにして可能なのかということである。これについては、有限な存在者に認められる次の二側面、すなわち、「個別的なもの」や「自我」としての側面、並びに「普遍的なもの」としての側面それぞれから考察する必要がある。

まず「普遍的なもの」としての側面についてみるならば、「普遍的である」ということは、有限な存在者自身を超えたどこか別のところに求められるのではない。反対に、「自我は、それ自身そのものに即して（an sich selbst）普遍的なものであるとともに、自らにとって（für sich）普遍的なものである」（ＧＷ７、１５８）とヘーゲル自身明確に述べているように、有限な存在者は、それ自身において普遍的であると理解される。

次に、「個別的なもの」、あるいは「自我」としての側面についてみるならば、まず目に付くのは、「自我」が「個別性と普遍性との絶対的な統一態（absolute Einheit der Einzelnheit und Allgemeinheit）」（ＧＷ７、１５７）と特徴付けられていることである。(6) ここでいう「自我」は、いかなる第三者にとってでもなく、当の認識する存在者自身にとってまさしく「自我」として存在する。そうである以上、「自我」は、「普遍的なもの」の場合と同様、有限な存在者自身を超えた別のところには求められ得ない。

とはいえもし仮に、認識する存在者が自らを単に有限であるに過ぎないとしてしまうならば、その場合、次の問題が生じる可能性がある。その問題とはすなわち、認識する存在者が「自我」のことを自ら自身とは別の異質なもののことを指しているととらえてしまいかねない、というものである。「自我」が「個別性」及び「普遍性」の両契機を兼ね備えているはずにもかかわらず、である。だがそうしたことは実際にはあり得ない。なぜなら、有限な存在者自身のうちには、自らを自ら自身によって担い抜くはたらきが備わっており、このはたらきはいかなる場合にも根絶され得ないからである。

こうしたはたらきに着目すると、有限な存在者自身の内なる「無限性（Unendlichkeit）」（ＧＷ７、１６４）というものが浮かび上がってくる。どういうことかというと、有限な存在者は、その本質からして有限でありながらも、その一方で自らの現実の存在をいかなる別のものにもよらず、自ら自身の活動によって支え保っており、なおかつこの活動を自覚的にかつ自発的に行うのでもある。こうした事情を理解するためには、次の言表に注目する必要がある。「自我とは自ら自身を見出すこと（Finden seiner selbst）であるという、まさにこのことは、自我の絶対的な無限性（absolute Unendlichkeit）である」（ＧＷ7、１６４）。「見出す」ということは、活動の結果として今まで存在しなかったものを新たに獲得することを意味しない。むしろ、「見出す」はたらきを行う者は、〈自らがもともとそれであるところのもの〉を自覚するのである。

だが、このことを別の角度からみるならば、有限な存在者は、自らを見出すとしても、差し当っては〈自らがもともとそれであるところのもの〉として現に存在していない、と言い表すことが出来る。なぜなら、「自我の根源的な規定態（ursprüngliche Bestimmtheit）とは、この自我の絶対的な個別性（absolute Einzelnheit）であり、別の言葉でいえば、その無限性である」（ＧＷ7、１６４）とヘーゲルが述べる場合、「根源的」ということが意味するのは、「自我」にとってその内なる無限性が単に素質や萌芽といった仕方で備わっているだけで十分である、ということではないからである。むしろ「自我」は、自らを見出すはたらきを実際に遂行することによってこそ、実際に〈自らがもともとそれであるところのもの〉として存在するようになる。したがって、〈自らを見出すもの〉としての有限な存在者は、まずもって自らが差し当たって現にある在り方を脱する必要がある。

注目すべきことに、『体系構想Ⅱ』のコンセプトによれば、認識する有限な存在者は、同時に「精神（der Geist）」（ＧＷ7、１６５）としても特徴付けられる。(7) その際、「精神」としての在り方は、有限な存在者が単に有限であるに過ぎず、〈自らがもともとそれであるところのもの〉を自覚していないような在り方を脱し、自ら自身のうちへと深まることによって獲得される。このことについて、ヘーゲル自身の表現では次のように言い表される。「精神が自らを見出したということは、精神が自らを止揚したことのうちに存する（dass er sich gefunden ist darin, dass er sich aufgehoben hat)」（GW7、173）。

ただし、「止揚する」という言葉にみられるように、有限な存在者が自ら自身に対して否定的に振る舞うからといって、それ自身が消失してしまうわけではない。なぜなら既に述べたように、有限な存在者のうちには、「自ら自身を維持する（sich selbst zu erhalten)」（GW7、172）はたらきが備わっているからである。有限な存在者は、他ならぬ「否定」によってこそ、もっというならば、自ら自身による「否定」によってこそ、自らを〈自らがもともとそれであるところのもの〉として、すなわち、「精神」として担うことが出来るようになる。次の言明は、まさにそうした意味において理解されよう。「精神の否定のはたらき（Negieren）は、自らを見出していなかったこと（das-Sich-nicht-Gefunden-Haben）に対して、すなわち、精神であるのではないこと（Nicht-Geist-Sein）に対して向けられており、また、自らにとって疎遠なものであること（Sich-ein-Fremdes-Sein）に対して向けられている」（GW7、173）。ここからも明らかなように、「否定」は、「精神」がまさしく「精神」として存在するために必要不可欠な契機をなしている。[8] このことについては次のように言い表すことが出来よう。すなわち、有限な精神は、自らにそぐわない在り方を脱することによって、有限なものとしての存立を維持しつつ、同時に「精神」となるのであり、自らをまさしく「精神」として見出すのである、と。[9]

有限な精神は、こうした自己否定のプロセスによって、自ら自身に固有な有限性をいわば飛び越え、それを置き去りにしてしまうのではなく、かえって自己関係性を維持し続ける。有限な精神に対して「自ら自身に等しいもの（das sich selbst Gleiche）」（GW7、173）という特徴付けが与えられるのはこうした事情による。このようにして、「自ら自身に等しいもの」は、それ自身において無限である。このことについては、ヘーゲルの次の言明が注目されよう。「自ら自身に等しいものは、［中略］自ら自身が〈自ら自身に等しい〉のだと認識し、また、自ら自身が無限であるのだと認識し、換言すれば、他なるものから自ら自身へと至るところのもの（aus dem Anderen zu sich selbst Kommendes）として自ら自身を認識する」（ibid）。ここに示されているように、有限な精神は、その自己関係性を自覚することによってこそ、自ら固有の有限性を維持しつつも、同時に他ならぬそれ自身において「無限」なのである。

ところでヘーゲルに従うならば、以上のことから次のような極めて重要な洞察が引き出される。すなわち、有限な精神が自ら自身において無限であるという、まさにこのことの根拠は、究極的にみるならば、有限な精神自身のうちにあるのではなく、より深いところに求められる必要がある。それはなぜかといえば、有限な精神は、絶えず自らを見出しているわけではなく、むしろ依然としてそうした境地に至っていない状態から出発して、自ら自身へと立ち至るのでなければならないからである。したがって、有限な精神が〈自らにとって自ら自身である〉のではないという、いわば非存在の状態から出発して、「精神」としての在り方を自ら自身で実現することを支え、可能にする根拠を探し求める必要がある。ヘーゲルは、「絶対的な精神（der absolute Geist）」について述べる際、まさにそうした根拠のことを念頭に置いている。以下では、「絶対的な精神」の考えを手掛かりに、有限な存在者が自らを「精神」として見出すプロセスについてより詳しく検討することにしよう。

c）「自ら自身の他なるもの」
［活動的なものとしての自己関係性］

右にみるように、有限な精神が自らをまさしく精神として見出すには、そのことを可能にする根拠が、すなわち「絶対的な精神」が不可欠だとすれば、両者の関係が一体どのようなものなのかが問われる。これについてまずはっきりといえるのは、有限な精神は、より高次なものとしての根拠を必要とするからといって、ただ単にそうしたものに依存したり従属するのではない、ということである。なぜなら、有限な精神は、より高次のものとの関係においても自立性を保ち続けているからである。その一方で、有限な精神自身が「自ら自身において無限である」からといって、それ自体が「絶対的な精神」になり変わってしまうのでもないし、あるいはまた、「絶対的な精神」がまさしく「絶対的」であるのをやめてしまうのでもない。仮にそうしたことがあり得るとすると、有限な精神は、それ固有の有限性を自ら放棄してしまうことになろうし、のみならず、「絶対的な精神」の方でも根拠としての在り方を失ってしまうことになろう。

この点についてはより踏み込んだ考察が必要である。次に挙げる言葉は、そのための手掛かりを与えてくれる。「どのようにして無限なものが有限なものとなるのかということや、どのようにして無限なものが有限なものへと向かって出て行くのかということは問われ得ない」（GW7、173）。ここに挙げた文章がいわんとするのは、およそ次のようなことである。すなわちもし仮に、無限なものがそれ自身とは別の外側にあるものとしての有限なものと関係するならば、その場合、無限なものは、まさしくそのことために、そうした外側にあるものによって限定されてしまうことになろう。その結果無限なものは、それ自身「有限な」ものとなってしまう。だが、外側から限定のはたらきを受けるものなど「無限」であるとはいえない。以上のことから、無限なものは、真の意味で「無限」であるためには、その外側に有限なものを有するのではなく、むしろそれ自身のうちに有限なものを含まねばならないことが分かる。

「自ら自身の他なるもの（das Andere seiner selbst）」という考えは、ヘーゲルがこうした問題を解決するために提示した独自のものである[10]。この考えによれば、精神は、いかなる他のものに対してでもなく、それ自身にとって「他なるもの」であると理解される。このことは、およそ次のようにとらえることが出来よう。既にみたように、精神は、自らを見出すことによってこそ、まさしく精神として存在する。その際、見出すはたらきを行う主体的な精神と、見出されたものとしての、あるいは対象としての精神の両者は、互いに区別される。ただし、この区別は解消不可能であるわけではない。見出すはたらきを行う精神が見出されたものを自ら自身に他ならないと認めることによって、そしてまた、これら両者が実際には同一のものであることが示されることによって、この区別は解消される。とはいっても、主体的なものとしての精神は、対象としての精神に対して、差し当たって他なるものとして関わる必要があるのだが。その際注意すべきことに、有限な精神は、こうした他なるものへと関わるためには、自らが差し当たって置かれている直接的な在り方を自ら自身で否定し、そこから脱する必要がある。有限な精神は、そうすることで直接的な在り方のうちに埋没することなく、いわば自ら自身に向き合うことが出来るようになる。

以上のようにして、有限な精神は、他ならぬ自ら自身にとって「他なるもの」となることで、対象的なものとしての精神という、他なるものへと関わるとともに、この他なるものが真実には自ら自身に他ならないことを認めることで、他ならぬ自ら自身として存在するようになる。精神が「自ら自身の他なるもの」であるというヘーゲルの言明は、まさにこうしたことを言い表している。次に挙げる文章は、まさにこの意味において理解されよう。「精神は、自らを自らとして直観するのみならず、他なるものそのもの（das Andere als solches）を自らとして直観するのでもある。精神は、自らに等しいとともに、他なるものにも等しい」（GW7、173）。以上の点については、次のように理解することが出来る。すなわち有限な精神は、自らを自ら自身によって担い抜くことによって、主体性としての性格を維持すると同時に、活動的な在り方とはいわば正反対の、対象的な在り方のうちへと自らを置き移すのでもある。精神は、単に自らに等しいだけではない。精神は、むしろ他なるもののうちにおいてこそ、自ら自身に等しい在り方を獲得する。

ただし注意すべきことに、「自ら自身」といったものは、見出すはたらきの対象ではあるものの、ただ単に対象的なものに過ぎないのではない。なぜなら見出されたものは、見出すはたらきを行う有限な精神自身がそれである当の存在そのものに他ならないからである[11]。このことから、精神が自らにとって他ならぬ自ら自身として存在する場合、〈自ら自身に等しい在り方〉や〈自己関係性〉といったものは、単に静止的なものではなく、むしろ活動的なものであることが明らかとなる。このことについては、次に挙げる言葉からも読み取ることが出来よう。「精神そのものにとって、まさしくこうした自ら自身への関係（Beziehung auf sich selbst）といったものは、受動的なもの（das Passive）である。というのも、精神的なもの（das Geistige）とは、自ら自身の他なるものにおいて自らを見出す（sich findet in dem Andern seiner selbst）という、こうしたことであるのだから」（GW7、174）。このことから、精神の存在とは、精神が自らを他なるもののうちにおいて他ならぬ自ら自身として見出し、とらえるという、自発的な活動性のうちに成り立つといえよう。

［精神にとっての他なるもの］

以上からも明らかなように、「自ら自身の他なるもの」という考えは、有限な精神が自ら自身をとらえるプロセスにおいて決定的に重要な役割を果たす。こうした考えの登場は、ヘーゲルの思索が以前の時期から大きく転換していることを示している。その点について、ここで『体系構想II』以前の時期のテクストを取り上げながら見ていこう。

「精神の本質は～」という文言で始まる断片は、現在までの研究の成果により、一八〇三年にイエーナ大学で行われた講義の草稿に属することが示されている。この断片では、精神にとっての「他なるもの」は、精神それ自身であるのではなく、「自然（die Natur）」であるとされており、精神と自然の両者が対比的にとらえられている。こうした考え方の背景としては、「超越論的観念論（der tranzendentale Idealismus）」と「自然哲学（die Naturphilosophie）」を二つの軸とする、一八〇〇年頃までの時期のシェリングと、二つの軸の考えを否定するフィヒテとの間の論争、並びにシェリングに対するヘーゲルの加担という事情が挙げられよう。勿論シェリング自身、後になると、「絶対的同一性（die absolute Identität）」の考えを打ち出して、二つの軸を統一的に把握し直そうとする。ヘーゲルも同様に、対立し合う両者を超えた高次の段階にあると同時に、両者を包括的に基礎付けるものを提示しようとしたのであった。そのことは、彼が『体系構想II』において独自の「形而上学」の構想を試みていることからも窺える。

一八〇三年の断片に話を戻すと、精神は、差し当たり「認識」という自ら固有の境位のうちにはなく、「自然」という、自らが本来そこにあるはずではない境位のうちに置かれている。精神は、こうした非本来的な境位を脱け出すことで、まさしく「精神」として存在する。同断片ではこのことについて次のように言い表される。

「精神とは、自らの〈他であること〉を止揚するはたらき（das Aufheben seines Andersseins）に他ならない。こうした他なるものは、精神それ自身とは異なるところのものであるが、それは自然である。精神とは、こうした〈他であること〉から〈自ら自身に等しいもの〉（ein sich selbst Gleiches）へと自らをなすところのものである」（GW5、370）。

しかしながら、一八〇四／五年の『体系構想II』で打ち出されるように、精神は、自らを見出すことによってこそ本来的に「精神」として存在するならば、一八〇三年の草稿にみられるように、精神の外側の領域に精神にとっての「他なるもの」を求める必要はなくなる。むしろ「他なるもの」は、精神が自らに対して対象的なものとして関わることで自らをまさしく「精神」としてとらえるという、精神自身の在り方やはたらきのうちに求められる。このことを別の角度からみるならば、精神はそれ自身において無限である、ということである。「自ら自身に即して同時に〈自ら自身の他なるもの〉であるような、自ら自身に対する精神の関係（Beziehung des Geistes auf sich selbst）とは、無限なもの（das Unendliche）である」（GW7、175）。

これに対しては一八〇三年の断片では、異なった理解がなされている。すなわちそこでは、精神が自らの外にある在り方から翻って自ら自身へと立ち返ることは、精神が「自然」から解き放たれることとして理解されている。初期のフィヒテは、これに近い考え方をしている。すなわちフィヒテは、一七九四年の『全知識学の基礎（Grundlage der gesamten Wissenschaftslehre als Handschrift für seine Zuhörer）』で、自我を制約するものとしての「非自我（das Nicht-Ich）」という考えを打ち出している。同様にして、一八〇三年の断片では、精神を制約するものはその外なる別のものであるとされる。これについては次のように言い表されている。「精神は、自ら自身へと還帰してしまっている（zu sich selbst zurükgekehrt sei）ためには、自らの外にあった（außer sich gewesen sein）のでなければならない。このように、精神が自らの外にあるということは、精神が自然であるということなのである」（ＧＷ５、３７１）。

これに対し、一八〇四／五年の『体系構想Ⅱ』では、精神にとっての他なるものは、精神それ自身以外のいかなるものにも由来しないとされる。むしろ精神は、自らを自ら自身にとって「他なるもの」として定立するはたらきを行うことで、それ自身が「他なるもの」になるとされる。

「精神は、自らを把握する（begreift sich）。というのも精神は、自らを〈他なるものへと関連付けられている〉として定立する（setzt sich auf das Andere bezogen）からである。すなわち精神は、自ら自身を〈自ら自身の他なるもの〉（das Andere seiner selbst）として定立するからであり、自ら自身を無限であるとして定立するからであり、そしてまた、このことによって、自ら自身を〈自ら自身に等しい〉（sich selbst gleich）として定立するからである」（ＧＷ７、１７３）。

以上を踏まえるならば、次のことが理解されよう。すなわち、有限な精神が認識活動を行う際、その対象とは一体何かといえば、認識のはたらきを行う当の精神自身に他ならない。別の言い方をすれば、有限な精神は、それ自身の活動によって、〈自らが本来それであるところのもの〉を認識するのである。認識は、有限な精神が本来それであるところのものを、あるいは、その真の在り方を当の精神自身に対して明らかにする役割を果たしている。[12]

ただし注意すべきことに、「真なるもの」であるとか、「本来的なもの」として認識されるものは、当の認識のはたらきを行うもの、すなわち有限な精神に対して、外側から別なものによって与えられるわけではない。なぜなら、ここでいう「真なるもの」は、他ならぬ有限な精神自身の活動によって明らかにされ、獲得されるからである。「真なるもの」は、有限な精神自身によって実現されるのである。ヘーゲルはこのことを別の角度から言い表して、「構成（die Konstruktion）」と「証明（der Beweis）」が絶対的な仕方で一体化している、とも表現する。[13] この表現が具体的にどういうことを意味するかについては今は差し置くとしても、「真なるもの」は、そもそも有限な精神の認識活動にとって到達可能であり、なおかつまさしく「真なるもの」として認識可能でなければならない。

しかしながら、有限な精神にとっては、その内なる無限性とは区別される端的な意味での「無限性」は、自ら自身を否定することによってのみ到達可能である。こうした端的な意味での無限性は、ヘーゲルによれば、「絶対的な精神」にのみ帰属するとされる。だとすれば、有限な精神が端的な意味での「無限性」をとらえようとすることは、有限な精神が「絶対的な精神」をまさしくそのものとしてとらえようとすることを意味するといえる。その際、次の点を見落としてはならない。すなわち、有限な精神と「絶対的な精神」の両者は互いに区別されるからといって、全く別々の異質なものであるわけではない。なぜなら有限な精神は、自らを否定することによって「絶対的な精神」へと関係するが、それと同時に、まさしくそのことによって、自ら自身を見出すのでもあるからである。そうである以上、「絶対的な精神」は、有限な精神がまさに「精神」たるその本質に関わるものだといえる。こうした事情については、ヘーゲルの次の言葉からもはっきりと見て取れる。

「精神は、無限性をそのように認識することによって、自ら自身を把握する。というのも、精神の把握するはたらき（Begreifen）とは何かといえば、〈他なるものへと関連付けられている〉というようにして精神が自らを定立する、ということこうしたこと（dies, daß er〔der Geist〕sich als bezogen auf ein Anderes setzt）に他ならないのだから」（GW7、173、〔　〕内は筆者による補足）。

ここからも明らかなように、「絶対的な精神」は、有限な精神に対して、単に異質なものとして関わるのではなく、むしろ自ら自身に対するように関係しなければならない。だが、「絶対的な精神」が有限な精神との関係においても自己関係的であるとしても、だからといって「絶対的な精神」が有限な精神の場合と同様、自ら自身にとって〈自らがそれであるところのもの〉として存在することが示されたわけではない。「絶対的な精神」は、これまで考察してきた限りでは、有限な精神にとって、かつこの精神にとってのみ、まさしく「絶対的な精神」として存在すると理解されるからである。

だが「絶対的な精神」は、同時に有限な精神の本質をなすのでもある。だとすれば、「絶対的な精神」は、有限な精神と同様、自らを自ら自身によって担い、主体性をなすとともに、自覚的でなければならない。ヘーゲルは、こうした事情について次のように表現する。(14)

「絶対的な精神は、自ら自身にとって絶対的な精神であるわけではない（er ist sich selbst nicht absoluter Geist）。別の言葉でいえば、絶対的な精神は、自らを絶対的な精神として認識してしまっているわけではない。絶対的な精神は、我々にとっては（für uns）まさにこうしたものであるものの、自ら自身にとっては（für sich selbst）そうなのではない」（GW7、177）。

これまでみてきたように、一八〇四／五年の『体系構想II』の「形而上学」では、有限なものは、無限なものへと接近しようとすることを通じて、それ自身のうちへと深まるとされたのであった。そしてまた、有限なものが自らの内なる無限を見出すことで、その主体性が積極的なものとして掬い上げられたのであった。有限なものに固有であるようなこうした主体性は、今度は無限なもののそのもののうちにより深められたかたちで、またそれと同時に、有限なものに固有な主体性の根源をなすものとしても示されねばならない。以下では、このことが一体どのようにして達成され得るのかについて検討しよう。

二　絶対的な精神の知としての「自我」

a）〈原理を知る〉ことにおいて同時に〈自ら自身を知る〉理性

[「自ら自身を認識する理性」と絶対的同一性]

以上の考察によれば、「絶対的な精神」は、有限な精神と同様に自己意識的であり、それ自身にとって存在すると理解されるはずであるものの、その点についてなおはっきりとは示されないままであった。そもそも「絶対的な精神」が哲学的思索の主題たり得るならば、「絶対的な精神」が有限な精神から隔絶することなどあり得ない。反対に「絶対的な精神」は、有限な精神にとって明らかであり、知られ得るのでなければならない。

こうした問題意識は、既に一八〇一年刊行の『差異論文（Differenz des Fichte'schen und Schelling'schen Systems der Philosophie）』の中で明確に打ち出されている。この著作は、ヘーゲルの処女作であり、彼の哲学的思索の出発点をなしている。同書では、絶対的自我を原理とするフィヒテの知識学（die Wissenschaftslehre）と、絶対的同一性（die absolute Identität）を原理とするシェリングの同一性哲学の両体系が、K・L・ラインホルト（一七五七～一八二三）による〈哲学の論理学への還元〉や根元哲学（Elementar-Philosophie）についての考察も交えつつ、対比的に論じられている。のみならず、そこにはヘーゲル独自の哲学体系を打ち立てようとする模索の跡も示されている。

『差異論文』では、なお断言的にとどまるものの、ヘーゲル独自の立場が主張されている。そこでは、「絶対的なものが意識に対して構成されるべきであり、まさにこのことこそ哲学の課題である」（ＧＷ４、１６）という主張が表明されている。すなわち、有限で制約された存在者にとって、「絶対的なもの」や「無限なもの（das Unendliche）」は到達可能であり洞察可能である、というのである。[15] またヘーゲルは、「哲学の課題」を「存在を非存在のうちへと定立するとともに――それも生成（Werden）として――、分裂（die Entzweiung）を絶対的なもののうちへと定立し――それも絶対的なものの現象（Erscheinung）として――、さらに有限なものを無限なもののうちへと定立すること――それも生（Leben）として――」（ibid）のうちにあると見定めている。

こうした課題を実現するために、「意識」は諸々の制約のうちに沈み込むことなく、様々な対立や矛盾にとらわれてしまっている状態を脱しなければならない。そうすることで、意識は自ら自身にとって明瞭に見通しの利く「理性（Vernunft）」（GW4、10）の境地へ高まることが可能となる。[16] ヘーゲル自身の言葉でいえば、「理性は、こうした多様な部分的存在（dieses mannigfaltige Theilwesen）から脱することによってのみ、絶対的なものへと到達する」（GW4、13）のである。このように『差異論文』の構想よれば、哲学は、こうした「理性」の境地においてこそ、本来的な仕方で展開可能である。

かくして、「自ら自身を認識する理性（die Vernunft, die sich selbst erkennt）」（GW4、10）の境地においてのみ、「絶対的なもの」がまさしくそのものとして開示されることが明らかにされねばならない。その際「理性」は、それ自身の認識のはたらきによってこそ、自らに課せられているものを洞察し得る。だとすれば、自己認識という契機が哲学において極めて重要な位置を占めることが理解されよう。[17] このようにして、「自ら自身を認識する理性」においてこそ、「絶対的なもの」はまさしくそのものとして「構成」され得る。「理性は、［中略］自ら自身へと高揚し（sich zu sich selbst erhebt）、自らを自ら自身に託すだけでなく、理性の対象となるのでもあるような、絶対的なものに自らを託すことによってのみ、哲学的思弁（philosophische Spekulation）となる」（GW4、11）。ここに挙げた引用が主張するのは、およそ次のことである。すなわち「絶対的なもの」は、それを知る「理性」が同時に自ら自身を知ることによってのみ、「理性」に対して明らかとなり得る。これを別の角度からいえば、「絶対的なもの」を知る「理性」は、「絶対的なもの」から離れたところにおいてではなく、他ならぬ「絶対的なもの」においてのみ、自ら自身をその本質において知ることが出来る、ということである。

『差異論文』の時期のヘーゲルは、シェリングの『我が哲学体系の叙述（Darstellung meines Systems der

Philosophie)』（一八〇一年刊行）で表明された「絶対的同一性」の思想を踏まえつつ、それを独自の思索にふさわしいものに変容させようと試みる。すなわちその試みによれば、「絶対的な同一性」といったものは、シェリングとは異なり、純粋に自らに等しい在り方を維持するだけで、差異や区別といったものへと立ち入らないというのではない。むしろ「絶対的な同一性」は、差異を自ら生み出し、展開させる原理であると理解される。このようにみるならば、同一性は、〈差異の外なる同一性〉としてではなく、次にみるように、〈差異をそれ自身の内に含む同一性〉と特徴付けられる。さらにこの同一性は、まさにそのようなものとして、同時に「総体性（Totalität）」（GW4、71）をなすのでもある。

ヘーゲルは、このように同一性と差異の両者が互いに切り離し得ず、一体をなすことに対して、「〈同一性と非同一性との同一性〉（die Identität der Identität und der Nichtidentität）」（GW4、64）という極めて独特な表現を与える。この「〈同一性と非同一性との同一性〉」は、静止的なものではなく、動的なものであり、それ自身原理としてはたらくことで差異を展開する。またこの「同一性」は、こうした展開において自らをまさしく自己同一的なものとして構成するのでもある。しかも、こうした「同一性の総体性への展開、あるいは自己構成という進行（der Fortgang der Entwicklung oder Selbstkonstruktion der Identität zur Totalität）」は、同時に「絶対的なものの自己構成（Selbstkonstruktion des Absoluten）」（GW4、74）としてもとらえられるというのである。

シェリングについて見るならば、彼自身、「絶対的な同一性は、絶対的な総体性である」（Werke10、127）と述べているのはその通りである。だがその際、諸々の具体的な規定は、そうした「絶対的な総体性」のうちに含まれているとされる一方で、同時に単に「量的な差異」であるとされているのでもある。その結果諸規定は、「絶対的な総体性の外側においてのみ可能である」（Ｗｅｒｋｅ１０、１２６）に過ぎないとされる。シェリングに従うならば、確かに有限で制約された存在者は、理性の境地へと高まることによって、「絶対的同一性」という、一切のものがそこでは一であるとしてとらえられるような原理を洞察することが可能ではある。だがその際、この存在者に帰属する有限性であるとか、こうした有限性に伴う諸々の区別や多様性といったものは、「絶対的同一性」の外側に置かれてしまう。そのため、「絶対的同一性」と有限な存在者との間に、根本的に解消され得ない隔たりが残される。もしシェリングが主張するように、「絶対的同一性」が原理をなすとすれば、その場合、有限な存在者は、「絶対的なもの」を認識するには、〈個〉としてのその在り方を放棄し、純粋に普遍的なものの境地へと身を置かねばならない。換言すれば、有限な存在者は自己放棄しなければならないことになる。

有限なものに対するこうした自己放棄の要求は、スピノザ的な唯一実体を原理とする、実体の形而上学の考え方に結び付くものだといえる。実際、一七九〇年代頃のヘーゲルは、唯一実体を原理に据える考え方を、友人のＦ・ヘルダーリン（一七七〇〜一八四三）やシェリングと共有していた(18)。だが重要なことに、ヘーゲルによれば、有限な存在者は、絶対的なものの認識するに際しても、〈個〉としての在り方を放棄してはならない。むしろ、そうした在り方は、純粋に普遍的な境地においても保たれる。ヘーゲルがそうした理解を堅持していることについては、次の文章からも明確に見て取れよう。「絶対的なものは、現象そのものにおいて自らを定立しなければならない。すなわち絶対的なものは、この現象を無化（vernichten）してはならず、むしろそれを同一性へと構成（zur Identität konstruiren）しなければならない」（ＧＷ４、３２）。かくして認識する有限な存在者は、「このもの」としての自ら自身においてこそ、「絶対的なもの」を認識し得るのであり、かつ「絶対的なもの」についてのこうした認識においてこそ、「このもの」としての自ら自身を普遍的なものとして知るのである。

［知的直観の位置付け］

ところで『差異論文』では、哲学的思索が立脚する原理は、後の『大論理学』の場合とは異なり、概念（der Begriff）ではなく、むしろフィヒテやシェリングの場合と同様、「知的直観（die intellektuelle Anschauung）」（GW4、76）であるとされる。その際「知的直観」は、認識する存在者にとって単に「原理」として存在するだけにとどまらず、同時にこの存在者自身にとって洞察可能であるような、対象的なものとしても存在する。認識する存在者は、自らの認識のはたらきの原理たる「知的直観」を洞察することを通じて、他ならぬこの原理そのものにおいて自らの認識のはたらきをとらえるのである。[19]

このように、「知的直観」においては、認識のはたらきがその遂行においてそれ自身にとって対象となるという、極めて独特な事態が生じている。認識における「はたらき」と「対象」とのこうした一体的な在り方は、「思弁（die Spekulation）」と特徴付けられる。

「知的直観は、学（die Wissenschaft）において反省の対象（Gegenstand der Reflexion）となる。それゆえ、哲学的反省（die philosophische Reflexion）はそれ自身、超越論的直観（transzendentale Anschauung）である。哲学的反省は、自ら自身を客体となすと同時に、この客体と一体でもある。そのことによって、哲学的反省は思弁となる」（GW4、77）。

この引用には「反省」という言葉が見られるが、『差異論文』の時期には、「反省」のはたらきに対して、もっぱら分離し区別化するはたらきが特徴として与えられていた。これに対し、今挙げた引用における「反省」は、「学」の境地のうちにある「哲学的反省」であるとされており、単なる「反省」から区別される。その際「哲学的反省」は、「知的直観」において自らにとって対象となり、そのことによって自ら自身と一体化するとされる。その結果、「哲学的反省」のうちには一定の同一性が確保されている。[20]

だが、「知的直観」はなお十分ではなく、それとは別のものを原理として求める必要がある。なぜなら、「知的直観」にはもっぱら「絶対的同一性」が帰属するに過ぎないため、分離や区別といった契機がその外側に置かれてしまうからである。ヘーゲルが主張するには、シェリングの場合とは異なり、分離や区別をそれ自身のうちに含まないような「同一性」など、「絶対的なもの」とはおよそ理解され得ない。このことから、「絶対的なもの」は、自己同一的なものでありながらも、同時にそれ自身の内に多様な区別を含むのでなければならないことが分かる。なおかつ「絶対的なもの」は、これらの区別を「総体性」へと形成しつつ、自らのうちに包括することによって、これらの区別の原理をなすのでなければならない。だとすれば、「絶対的なもの」は、単に「同一性」であるだけにとどまることはあり得ない。むしろ「絶対的なもの」は、先に見たような「〈同一性と非同一性との同一性〉」として存在しなければならない。この「〈同一性と非同一性との同一性〉」については、次のようにも言い表されている。「絶対的なものそれ自身は、〈同一性と非同一性との同一性〉である。対立すること（Entgegnsetzen）と一であること（Einssein）の両者は、絶対的なものにおいて同時に存在している」（GW4、64）。

このように、「同一性」と「差異」の両者をともに兼ね備えるとともに、両者を包括するものとしての原理は、後年のヘーゲルにおいてはもはや「直観」とされることはない。そうしたものに代わって、今度は「知（das Wissen）」が原理として打ち出される。(21) 既に『差異論文』の中でも、「知」が同一性と分離のはたらきを併せ持つものとして特徴付けられているものの、「知」そのものについてはそれ以上の詳しいことが述べられてはいない。以下では、「知」が自ら自身にとって対象となり、自ら自身を知るという、こうした思想が、それ以降の時期のヘーゲルの思索においてどのように形成されていくことになるのかについてみていこう。

b）精神の知における個別性と普遍性との一体性

「知」のはたらきこそ哲学の根幹をなすという考えは、一八〇五年から翌年にかけてイエーナ大学で行われた講義の草稿である、『体系構想Ⅲ』の「精神哲学（Philosophie des Geistes）」に引き継がれて更なる展開を遂げる。この講義草稿では、それに先立つ一八〇三／四年の『体系構想Ⅰ』における「精神哲学」と同様、意識やその諸能力について、並びに家族・共同体・国家といった人倫の諸形態について考察がなされている。加えて、後年の『エンチクロペディー』で提示されるような、芸術・宗教・哲学という、「絶対精神」を形成する三領域の区分の考えがはじめて認められることでも注目される。

それとは別に、『体系構想Ⅲ』の「精神哲学」は、「自我」やその知のはたらきに対して新たな光を当てている点でも重要である。その最後の箇所では、「思弁的哲学（spekulative Philosophie）」（GW8、286）という、ヘーゲル独自の哲学体系がいかなるコンセプトのもとに築かれるのか、という問題が極めて凝縮された文章のうちに述べられている。そこでは「自我（das Ich）」に対して「絶対的な精神の知（das Wissen des absoluten

Geistes）」という特徴付けが与えられている。改めて言うまでもなく、ここでいう「自我」は、「知る」というはたらきを遂行する有限な存在者のことを指す。「自我」は、その限りにおいて「このもの」としての性格を備える。その一方で、同時に「絶対的な精神」をその知のはたらきの対象とすることから、それ自身において「普遍的なもの」として特徴付けられるのでもある。このことについては、次の文章からも明確に読み取ることが出来よう。「哲学においては、自我そのもの（Ich als solches）こそ、絶対的な精神の知である。自我は、概念において自ら自身のうちにあり（im Begriff in sich selbst）、それも、普遍的なものであるところの〈このもの〉（Dieses, das Allgemeines ist）である、というようにして自ら自身のうちにある」（GW８、２８６）。ここからも、「自我」とは、自ら自身を知るという意味での「知」の担い手たる「このもの」以外の何ものでもあり得ないことがはっきりと理解される。

「絶対的な精神」は、哲学的思索の主題である以上、未知なるものや隠れたものにとどまり得ず、むしろ有限な存在者によって知られ得る。哲学の究極の目標は、ヘーゲルによれば、まさにこの「絶対的な精神」を知ることのうちに求められる。のみならず、こうした知を遂行する有限な存在者自身、知のはたらきによってより高次の境地へと高められるのであり、それ自身において「普遍的なもの」として示される。このようにして「自我」は、「個別的なものと普遍的なものとの分かたれざる結び付き（untrennbare Verknüpfung des Einzelnen und Allgemeinen）」（GW８、２８６）を形づくる。ヘーゲルが「絶対的な精神の知」ということで言い表そうとするのは、まさにこうした意味での「自我」のことなのである。その際、ここでいう「知」が意味するのは、対象としての「絶対的な精神」を知ることだけにとどまらない。のみならず、「自我」は、「絶対的な精神」を知るというまさにそのことによって、同時に自ら自身を知るのでもある。

だとすれば、「自我」と「絶対的な精神」の両者が懸け離れていることなど決してあり得ないのが分かる。「自我」は、むしろこうした知においてこそ、自らを「普遍的なもの」として獲得することが可能となる。このことを踏まえるならば、次のような極めて重要な点が浮かび上がる。すなわち「自我」は、自ら自身によってのみならず、「絶対的な精神」そのものによっても知られる。なぜかといえば、「絶対的な精神の知」ということが意味するのは、「絶対的な精神」が単に有限な存在者の知の対象である、というだけにとどまらず、「絶対的な精神」それ自身が「知る」というはたらきを遂行することでもあるからである。その際注意すべきは、「自我」が遂行する知のはたらきと「絶対的な精神」が遂行する知のはたらきの両者が単に別々のものではない、ということである。そうではなくて、「絶対的な精神」の知のはたらきは、他ならぬ「自我」の知においてこそ遂行され得る。この問題については、後に第四部でベルリン期の『宗教哲学講義』に即して詳しく考察する。

以上のように、「絶対的な精神」は、それが「自我」によって知られるというまさしくそのことにおいて、同時に自ら自身を知るのでなければならない。[22] その際、「絶対的な精神」には、〈自らを知る〉という活動を自ら自身によって遂行することから、「主体性」が帰属する。だとすれば、有限な精神に対してのみならず、「絶対的な精神」に対しても、〈自らが自ら自身にとってあり、自らを自ら自身によって担い抜く〉という在り方が認められねばならない。とはいえ、このことは一体どのようにして可能なのだろうか。以下では、この問題について詳しく検討しよう。

第二章　精神における存在と知の関係

a）実体と主体——知としての自己生成——

一八〇七年に公刊された『精神現象学』は、言うまでもなくヘーゲルの主著の一つに数えられる。その序文は、ヘーゲルの哲学的思索の態度や立脚点がはっきりと打ち出されている点で非常に重要である。とりわけ注目すべきことに、それまでとは異なり、主体性が単に有限なものとしてではなく、より高次の境地へと引き上げられたものとして明確に示されている。すなわち、そこでは実体であると同時に主体でもあるところの「真なるもの（das Wahre）」（GW9、18）という、非常に有名な考えが表明されている。この考えに立脚するならば、次のような極めて独特な理解が得られる。それによれば「絶対的な精神」は、有限な精神をまさにそれ自身として存在することを可能ならしめる根源としてみるならば、「実体（die Substanz）」と特徴付けられる。だがヘーゲルによれば、「実体」は、たとえばアリストテレスの不動の動者としての神の場合とは異なり、単に不動のままにとどまるのではない。「実体」は、有限な精神に対して自らをまさしく根源的なものとして示すことによってこそ、真の意味で根源的なものとなる。このようにして、「絶対的な精神」は同時に「主体（das Subjekt）」としても理解される。

「生き生きとした実体（die lebendige Substanz）とは、存在（Sein）のことである。この存在は、真実には主体である。あるいは同じことだが、存在は、自ら自身を定立するという運動（die Bewegnung des sich selbst Setzens）である限りでのみ、あるいは〈自らにとって他となること〉を自ら自身と媒介するはたらき（die Vermittlung des sich anders Werdens mit sich selbst）である限りでのみ、真に現実的であるような存在である」（GW9、18）。

ここに挙げた文章からも窺われるように、「真なるもの」たる「実体」は、単に現実に存在するものの背後や根底に潜むだけのものに過ぎないのではない。むしろ「実体」には運動性が帰属するとされる。「実体」は、それ自身の活動を遂行するによってこそ、はじめて真の意味で現実的に存在する。(23) 注目すべきことにこの場合、「実体」は、根源的なものとしての在り方に対して自ら否定の力を向けるのでもある。なぜなら「実体」は、同時に現実的に存在することによってこそ、本当の意味で「根源的なもの」たり得るからである。こうした非常に独特な事情については、第二部で『大論理学』の「本質論」に即して踏み込んで考察する。

ただそうはいっても、否定によって「実体」そのものが消え失せてしまうのではない。「実体」は、却って他ならぬ否定を介してこそ、自らをまさしく根源的なものとして実現する。このことからも、一八〇四／五年の『体系構想Ⅱ』の「形而上学」と同様、『精神現象学』の序文においても、「否定（Negation）」及び「他であること（Anderssein）」の考えが決定的に重要な役割を担っていることが理解されよう。これについては次の文章からも明らかな通りである。

「生き生きとした実体は、主体としてみるならば、純粋で単一な否定性（die reine einfache Negativität）

であり、まさにそのことによって、単一なものの分裂（die Entzweiung des Einfachen）であり、あるいは対立的な二重化（die entgegensetzende Verdopplung）である。対立的な二重化は、こうした没交渉的な違い（gleichgültige Verschiedenheit）の否定であり、その対立の否定である。他ならぬこうした〈自らを再び打ち立てる等しさ〉（sich wiederherstellende Gleichheit）、あるいは、〈他であること〉における自ら自身への反省（die Reflexion im Anderssein in sich selbst）だけが、――根源的な統一態そのもの（eine ursprüngliche Einheit als solche）であるとか、直接的な統一態そのものではなく――真なるものである」（GW９、１８）。

ここに挙げた文章は、極めて複雑で凝縮した表現をいくつも含んでおり、非常に慎重な解釈を要する。だが少なくとも次のことだけは明確に理解されよう。すなわち、同時に「主体」でもあるような「実体」にとって、「対立」や「分裂」といったものは、それ自身とは無関係な別の領域にあるのではなく、それ自身の本質に密接に関わる。[24] これに対し、『差異論文』の時期のヘーゲルは、有限なものに特有の「対立」や「分裂」といったものを克服することで、「絶対的なもの」を有限なものそのもののうちで明らかにする、という構想を抱いていた。だが今や「絶対的なもの」それ自身が「実体」であると同時に「主体」でもあることが示されることによって、有限なものの場合と同様、「絶対的なもの」自身にも「対立」や「分裂」という契機が帰属することが明らかとなる。

その一方で、「絶対的なもの」は、いかなる別のものによるのでもなく、それ自身によってこそ、まさしく「絶対的なもの」として存在する。このようにしてそれ自身を自らの存在の根拠とするものは、単に根拠として不動にとどまるのではなく、それ自身活動することで自らをまさしく「根拠」として形成する。この点を踏まえるならば、『精神現象学』序文における「絶対的なもの」は、『体系構想II』の「形而上学」における「絶対的な精神」の場合とは異なり、単に外なる第三者にとってではなく、むしろ他ならぬ自ら自身にとって〈自ら自身として存在する〉と理解される。まさにこうした点のうちにヘーゲルの思索上の進展が認められよう。

以上のようにして、同時に「主体」でもあるところの「実体」に対しては、「生成（das Werden）」という契機が帰属する。この点からも、『精神現象学』序文における「実体」は、スピノザ的な唯一実体からは区別される。ヘーゲルは、「実体」に特有な自己生成について次のように表現する。

「真なるものは、自ら自身の生成すること（das Werden seiner selbst）であり、円環（der Kreis）である。この円環は、自らの終局を自らの目的として前提する（sein Ende als seinen Zweck voraussetzt）とともに、始元（Anfang）とするのでもある。またこの円環は、遂行のはたらきと自らの終局によってのみ、現実的に存在する（nur durch die Ausführung und sein Ende wirklich ist）」（GW9、18）。

注意すべきことに、「真なるもの」たる「実体」が「生成」するからといって、「実体」が別の何かから生じるというのではない。そうではなくて、ここでいう「生成」は、あくまでも自己生成である。なぜなら、「実体」は、このような自己生成によってこそ、自らの「目的」を達成するからである。この場合、「目的」が意味するのは、実体がそれまでとは別の新しい何かになるということではなく、むしろ真の意味で〈自らがもともとそれであるところのもの〉として存在する、ということである。「円環」は、まさにこうした意味における「実体」の存在の仕方を言い表している。

さらに、極めて重要なことだが、ヘーゲルによれば、こうした自己生成は「知」のはたらきとして理解される。もっといえば、この自己生成は、「実体」であると同時に「主体」であるところのものが自ら自身を知るという、自己知のはたらきであると理解される。かくして、一八〇五／六年の『体系構想Ⅲ』の「精神哲学」で表明された「精神の自らについての知」という考えは、「実体」であると同時に「主体」であるところのもの、すなわち「絶対的な精神」の自己知としてとらえ返されるに至る。

以上を踏まえるならば、〈学としての哲学〉は、ただ単に対象としての「絶対的な精神」を知ることのうちに成り立つのではなく、「絶対的な精神」が他ならぬ自ら自身の知はたらきの対象となり、それによって自らの根源的な在り方を実現することのうちに成り立つ、と言い表すことが出来よう[25]。次の文章は、まさにそうした意味において理解されよう。

「精神的なもの（das Geistige）は、自ら自身に対して（für sich selbst）も、こうした〈もともとそれ自体でかつ自らにとってあること〉（an und für sich Sein）でなければならない。――精神的なものについての知（das Wissen von dem Geistigen）が、すなわち、精神としての自らについての知（das Wissen von sich als dem Geiste）が存在しなければならない。つまり、精神的なものは、自らにとって対象として存在しなければならないのだが、そのことは、直接的な仕方においても然りであり、媒介された対象としても然りである。つまり、精神的なものは、〈止揚され、自らへと反省した対象〉（aufgehobener, in sich reflektierter Gegenstand）として存在しなければならない」（ＧＷ９、２２）。

ここでいう「対象」は、単に「対象」という仕方で、換言すれば、それを知る精神に対峙するという仕方で存続し続けるのではなく、むしろ「止揚」される。換言すれば、「対象」は、まさに対象としての在り方を否定される。こうした否定によって、「対象」は、それを知る精神の主体的な在り方のうちへととらえ返される。なぜなら、ここでいう「対象」は、知るはたらきを行う精神とは別の何かであるのではなく、むしろ当の精神自身がそれであるものに他ならないからである。

かくして「絶対的な精神」は、自らにとって「対象」となるとともに、まさにそのことを通じて自ら自身を知り、〈自らがもともとそれであるところのもの〉として現実的に存在するようになる。ヘーゲルが主張するには、こうした「絶対的な精神」特有の現実性こそ、〈学としての哲学〉の境地をなす。このこと別の角度から見るならば、「絶対的な精神」の自己知は、有限な存在者が自らを精神として知るという「知」のうちにこそ、その現実性を有していると言い表せる。このようにして、「絶対的な精神」の自己知こそ、有限な精神の存在と知がそこに由来するような「実体」をなすという、まさにこのことが他ならぬ有限な精神自身に対して明らかとなる。ヘーゲルが表現するように、「実体」が「生き生きとした実体」であるのは、この「実体」によって存在する有限な精神が、「実体」に対してただ単に受動的に関わるのではなく、自発的に活動することを通じて積極的に関わるからなのである。

b）有限な精神の自己知と学

以上のように、「絶対的な精神」に特有な主体性は、有限な存在者が自らを精神として知るという、プロセスの原理をなす。だとすれば、有限な存在者が自己自身を知るという、このことが意味するのは、単に個別的かつ偶然的に遂行されるような活動ではあり得ない。むしろ、有限な存在者の自己知においては、普遍性が二重の意味で重要な役割を担っている。どういうことかというと、有限な存在者が自ら自身のことを普遍的なものとして知る、という意味での普遍性が一方にあり、他方では、この有限な存在者が「絶対的な精神」においてこそ自ら自身を知ることが可能になる、という意味での普遍性が重要な役割を担っているのである。

この点について手掛かりを与えてくれるものがある。「C．学（Wissenschaft）」と題された断片は、成立時期がはっきりとは確定されていないものの、大体のところ『精神現象学』直前の時期に書かれたと推定される。この断片では、「知（das Wissen）」に対して、「真理と自ら自身の確信との統一態（Einheit der Wahrheit und Gewißheit seiner selbst）」（ＰｈＢ４１４、５４３ｆ．）という特徴付けが与えられている。(26) これに基づくならば、知は、単に対象的なものを把握するという仕方で、何らかのものを「真なるもの」ととらえるのではないことが分かる。むしろ知は、対象的なものとしての「真なるもの」をとらえると同時に、まさにそうした自らのはたらきを意識するのでもある。知が「自己意識（Selbstbewußtsein）」（ＰｈＢ４１４、５４４）として特徴付けられるということは、こうした事態を言い表している。

そもそもヘーゲルが主張するには、「真なるもの」は、知によってとらえられることが不可能でもなければ、知から隔絶しているのでもない。むしろ「真なるもの」は、知を超越するのではなく、知に対して開示され得る。「真なるもの」がまさしく「真なるもの」として開示されるためには、知は、「真なるもの」をとらえるはたらきを、他ならぬ自ら自身にとって確かなものとする必要がある。したがって知は、対象的なものとしての「真なるもの」のうちに単に没入するわけではない。そうではなくて知は、対象的なものとの関係にあっても自ら自身のもとにとどまり続けている。このことから、知は、〈普遍的な自己意識〉としても特徴付けられる。「この知は、〈自らに対して存在するところの知〉(Wissen, das für sich ist)としてみるならば、自己意識である。自己意識は、それ自身に他ならないと同時に、普遍的なものでもある」(ＰｈＢ４１４、５４４)。

とはいえ自己意識的な知は、「自らに対して存在する」というその在り方を確固たるものとするためには、一方では外なる対象と関わる必要があり、他方では対象との関係を通じて、他ならぬ自ら自身が「普遍的なもの」であるという、まさにこのことを確証する必要がある。そのためには、〈自己意識的な知が自ら自身のもとにある〉ということが差し当たって否定される必要がある。だからといって知は、自ら自身のもとから完全に離れ去ってしまうのではない。むしろ知は、自ら自身との一体性を保たねばならない。〈自ら自身を意識する〉というのは、まさにこのようにして自ら自身に向き合いつつ、自らの在り方を維持するというはたらきのことなのである。ヘーゲルによれば、こうしたプロセスのうちにこそ、自己意識的な知に特有な「存在」の仕方が認められる。「自らに対してあること(das Fürsichsein)は、むしろそれ自身、直接的な仕方で一であること(das unmittelbare Einssein)であり、別の言葉でいえば、存在そのもの(das Sein als solches)である」(ＰｈＢ４１４、５４３)。

その一方で、自己意識的な知が自ら自身に向き合うということは、この知が自らの現にある在り方から距離をとることを意味する。したがって、今挙げた引用にみられる「存在」は、自己意識的な知にとって否定としての役割を果たしているといえる。この点について、ヘーゲル自身次のように明言している。「存在は、自己意識からするならば、この自己意識自身、並びに直接的なもの両者にとって、否定的なものの意義を有する」(ＰｈＢ４１４、５４４)。以上からも明らかなように、自己意識的な知は、「存在」という、こうした自らにとっての「否定的なもの」を投げ捨ててしまうのではなく、むしろそれを媒介とすることによってこそ、真の意味で自らのもとにとどまり続けるのであり、対象的なものとしての「真なるもの」へと向かうのである。

ところで、ヘーゲルは、同じ断片の中で、「自己意識」がそこに立脚するとともに、対象としての「真なるもの」を認識するプロセスがそこで展開される「境位（das Element）」のことを「絶対的概念（der absolute Begriff）」（ibid）と特徴付けてもいる。ここでいう「概念」は、後半の第三、四部で取り上げる、『大論理学』の中心的思想たる「概念（der Begriff）」の思想を先取りするものである。のみならずヘーゲルは、この同じ断片の中で、「絶対的概念」において展開されるプロセスについて、それが「絶対的な知（das absolute Wissen）」、あるいは、自らを精神として知る精神（der sich als Geist wissende Geist）」（ibid）に他ならない、という考えを表明している。こうしたことからするならば、精神の自己知は、先にみた『体系構想Ⅱ』の「形而上学」の場合と同様、「学」と題されたこの断片においても普遍的なものに根差した上ではじめて可能であるとされていることがはっきりと分かる。

以上のようにして、普遍的なものを原理とする「知」こそ、「学（die Wissenschaft）」であり、「体系（das System）」であることが示される。[27] ここで『精神現象学』の序文に話を戻そう。すると、そこでは「知」について次のように明確に述べられていることに気が付く。「知は、学としてのみ、あるいは体系としてのみ現実的に存在し、叙述され得る」（ＧＷ９、２１）。知が「学」や「体系」の形をとるべきであるという主張は、なにもヘーゲルだけに特有ではなく、フィヒテやシェリングをはじめ、同時代の思想家たちの共通理解であった。ただし、「学」や「体系」といったものが何を意味するか、という点に大きな違いが存在したのであった。いずれにせよ、「学」や「体系」は、あらゆる領域から雑多な知識を際限なく寄せ集めて作り上げた構築物のことを意味しない。ヘーゲルに従うならば、「学」や「体系」が意味するのは、むしろ〈個〉として存在し、有限であるところのものが自ら自身を精神として知り、自己の内なる無限を見出すという、そのプロセスなのである。

哲学が「体系」をなすのでなければならない、という考えをヘーゲルが主張したのは『精神現象学』がはじめのことではない。既に一八〇一年の『差異論文』の中で、ヘーゲルはそのことを次のような仕方で明確に表明していた。

「哲学の営み（das Philosophieren）は、自らを体系へと構成することなくしては、諸制限から絶えず逃避するといったことの域を出ない。そうした営みは、自らを確信するとともに自らについて明確となっているような、理性の純粋な自己認識のはたらき（reines Selbsterkennen derselben, das seiner sicher, und über sich klar geworden ist）であるというよりもむしろ、自由を求めて理性が格闘すること（ein Ringen der Vernunft nach Freiheit）という方が相応しい」（GW4、30）。

有限な精神が自らの内なる無限によって自らを「普遍的なもの」へと高め、自らをより高次の境地において知るということは、以上からも明らかなように、一定の原理に基づいた上でのみ可能である。ただしその際、こうした原理たる「絶対的な精神」が単に「原理」という仕方で存在するだけにとどまるとすれば不十分である。なぜなら、「絶対的な精神」がそれ自身で実際に活動を遂行することで現実的に「絶対的な精神」として存在するという、まさにこのことが不可欠だからである。知が「体系」をなすという点をヘーゲルが強調するのはそのためである。このように、知が「体系」をなすということは、次の二点に、すなわち「絶対的な精神」そのものが主体性をなすという点に、並びに「絶対的な精神」が自ら自身にとって、〈自らがそれであるところのもの〉として現実的に存在する、という点に基づいている。次の文章は、そうした意味において理解されよう。

「精神が自ら自身にとっても（auch für sich selbst）自らに対して存在する（für sich ist）限り、自ら産出する（Selbsterzeugen）というこうしたはたらきであるとか、純粋な概念（der reine Begriff）といったものは、精神にとって対象的な境位（das gegenständliche Element）をなしているのでもある。こうした対象的な境位のうちにその定在（Dasein）を有している。このようにして、精神は、その定在において、自ら自身に対して自らへと反省した対象（in seinem Dasein für sich selbst in sich reflektierter Gegenstand）である。——自らを精神として知る精神（der Geist, der sich als Geist wieß）とは、学（die Wissenschaft）である」（GW9、22）。

ここに挙げた文章では、「学」や「体系」といったものが「自らを精神として知る精神」として特徴付けられることが明確に述べられている。これを踏まえるならば、「学」や「体系」が現実性から隔絶したところで独自の領域を形成することなどおよそあり得ないことが分かる。むしろ、有限で個別的な存在者が自ら自身を知るという、自己認識のはたらきこそ、「学」や「体系」が現実的に存在するようになる実現の場に他ならない。[28] だとすれば、有限な存在者がまさしく「このもの」としてあるその在り方、換言すれば「自己」というものは、「学」の境地において無化することも、度外視することも出来ないことは明らかである。「絶対的な精神」は、有限な存在者のこうした「自己」においてこそ、もっというならば、この「自己」が真に現実的なものとして存在するという、まさにこのことにおいてこそ、真の意味でそれ自身として存在するようになる。

先に見た断片「C．学」では、「真理」と「自ら自身の確信」との両者が統一をなすことのうちに「知」が見届けられていた。だがみてきたように、「真なるもの」が「実体」であると同時に「主体」でもあるならば、「真なるもの」は、いかなる別のものによるのでもなく、他ならぬ「真なるもの」それ自身の活動によってこそ、まさしく「真なるもの」であると確証されるはずであろう。したがって「真なるもの」は、ただ単に有限な精神にとって確たるものであるにとどまらず、他ならぬ「真なるもの」自身にとっても確たるものでなければならない。

この点を踏まえるならば、有限な精神のみならず、「真なるもの」そのものにも自己確信の契機が帰することが理解される。このことは、ヘーゲルの哲学的思想を特徴付ける重要な点の一つでもある。これについては、同じ『精神現象学』の最後の章である「絶対知（das absolute Wissen）」の箇所が手掛かりを与えてくれる。そこでは、真理と確信との関係について次のように述べられている。

「真理は、もともとそれ自体で（an sich）確信に完全に等しいだけでなく、自ら自身の確信という形態（die Gestalt der Gewißheit seiner selbst）をも有する。別の言葉でいえば、真理は、その定在においてみるならば、すなわち、知るはたらきを行う精神に対して（für den wissenden Geist）は、〈自ら自身を知る〉という形式において（in der Form des Wissens seiner selbst）存在する」（GW9、427）。

ここに挙げた引用で注目されるのは、「真理」が現実的に存在するのは、それが有限な精神によって知られることによる、とされていることである。別の言い方をすれば、「真理」の現実性は、自己知のはたらきのうちに求められるというのである。その際有限な精神は、その活動によって自らに対して「真理」を明らかにするだけにとどまらない。有限な精神は、まさにこの「真理」において自ら自身を「普遍的なもの」として知るのでもある。

以上のように、「真なるもの」たる「絶対的な精神」が有限な精神の自己知においてこそ、真の意味でかつ現実的にまさしくそれ自身として存在するならば、こうした現実的な存在は、同時に有限な精神の活動によって生み出されたものとしても理解される。こうした事情については、次のような仕方で言い表されている。「こうした境位（Element）において意識に対して現象する（dem Bewußtsein erscheinend）精神とは、あるいはここでは同じことだが、この境位において意識によって生み出される（von ihm〔dem Bewußtsein〕hervorgebracht）精神とは、学である」（GW9、428、〔 〕内は筆者による補足）。こうしたところからも、有限な精神が自発的に活動するそのプロセスは、「学」の成立にとって余計なのではなく、むしろ必要不可欠な役割を果たしていることがはっきりと理解される。

今引用した文章では、精神には「現象する（erscheinen）」という契機が属することが述べられている。ここでいう「現象」は、精神が精神に対して自らを顕す、ということを意味する。ただし注意すべきことに、精神はいかなる任意のものに対しても、自らをまさしく「精神」として顕示するわけではない。精神は、むしろ同じく「精神」であるところの他なるものに対してのみ自らを開示し、そうした他なるものに対して「精神」として関係するのである。

このことを別の角度から見るならば、次のことが明らかとなる。すなわち精神は、他なるものによって知られるという、まさにそのことにおいて、同時に自ら自身を知るのでもある。ここでは、〈他なるものへの関わり〉は、同時に〈自ら自身への関わり〉なのでもある。なぜなら精神は、その知のはたらきにおいて、他ならぬ自ら自身にとって対象となるとともに、まさにそのことによって同時に「自ら自身の他なるもの」となるからである。こうしたことのうちには、先に取り上げた『体系構想II』における考え方が反映している。『精神現象学』序文でのヘーゲル自身の表現を用いるならば、精神は、「絶対的な〈他であること〉における、純粋な自己認識のはたらき（das reine Selbsterkennen im absoluten Anderssein）」（GW9、22）においてこそ、他なるものへと関わりつつも、同時に自らにおいて自ら自身を知るのである。[29]

以上のことから、精神は、他なるものに対して開かれつつも、他なるものとの関係において他ならぬ自ら自身に立脚し続けており、自発的な活動性を一貫して維持し続けていることが分かる。精神は、まさにこのような仕方においてこそ主体性をなす。既に述べたように、「真なるもの」であるところの「絶対的な精神」それ自身が主体性をなすとすれば、「絶対的な精神」は、同じように主体性をなすところの他なるものに対してのみ、それ自身も「精神」として関わることが出来る。「絶対的な精神」は、有限な精神を無化してしまうのでは決してない。反対に「絶対的な精神」は、有限な精神がそれ自身によって自ら自身として存在するという、まさにこのことを可能にする役割を果たしているのである。

結び

以上の考察から、自らを自ら自身によって担い抜き、自ら自身に立脚するという、主体的な在り方であるとか、〈自ら自身を知る〉ということは、本来的な意味においては、〈学としての哲学〉においてのみ可能であることが明らかとなった。なぜそうなのかといえば、主体性や自己知が帰属するような、個別的で有限な存在者の存在は、単に偶然的なものに過ぎないのではなく、それ自身において「普遍的なもの」であると理解されるからである。そしてまた、有限な存在者が自己関係を形成し、それにより真の意味で自己自身として存在するにようになるプロセスは、「このもの」たる有限な存在者自身によってこそ遂行されるからである。ただし、ここでいう「普遍性」が一定の原理に、すなわち「絶対的な精神」に基づいてのみ獲得され得るという点については、既に論じた通りである。

第二章でみたように、「真なるもの」は、「主体」としてだけでなく、同時に「実体」としても特徴付けられる。だとすれば、有限な存在者が「真なるもの」を認識するという、このことが意味するのは、「真なるもの」を「自己意識にとって異質な何ものか（irgendein Fremdes für das Selbstbewußtsein）」（ＰｈＢ４１４、５４３）として、あるいは外的で隔絶したものとしてとらえる、ということではあり得ないのは明らかである。むしろ、「真なるもの」を認識するということは、この「真なるもの」によってこそ、真の意味でかつ現実的に〈自ら自身である〉ことが可能となる、ということを有限な存在者が自覚することである。そしてまた、「真なるもの」によって支えられることにより、他ならぬ自ら自身において「普遍的なもの」として存在するということを、有限な存在者自身がとらえ、洞察するということなのである。

ただし注意すべきことに、有限な存在者がいかなる別のものとも区別されるような「このもの」としての在り方を維持し続けるとしても、ただ単に直接あるがままの在り方においてそうなのではない。なぜなら、「このもの」としての在り方を維持するためには、同時に「否定」という契機が不可欠だからである。だがここでいう「否定」は、有限な存在者に対して外側から加えられるわけではない。有限な存在者は、むしろ自ら自身でかつ自ら自身に対して、「否定」の力を向ける。したがって有限な存在者は、「否定」によっても自ら自身を失うことは決してなく、自己関係性を維持し続けている。「否定」は、有限な存在者の自己関係性の形成のための推進力としての役割を果たしている。このように、有限な存在者は、自らを自ら自身で否定することによってこそ、〈自らが本来それであるところのもの〉、換言すれば、自ら自身の根源的な在り方を見出すのであり、かつこうした根源的な在り方を自ら自身で獲得することによってこそ、真の意味で自己自身であるようになる。「真なるもの」をとらえるということは、同時にこの「真なるもの」において自ら自身の真の在り方をみつめ、自覚することなのである。

「自己」というものは、何よりも身近なものである。だがまさにこうした身近なものは、差し当たっては未だにそれ自身にとって固有なものとはなっていない。なぜなら「自己」というものは、それ自身で活動を実際に遂行することによってこそ獲得されるのであり、またそうした獲得のプロセスを経ることによってこそ、まさしくそのものとして存在するからである。まさにこのような活動こそ、〈知る〉というはたらきに他ならないのである。

続く第二、三部では、「自己」と知をめぐるこのような関係について、『大論理学』の「本質論」及び「概念論」におけるヘーゲルの論述を手掛かりに考察を進めることにしよう。

第二部　実体から概念へ

――根源的なものであることの条件――

序

第一部でみてきたように、主体性（die Subjektivität）の思想には、実体（die Substanz）としての性格が同時に含まれる。この場合主体性は、実体と対立するのでもなければ、実体が占めていた位置に取って代わり、それを破棄してしまうのでもない。さらに主体性は、単に経験的・個別的なのではなく、それ自身において無限であると理解される。

主体性が〈無限なもの〉として理解されると同時に、実体、換言すれば〈真の意味での存在〉でもあるとすれば、有限な存在者に対する関係の仕方がどのようなものなのかが問われてくる。なぜなら、主体性は、有限な存在者が〈自らを自ら自身によって担い、他ならぬ自らにとって自ら自身として存在する〉という、その自発的な活動や在り方を支え、成り立たせる根拠をなすはずだからである。実体は、いやしくも〈真の意味での存在〉であるならば、その本性からして、有限なものから隔絶することなどあり得ない。反対に実体は、有限なものにとって内在的な根拠をなすのでなければならない。この観点に立つならば、実体がそれ自身のうちに閉ざされてはおらず、むしろ他なるものに対して開かれているのが明らかとなる。これにより、〈有限である〉という在り方や、それに伴う諸々の規定や限定といったものが実体に固有な契機として示され得る。

その際決定的に重要な役割を担うのが、「定立されていること（das Gesetztsein）」という、ヘーゲル独自の思想である。この「定立されていること」という思想に基づくならば、実体は、次のようなものとして理解される。すなわち実体は、それこそが〈真の意味で現実的に存在するもの〉であると同時に、〈他の現実的に存在するものが現にある通りに存在する〉ことを成り立たせる根拠としての役割も果たしている。これを別の仕方で表現するならば、実体こそ真の意味で「現実性（die Wirklichkeit）」をなすということである。

その一方で、ヘーゲル自身述べるように、実体は、同時に「〈それが存在するが故に存在する〉ところの存在（das Sein, das ist, weil es ist）」（GW11、394）でもある以上、ただ単に別のものにとっての「根拠」なのではなく、それ自身の存在の根拠なのでもある。この点を踏まえるならば、実体を次のように特徴付けることが出来る。すなわち実体は、一切の現実的な存在がそこから由来する以上、「根源的なもの（ein Ursprüngliches）」として理解される一方で、いかなる別のものによるのでもなく、他ならぬそれ自身の活動によって「根源的なもの」として存在するのだ、と。したがって「根源的なもの」は、活動に先立っていわば自体的に存在するのではなく、それ自身で活動を遂行することによってこそ、真の意味で「根源的なもの」として存在するようになる。しかるに第一部で見たように、自ら自身の活動により、自ら自身にとって〈自らが本来それであるところのもの〉として存在するものこそ、「主体性」をなすところのものに他ならない。ヘーゲル自身、一八〇七年公刊の『精神現象学（Phänomenologie des Geistes）』の序文で、実体が同時に主体としてもとらえられる、という考えを既に表明している。(1)

以下では、『大論理学（Wissenschaft der Logik）』第一巻第二部である「本質論（Die Lehre vom Wesen）」（一八一三年公刊）のうち、主として第三章の「現実性（Die Wirklichkeit）」における議論を取り上げ、実体自身に主体性としての性格が認められ得るのは一体どのようにしてなのか、という問題について考察する。またこうした作業を通じて、実体がそれ自身を〈自らの存在の根拠〉とするという意味合いでの「必然性（die

Notwendigkeit)」が破棄されることなく、『精神現象学』の「絶対知」章の言葉を借りるならば、「自らの〈他であること〉において自らのもとにある（in seinem Anderssein bei sich selbst ist）」（GW９、４２８）という、「自由（die Freiheit）」の考えのうちへと継承されるのは一体どのようにしてなのか、という問題についても検討する。

［第二部の論述の概観］

以下概要を記すと、第二部は七つの部分に分かれる。第一に、実体こそ唯一真の意味で〈現実に存在するところのもの〉であるのに対し、それ以外の有限なものは、それ自身のうちにその存在の根拠を有しておらず、「偶然的なもの（das Zufällige）」に過ぎないことについて確認する。

第二に、「偶然的なもの」とは異なり、実体は「それが存在するが故に存在する」ことから、自ら自身をその存在の根拠とする。そのことから、実体が「絶対的必然性（die absolute Notwendigkeit）」と特徴付けられることについて確認する。「絶対的必然性」は、それ自身に立脚し、かつそれ自身において完結している。だがそうした特徴付けによっては、偶然性に対して適切な位置付けが与えられない。そのため、実体に対して新たな特徴付けを求める必要が生じる。

第三に、実体は、「絶対的必然性」としてみるならば、「存在（das Sein）」と「本質（das Wesen）」の両契機を兼ね備えると同時に、それ自身において「相関関係（das Verhältnis）」をかたちづくっている。まさにこうした「相関関係」においてこそ、実体が自らを他ならぬ「実体」として顕現することについて確認する。次いで、実体は、そうした顕現において、有限なものの生成や消滅のプロセスを支配する「威力（die Macht）」として示されることについて考察する。さらに、こうした威力の発現によっても、実体に特有な〈自己関係性〉がなお十分には達成されないことについて確認する。

第四に、実体にとって、有限なもの及びその諸規定は、単に所与のものではない。これらの規定は、むしろ実体が「原因（die Ursache）」として活動することによって存在する。実体のこうした活動によって生じるものは、消失してしまうことなく存立し続ける。

第五に、実体が「原因」として活動することで一定の「結果（die Wirkung）」を産み出す場合、「原因」と「結果」の両者は、「基体（das Substrat）」の場合とは異なり、「因果性（die Kausalität）」の関係と無関係に存在するわけではないことについてみていく。実体が「原因」として活動するということは、実際には実体が「結果」においてそれ自身固有の〈現実性〉を獲得することに他ならない。したがって、「原因」と「結果」との関係は、実際には〈実体の自己関係〉として理解される。

第六に、実体が「原因」として行う活動が無条件的なのではなく、一定の条件を必要とすることについてみていく。この条件は、「受動的実体（die passive Substanz）」と特徴付けられる。「受動的実体」のうちには、「根源性（die Ursprünglichkeit）」と「定立されていること（das Gesetztsein）」という、二つの側面が認められる。「受動的実体」がまさしくそれ自身として「定立」される、ということの根拠は、他ならぬ「受動的実体」自身のうちに求められる。「受動的実体」の根源的な在り方は、実際にはそれ自身「定立されていること」に他ならないのである。したがって「定立されていること」こそ、「受動的実体」の本性をなす。

最後に、実体は、それ自身の活動によって自らの根源的な在り方を明らかにするとともに、この根源的な在り方の通りに現実に存在する。まさにこうしたものこそ、「概念（der Begriff）」という、ヘーゲル哲学の中心的思想を言い表したものであることについて確認する。「概念」は、その本質からして他なるものに対して開かれており、〈他なるものとの関係〉においても〈自己同一的なもの〉であり続ける。このことにより、「概念」には「自由（die Freiheit）」が帰属する。その際注目すべきことに、ここでいう「自由」は、必然性を破棄することなく、むしろ自ら固有の契機として内包する。

ヘーゲルの哲学は、〈自由の哲学〉であると言われる。だがここでいう「自由」は、単に可能的なものであるとか、恣意的なもののことを意味しない。反対に「自由」は、それ自身において必然的であり、根源的なものとして理解される。「自由」をこのように理解することを可能にする鍵は、他ならぬ『大論理学』「本質論」における「現実性」のうちに潜んでいる。この鍵を見つけ出すことは、ヘーゲルとともに思索しようとするすべての者に対して課せられた課題だといっても過言ではない。実体における「根源性」と「定立されていること」との両契機が果たしてどのように相互に関連するのか、その仕方を解明し得るならば、自由の本質について単に実践的にのみならず、ヘーゲル独自の意味で「論理学」的に、すなわち、形而上学的に徹底的に掘り下げて問うための足掛かりを得ることが出来よう。

第一章　〈必然的である〉ということの意味

一　偶然性と必然性

a）〈現実的に存在すること〉の諸条件　――必然性における蓋然性――

［〈端的に必然的なもの〉としての実体］

これから検討する『大論理学』「本質論」の「現実性」の章では、現実性とはそもそも一体何であり、どのようなものとして理解されるのかについて、極めて詳細な議論が展開されている。注目すべきことに、そこでは、「現実性」であるとか、〈現実的に存在する〉ということは、単に有限で個別的なものの事実的・経験的な存在を指すのではない。現実性についてのヘーゲルの理解は、この点で通常の理解とは大きく異なる。ヘーゲルが主張するには、むしろ実体こそ、換言すれば、有限なもの一切の根底こそ、真の意味で「現実性」をなす。それだけではない。この実体だけが唯一真の意味で〈現実的に存在する〉ものに他ならず、それ以外の一切のものには本来的には〈現実的に存在する〉ということが認められない、というように非常に踏み込んだ主張さえなされる。

こうした主張は、ひとを驚かせるかもしれない。ヘーゲルは、単なる思い付きでそのようなことを主張するのではない。その背景には、スピノザ的な唯一実体の思想がある。スピノザによれば、実体は、それこそが真の意味で〈現実的に存在する〉ものであると同時に、「自己原因（causa sui）」という言葉に示されるように、それ自身の存在の根拠でもあると理解される。この思想に立脚するならば、実体の存在のうちには一種の必然性が認められる。どういうことかというと、実体は、まさしく「実体」である限り、存在したり存在しなかったりというように、単に偶然的な仕方で存在するのではなくて、むしろそれ自身を自らの存在の根拠とする以上、必然的に存在するのである。こうしたスピノザ的な唯一実体の思想は、ヘーゲルに継承されている。その際、ヘーゲルはこの思想を独自の仕方でとらえ直しており、次のように述べる。「端的に必然的なもの（das schlechthin Notwendige）は、それが存在するが故に存在する。端的に必然的なものは、それ以外のいかなる条件（Bedingung）も、いかなる根拠（Grund）も有していない」（ＧＷ１１、３９１）。

とはいえもしそうだとすれば、有限なものや個別的なものは、実体と対比した場合、取るに足らず無価値なものに過ぎないことになりはしないだろうか。決してそうではない。反対に実体は、有限で個別的なものが実際に存在することを成り立たせる役割を果たす。この点については、実体が「一切の存在のなかの存在（das Sein in allem Sein）」（ＧＷ１１、３９４）とされることからも窺えよう。実体は、有限で個別的なものを超えた別の領域にあるのではなく、むしろそうしたものに内在的な仕方で存在するのである。

だがそう考えるならば、次の問題が生じる。まず、有限なものに固有な在り方やその規定に対して積極的な位置付けが与えられ得るのかどうか、ということがある。またもし可能だとすれば、一体どのようにしてなのか、ということも問われる。さらに、有限なものの自立性が一体どのようにして確保され得るのか、ということも問われる。そしてまた、有限なものが他の同じように有限なものへと関わる際、相手へとはたらきかけたり、あるいは相手からはたらきかけを受けたりすることは、一体どのようにとらえ返されるのだろうか。以下の論述では、これらの問題について検討する必要がある。

［蓋然的な必然性としての〈偶然的なもの〉――〈実在的可能性〉――］

実体は、既に述べたように、「それが存在するが故に存在する」ところのものと特徴付けられる。別の仕方で表現すれば、実体は、その本質の通りに現実に存在する。したがって、実体においては、〈本質〉と〈現実の存在〉の両者が一体的に理解される。これに対して、有限なものは、必ずしも現にある一定の在り方においてあり続けるとは限らない。なぜなら有限なものは、別の仕方で存在することもあり得るからである。有限なものは、「偶然的なもの（das Zufällige）」（GW11、383）なのである。ヘーゲルは、「偶然的なもの」を次のように特徴付ける。「偶然的なものは、現実的なもの（ein Wirkliches）である。だが同時に、この現実的なものは、可能的であるに過ぎないと規定されている。そのため、この現実的なものの他なるもの（Anderes）であるとか、あるいはその反対（Gegenteil）といったものもまた、同じように存在する」（GW11、383f.）。

有限なものが「偶然的」であるといっても、いかなる支えも欠いていて、純然たる恣意に委ねられてしまうというのではない。むしろ有限なものは、「現実的なもの」である以上、換言すれば、現に一定の仕方で存在している以上、まさに現にあるその通りの仕方において実際に存在しなければならない。この「ねばならない」という言葉は、ある種の必然性を示している。ただしここでいう「必然性」は、「それが存在するが故に存在する」ところの実体に認められるような、端的な意味での必然性とは区別される。なぜなら「偶然的なもの」は、実体とは異なり、その存在の根拠をそれ自身のうちに有するわけではないからである。

以上のように、「偶然的なもの」に特有な「必然性」は、無条件的なのではなく、一定の制限を伴う。こうした意味での必然的なものは、一定の「規定」を有する。ただしこの必然的なものは、いつでも存在するわけではなく、必要な条件が整っている限りでのみ、存在することが出来る。そしてまた、もし条件が整うならば、そうした一定の規定のもとに実際に存在するのであり、かつ存在しなければならないのである。

この点に注目するならば、ここでいう「必然性」のうちにある種の蓋然性が含まれることが認められる。なぜなら、〈必然的なもの〉といっても、具体的な内実を構成するものや、それを取り巻く様々な状況や条件を欠くことが出来ないからである。〈必然的なもの〉の力は、そうしたところにまでは及ぶことがなく、諸々の条件に依存している。ヘーゲルは、そうした条件のことを「実在的可能性（die reale Möglichkeit）」（GW11、386）と特徴付ける。「実在的可能性」は、〈可能性〉であるだけでなく、「それ自身、直接的な現実存在（unmittelbare Existenz）である」（ibid）というように、〈現実の存在〉としての側面をも兼ね備えている。このようにして、「偶然的なもの」が〈必然的なもの〉である場合、一定の具体的なものである以上、それを取り巻く様々なものとの連関のうちに置かれており、なおかつそうした連関のもとにおいてのみ、かくあるところのものとして実際に存在することが出来る。「ある事柄の〈実在的可能性〉とは、この事柄に関係する様々な事情からなる、定在する多様性（die daseiende Mannigfaltigkeit von Umständen）である」（ibid）というヘーゲルの言明は、まさにこうした連関のことを言い表している。

[〈現実的に存在する〉ということの条件　――〈実在的現実性〉――]

右で述べた意味での〈必然的なもの〉は、あくまでも蓋然的なものの域を出ない。なぜなら、「実在的可能性」によって支えられることではじめて、現にある通りに存在するのだから。他方でこの〈必然的なもの〉は、「実在的可能性」と同様、〈現実の存在〉としての側面も備えている。ヘーゲルは、こうしたもののことを「実在的現実性（die reale Wirklichkei）」（GW１１、３８５）と特徴付ける。この特徴付けのうちには、いくつもの要素が非常に複雑な仕方で絡み合っている。すなわち、「実在的現実性」をめぐっては、可能性（die Möglichkei）、現実性（die Wirklichkeit）、並びに必然性（die Notwendigkeit）の三契機が関係し合っている。こうした事態は一見非常に奇異に映る。このことが生じるのは次の事情による。まず、「実在的現実性」が現にあるがままの一定の仕方で実際に存在するには、そのことを支える諸条件との連関が不可欠である。そのことのうちには「可能性」の契機が認められる。また、同じ「実在的現実性」に対しては、ある特定の条件との連関のもとでは、いかなる他のものでもなくまさに現にある通りの一定の存在の仕方が帰結する。そのことのうちには「必然性」の契機が認められる。

このように、「可能性」・「現実性」・「必然性」の三契機がばらばらに存在するのではなく、「実在的現実性」という一つのものにおいて連関し合う以上、現実的に存在するものの条件に対する関わり方は、外的なものに対するような仕方ではあり得ない。そうした関わりは、むしろ現実的に存在するものがそれ自身の内的な素質について反省する、というはたらきを意味する。こうした反省のはたらきについては、次のように述べられる。「〈実在的現実性〉は、現象（Erscheinung）へと解消してしまうような現実存在（Existenz）なのではない。むしろ〈実在的現実性〉は、現実性である以上、〈もともとそれ自体であること〉（Ansichsein）であると同時に、自らへの反省運動（Reflexion – in – sich）でもある」（ibid）。「実在的現実性」に〈自らへと反省するはたらき〉が帰属するということは、「実在的現実性」がそれを取り巻くものとの連関の中で解消されてしまうのではないことを示している。「実在的現実性」は、それ自身のうちに支えを欠いているのではなく、外なるものとの関係にあっても自らへと立ち返ってくることが出来るのである。

その一方で、「実在的現実性」は、一定の仕方で存在する際に自らの内的素質に従う以上、いかなる他の仕方においてでもなく、まさにその素質の通りに実際に存在しなければならない。「実在的現実性」の存立は、こうした内的素質に従う限りにおいて維持され続ける。この点について、ヘーゲル自身次のように述べている。「〈実在的現実性〉は、単なる現実存在の多様性において維持される。その外面性（Äußerlichkeit）は、自ら自身だけに対する内的な関わり（innerliches Verhalten nur zu sich selbst）である」（GW11、385）。

ここから、「実在的必然性」とその内的素質としての「実在的可能性」との間の関係は、単に外的なもの同士の関係ではあり得ないことが分かる。むしろ、両者は一体的に理解される。なぜなら「実在的可能性」は、「実在的」に存在するもの、すなわち〈一定の規定を備えつつ現実的に存在するもの〉の「もともとそれ自体であること」に関わるだけでなく、この現実的に存在するものの存立を支え、保つ役割を果たしてもいるからである。このようにみるならば、「実在的可能性」に対する次のような特徴付けが理解されよう。

「こうした現実性は、ある事柄の可能性をなすものの、それ自身に固有の可能性であるのではない。むしろこの現実性は、ある他の現実的なものの〈もともとそれ自体であること〉（das Ansichsein）をなす。すなわち、この現実性そのものは、止揚されるべき現実性（die Wirklichkeit, die aufgehoben werden soll）なのであり、換言すれば、可能性に過ぎないような可能性である。――〈実在的可能性〉は、このようにして、諸条件の全体（das Ganze von Bedingungen）をなすとともに、自らへと反省することがなく、散らばっているような現実性

(eine nicht in sich reflektierte, zerstreute Wirklichkeit) をなすのでもある」(ＧＷ１１、３８６)。

これを踏まえるならば、「実在的現実性」が「実在的可能性」に対して関係する仕方は、それ自身とは別のものに対するようなものではなく、自らの内的素質へと立ち返るというようにして自己関係的である、といえる。ヘーゲルは、この意味での自己関係について、差し当たり可能性の側から次のように言い表す。

「実在的に可能 (real möglich) であるものは、その〈もともとそれ自体であること〉に従うならば、形式的な仕方で同一的なもの (ein formelles Identisches) である。このように形式的な仕方で同一的なものは、その単一な内容規定からすれば、それ自身に矛盾しない。けれどもまた、実在的に可能であるものは、自己同一的なもの (das mit sich Identische) である以上、その展開され、区別された諸々の状況からしても、またそれが関連するところのもの一切からしても、それ自身に矛盾することがあってはならない」(ＧＷ１１、３８７)。

ただし内的に自己矛盾することがない、ということはあくまでも最低限のことに過ぎない。それだけでは自己関係の成立に十分とはいえない。なぜなら、一定の「実在的現実性」が成り立つために必要な条件は、単純な性格のものではあり得ないからである。むしろ種々多様なものが一体となって一つの「全体」をかたちづくっている。のみならずこれらの多様なものは、ひとつひとつを取り出してみるならば、互いに矛盾し合うことさえあり得る。このことについては、「実在的に可能であるものは、矛盾するもの (ein Widersprechendes) である」(ibid) とヘーゲル自身明確に述べている通りである。かくして、「実在的に可能であるもの」は、多様なものを一体的に存立させている「全体」から切り離されてしまうならば、もはやその存立を維持することが出来ない。多様なものが抱えるこうした「矛盾」について、ヘーゲルは次のように表現する。「多様な現実存在は、それ自身に即してみるならば（an sich selbst）、自らを止揚し、没落する（zu Grunde zu gehen）ところのものである。この点において、多様な現実存在は、単に可能的なものであるに過ぎない、という規定をそれ自身のもとに有している」（GW11、387）。

このように、多様なものは、それだけ取り出してみるならば、対立や矛盾を抱える一方で、同時に一つの「全体」を形成するのでもある。こうした「全体」の形成により、一定のものが「実在的可能性」に従って規定され、現実的に存在するようになる。その際、現実的に存在するものを取り巻く多様なものは、止揚されることになる。ヘーゲルは、こうした一連のプロセスのことを「それ自身を止揚する実在的可能性の運動（Bewegung der sich selbst aufhebenden realen Möglichkeit）」（ibid）と表現する。

このプロセスにより、「実在的可能性」が実際には「実在的現実性」に対して別のものであるのではないことが明らかとなる。というのも、「全体」を形成するために必要な諸条件が全て整うならば、そうした条件のもとでは、ある一定の何かが現実的に存在するからであり、またこの「ある一定の何か」は、他のいかなるものでもなく、まさにその特定のものとしてのみ、現実的に存在し得るからである。[2] 両者は、互いに相手を指し示すというようにして不可分の関係にある。この点については次のように言い表される。「もしもある事柄（Sache）の諸条件の全てが完全に揃うならば、その事柄は、現実性へと歩み入る。——諸条件の完全性（die Vollständigkeit）は、内容に即してとらえられるような総体性（die Totalität als am Inhalte）である。また事柄そのものは、次のような内容、すなわち、現実的なものであるとともに可能的なものでもある、というようにして規定されているような内容である」（ＧＷ１１、３８７）。これを踏まえるならば、一定の諸条件が形成する連関をそれ自身の可能性とするものは、そうした可能性に従う以外のいかなる他の仕方でも現実的に存在することが出来ず、その可能性の通りに実際に存在しなければならない、ということが分かる。(3) ここにも「ねばならない」という一種の必然性が認められる。

このことから、「実在的可能性」が実は必然性と同一のものことを指していることが明らかになる。どういうことかというと、先にみたところでは、必然性について、「必然的に存在するものは、別の仕方で存在することが出来ない（Was notwendig ist, kann nicht anders sein）」（ＧＷ１１、３８８）と理解されたのだが、今や「実在的可能性」についても同様のことが言い表されるのである。「実在的に可能であるものは、もはや他のようにあることは出来ない（Was real möglich ist, das kann nicht mehr anders sein）。これらの諸条件〈Bedingungen〉と諸々の状況（Umstände）のもとでは、いかなる他のものも結果として生じない」（ibid）。いずれの場合も、「他のようにはあり得ない（nicht anders sein können）」という表現がなされている。この表現には、〈他の様々な可能性の排除〉と〈ある一定の必然性の帰結〉が含まれる。これら二つの事柄は、〈ある一定のものの現実の存在〉のうちに統一されている。かくして、「実在的現実性」のみならず、「実在的可能性」をめぐっても、「可能性」・「現実性」・「必然性」という三つの契機が一体的に関係し合っていることが明らかとなる。

b）現実的な存在とは、相対的で偶然的な必然性である　――〈実在的必然性〉――

だが、こうした関係の仕方には一定の蓋然性が認められるため、なお不十分だといわねばならない。なぜなら、ある一定の条件のもとに置かれる場合には、特定の現実の在り方が必然的に帰結するとしても、そもそもまさにその特定の条件のもとにあるのかどうかについてはなお確定していないからである。この点については、ヘーゲル自身、「この必然性は同時に相対的である」（GW11、388）と明確に述べている通りである。どうして「相対的」なのかというと、ただ単にこの「必然性」が諸条件に支えられているからなのではない。そうではなくて、諸条件が単に前提されているに過ぎないため、この前提自体のうちに必然性が認められず、蓋然的であるにとどまるからなのである。[4] ヘーゲルは、こうした相対的な必然性のことを「実在的必然性（die reale Notwendigkeit）」と特徴付けて次のように述べる。「〈実在的必然性〉は、それがそこからはじまるところの前提を有する。〈実在的必然性〉は、偶然的なもの（das Zufällige）を出発点とする」（ibid）。

このように「実在的必然性」は、その根本において偶然性を抱え込んでいるため、結局のところ相対性の域を出ない。この点についてはおよそ次のように理解出来よう。すなわち、何らかのものがある一定の規定を有するとして、こうしたもののうちに必然性が認められるとする。その場合、規定を取り巻く諸条件や具体的な内実からすれば、〈他の仕方ではあり得ない〉、すなわち「必然的」であるといえる。だがこの同じものは、根本においてみるならば、そうした必然性をそれ自身に負うのではなく、外なるものに依存している。そうしたものは、そもそも「偶然的なもの」として存在するに過ぎないのである。

ところで、〈一定の規定を有する〉ということは、〈限定されている〉ことを意味する。この点について、ヘーゲルはスピノザを引き合いに出して、「規定態一般は否定である（限定は否定である—— Determinatio est negatio ——）」（GW11、76）と述べている。ここでいう「否定」は、あるものの存立を根絶することを指すのではない。そうではなくて、あるものが限定されるということは、それが特有の「制限」のもとに置かれる、ということなのである。ヘーゲルは次のように述べることで、「必然性」自体、一定の規定を有する限り制限されていることを明確に示している。「〈実在的に必然的なもの〉(das real Notwendige) は、ある何らかの制限された現実性 (irgendeine beschränkte Wirklichkeit) である。この現実性は、こうした〈制限されていること〉(Beschränktheit) のために、別の観点においては、せいぜいのところ偶然的なものであるに過ぎない」(GW11、389)。

ここに挙げた引用に従うならば、これまでみてきた意味での「必然性」は、実のところ「偶然的なもの」に過ぎないことが分かる。「必然性」と「偶然的なもの」の両者は、実際には別々のものであるのではなく、同一のものに帰着する。だとすれば、現実に存在するものは、相対的に〈必然的なもの〉である以上、その内的素質もひっくるめて「偶然的なもの」であるといえる。どういうことかというと、現実に存在するものが一定の規定を有する場合、それを取り巻く諸条件に依存している点からすれば、相対的な必然性が認められる。諸条件は、現実に存在するものにとって外在的なのではなく、既にみたように、むしろその内的素質をなす。しかるにこれらの諸条件自体、「偶然的なもの」なのである。

だとすれば今度は反対に、「実在的必然性」が抱え込む偶然性自体、いわば〈必然的なもの〉として示される必要がある。なぜなら、現実的に存在するものが根本において偶然性に他ならない以上、この偶然性そのものは、ある種の「必然性」を原理とするのでなければならないからである。これを踏まえるならば、偶然性は、何らかの拍子に気まぐれに生じるのではなく、むしろ一定の「原理」に基づくことが分かる。このことは、「必然性」についてより踏み込んだ考察を要求する。とはいえそうしたことは、「実在的必然性」のもとではなお示され得ない。そのことについては、ヘーゲル自身、「必然性は、自ら自身からして (aus sich selbst)、自らを偶然性へと規定付けることを未だにしていなかった」（GW11、389）と明確に述べる通りである。

かくして、必然性と偶然性との間の密接な関係に照らし合わせるならば、必然性は、ヘーゲルが表現するように、それ自身において「必然性と偶然性との統一態」（GW11、389）を形成することが理解される。こうした「統一態」は、「絶対的必然性（die absolute Notwendigkeit）」（GW11、391）と特徴付けられる。以下では、「絶対的必然性」がどのようなものであるのかについて詳しく検討しよう。

二　〈絶対的必然性〉——〈それが存在するが故に存在する〉ということ——

a）〈自ら自身に立脚すること〉と〈他なるものの介在の否定〉

右にみるように、「実在的必然性」の場合、ある何かが「必然的」であるのは、その内的素質をなす一定の状況や条件に従う場合に限られる。換言すれば、「実在的必然性」は、根本的にみるならば自体的に存在するのではなく、諸条件によって媒介されている。このことからヘーゲルは、〈必然的なもの〉に対して「定立されていること（Gesetztsein）」（GW11、390）としての特徴付けを与える。

ただし、媒介の役割を果たす諸条件は、〈必然的なもの〉に対して外的に付加されるのではない。なぜならこれらの条件は、〈必然的なもの〉とは無関係にそれだけで存在するわけではなく、むしろ〈必然的なもの〉の「もともとそれ自体であること（das Ansichsein）」をなすのだからである。したがって諸条件もまた、〈必然的なもの〉と同様、「定立されていること」としてのみ存在する。必然性における「定立されていること」と「もともとそれ自体であること」との関係について、ヘーゲルは次のように言い表す。

「必然性こそ、まさしくこうした〈定立されていること〉を止揚するはたらき（Aufheben）を行うのでもある。あるいはまた必然性は、直接性を定立するとともに、〈もともとそれ自体であること〉を定立するはたらきを行うのでもある。同様にまさにそのことのうちにこそ、この〈止揚するはたらき〉を〈定立されていること〉として規定するはたらきが存在する。したがって他ならぬ必然性自身こそ、自らを偶然性として規定するところのものである」(ibid)。

ここでは、「直接性」や「もともとそれ自体であること」が定立のはたらきによって存在することが述べられている。これを踏まえるならば、何らかのものが現実的に存在することについて、次のように理解することが出来る。すなわち、何らかのものの規定された在り方は、それ自身の「もともとそれ自体であること」に、すなわち内的素質に基づくのはたしかにその通りである。だが実際には、内的素質は、単に「前提」として先行的に存在するのではなく、必然性によって「定立される」ことではじめて成り立つのである。

以上から次のことが明らかとなる。まず、「可能性」と「現実性」の両者は、いずれも「必然性」によって定立されることで成り立つ。次に、「可能性」と「現実性」の両者は、それぞれ単独で存在するのではなく、共に「必然性」の契機をなしており、「必然性」から離れて存在することはない。こうした意味での「必然性」は、「実在的必然性」とは区別され、「絶対的必然性（die absolute Notwendigkeit）」と特徴付けられる。ヘーゲルは、「絶対的必然性」について次のように述べる。「〈絶対的必然性〉は、現実性一般と可能性一般の両者が、並びに〈形式的必然性〉（die formelle Notwendigkeit）と〈実在的必然性〉（die reale Notwendigkeit）の両者がそこへと立ち返るところの真理である」（GW11、391）。

「絶対的必然性」においては、〈現実的に存在する〉ということが二重の仕方で認められる。まず、「絶対的必然性」は、「現実性」を自らの契機として内包する。同時に「絶対的必然性」は、まさしくそれこそが真の意味で〈現実的に存在するもの〉でもある。「絶対的必然性」は、「実在的必然性」とは異なり、内的素質という、いわば自らを構成するような外なるものによって支えられることではじめて成り立つのではなく、自己媒介のはたらきによって自己関係を形成する。このことを別の仕方で表現すれば、「絶対的必然性」は、他のものによることなく、それ自身によって存在する、ということである。だからこそ次にみるように、「絶対的必然性」に対して「存在（das Sein）」という特徴付けが与えられるのである。

「〈絶対的必然性〉は、その否定（Negation）において、すなわち、本質（Wesen）においてそれ自身へと関係することによって存在であるような、存在である。〈絶対的必然性〉は、単一な直接性（einfache Unmittelbarkeit）、あるいは純粋な存在であるのと同様、自らへの単一な反省運動（einfache Reflexion-in-sich）、あるいは純粋な本質でもある。〈絶対的必然性〉とは、存在と本質の両者が一にして同一であるという、こうしたものである」（GW11、391）。

これによれば、「絶対的必然性」は、「存在」としてだけでなく、同時に「本質」としても理解される。また「絶対的必然性」は、「存在」と「本質」のいずれもそこへと帰着するような統一態をなしている。ヘーゲルはこう述べることで、『大論理学』の「存在論」と「本質論」で示されるカテゴリーの一切が「絶対的必然性」

のうちへと合流すると主張する。さらにヘーゲルは、「存在論」の冒頭で示されるような、無媒介的で、一切の規定それ自身のうちに未だに含むことのない「純粋な存在（reines Sein）」（GW11、43）と、「本質論」の冒頭で打ち出されるような、自らの定立のはたらきを通じて自ら自身へと立ち返ることで、「否定的な自己関係（negative Beziehung auf sich）」（GW11、242）を形成する「本質（Wesen）」（ibid）の両者が「絶対的必然性」のうちで統一されることも示そうとする。

「絶対的必然性」のうちには、自己関係を形成する以上、〈他なるものによる媒介〉は認められない。「絶対的必然性」が行う定立のはたらきは、むしろ〈自己媒介〉を意味する。その際「絶対的必然性」は、別のものから立ち返るというようにして自己関係するのではない。「絶対的必然性」は、そういった「別のもの」が自らの外にあることを否定する。「別のもの」は、実際には「絶対的必然性」自身によって定立されることによってのみ、存立するに過ぎないのである。

これに関連することは、同じ「本質論」の第一章「自己内反省としての本質（Das Wesen als Reflexion in ihm selbst）」で述べられている。そこでは「反省運動（Reflexion）」としての「本質」について論じられている。それによれば「反省運動」は、自己関係を形成するプロセスにおいて別のものから出発して自らへとはじめて「移行する（übergehen）」のではなく、プロセスを通じて「自らのもとにとどまり続けている（in sich selbst bleibt）」とされる。「本質は、反省運動である。反省運動とは、生成し移行するという運動（die Bewegung des Werdens und Übergehens）である。その際、生成し移行するはたらきは、それ自身のうちにとどまり続けている」（GW11、249）。

以上を踏まえるならば、「絶対的必然性」は、「実在的必然性」とは異なり、それが存在することの根拠を条件や状況といった、何らかの前提に負うのではないことが分かる。「絶対的必然性」は、自ら以外の何ものもその存在の根拠としない。[5]「絶対的必然性」は、何らかの条件に左右されるような相対的なものではなく、そうした条件さえ自らの契機として内包する。その意味からすれば、「絶対的必然性」は自足的だといえる。

「〈端的に必然的なもの〉は、それが存在するが故にのみ存在する（Das schlechthin Notwendiges ist nur, weil es ist）。それは、それ以外のいかなる条件も、いかなる根拠も有しない。〈端的に必然的なもの〉は、同様に、純粋な本質（reines Wesen）でもある。こうしたものの存在とは、自らへの単一な反省運動である。［中略］〈端的に必然的なもの〉は、反省運動としてみるならば、根拠や条件を有している。しかしながら、それが根拠や条件とするのは自ら自身だけである」（ＧＷ１１、３９１）。

このようにして、「絶対的必然性」は、現にあるがまま以外のいかなる別の仕方でもあり得ないようなものとして存在する。[6]こうした意味での必然性は、それ自身とは異なるものの介在を一切認めない。またそうしたものを否定することによってこそ、自己関係を保つ。「絶対的必然性」は、自ら自身に立脚するという、その在り方によって〈他なるものによる媒介〉を徹底的に排除する。「絶対的必然性」は、それがまさにそのようなものとして存在するという、現実的な存在の点でも、その存立の根拠と条件という点でも、他のものの力に負うところがない。「絶対的必然性は盲目（blind）である」（ibid）、といった言い方がなされるのは、こうした排他的な性格に由来する。

かくして「絶対的必然性」は、それ自身のうちに閉ざされている。だからといって、現実的に存在するものが他なるものへと関わるという、このこと自体が完全に否定されるわけではない。「絶対的必然性」の閉ざされた在り方については、むしろ次のように理解できる。すなわち、現実的に存在するものからすれば、外なる他なるものとの関係は、それ自身の根幹には関らず、せいぜいのところ外面的な事柄の域を出ない[7]。なぜなら、現実的に存在するものが一定の仕方で規定される際の在り方は、一見すると、外面的なものとの関わりにおいて決定されるように見えるが、実際にはその「もともとそれ自体であること」に、換言すれば、内的素質に基づくからである。

「必然性は、本質として見るならば、こうした存在のうちに閉ざされている。したがって、これらの諸現実性が互いに触れ合うこと（die Berürhnug）は、空虚な外面性として現れている。〈一方ものの他のものにおける現実性〉といったものは、単なる可能性であり、偶然性である。というのも存在は、〈絶対的に必然的である〉として定立されており、自らとの媒介（die Vermittlung – mit – sich）として定立されているからである。自らとの媒介は、他なるものによる媒介（die Vermittlung – durch – Anderes）の絶対的な否定である。別の言葉でいえば、自らとの媒介は、存在だけと同一的であるところの存在（Sein, das nur mit dem Sein identisch ist）として存在する」（ＧＷ１１、３９１）。

現実的に存在するものは、それを取り巻く様々なものと関わり合いながら、相手に対して働きかけたり、相手から働きかけを受け取ったりする。先述の「実在的現実性」の場合には、そうした意味での「物（das Ding）」（ＧＷ１１、３８５）や、それが有する多様な「諸々の性質（Eigenschaften）」（ibid）、並びにそれらの多様な仕方における連関のことが念頭に置かれていた。特定の「物」の性質は、それ自身だけで決定されるのではなく、それ以外の様々なものとの関連において決定される。したがって、「物」の現にある在り方は、その外にあるものとの相互連関の中で得られる。だが今や、そうした「一方のものの他方のものにおける現実性」は、「空虚な外面性」へと格下げされる。そうした関わり合いは、あくまでも現実的に存在するものの本質的な側面には触れることがないというのである。

b）〈それ自身のうちに閉ざされた存在〉としての実体

以上のことから、現実的に存在するものについて次のように理解できる。現実的に存在するものは、現にそうある以外の仕方では、換言すれば、内的素質に従う以外の仕方では存在することが出来ない。現実的に存在するものは、その限りにおいて、他ならぬ自ら自身をその存在の根拠とする。それゆえ現実的に存在するものは、それ自身において「必然的」なのである。

この場合、〈必然的なもの〉というのは、根幹においてそれ自身のうちに閉ざされているもののことを意味する。ただし「閉ざされている」といっても、他なるものに対して完全に没交渉的なのではない。むしろ「閉ざされている」ということは、「他なるものによる媒介」の否定を意味する。現実に存在するものは、こうした否定を通じて自ら自身へと反省する。だとすれば、現実的に存在するものが外なる他なるものに対して関わるといっても、それ自身のうちに閉ざされた在り方において自己関係的であるのだから、端的に偶然的な仕方においてのことに過ぎない。

注意すべきことに、〈他なるものとの関わり〉が端的に偶然的である、ということは、現実的に存在するものの本性に根差している。逆説的に表現するならば、そのこと自体、いわば「必然的」なことなのである。ヘーゲルは、こうした事態を次のように簡潔に表現する。「こうした偶然性はむしろ、〈絶対的必然性〉である」（GW11、391）。ここでいう「偶然性」は、他なるものの媒介によってはじめて存在するのではない。「偶然性」は、むしろそれ自身に立脚しており、現にある通りの在り方をそのままとらえるだけでなく、そうした在り方にみられる直接性を自ら否定するのでもある。「偶然性」は、そうすることで、それ自身の存立の根拠としての自らへと反省する。だとすれば、現実的に存在するものは、その本質からして「偶然性」としてのみ成り立つといえる。その一方で、現実的に存在するものは、まさしくそうした「偶然性」でありながらも、同時に「絶対的必然性」に他ならないのでもある。[8]

「絶対的必然性」は、それ自身の根拠へと反省しつつ、同時にこうしたはたらきにおいて、換言すれば、自らの直接的な在り方の否定において、自ら自身に立脚し続けている。なぜなら「絶対的必然性」は、自らの否定においてこそ自己同一的であるからである。まさにこれこそ、ヘーゲルが「実体（die Substanz）」と特徴付けるものに他ならない。[9]「〈自らの否定における、存在の自ら自身との同一性〉（Identität des Seins in seiner Negation mit sich selbst）という、こうしたものとは、実体である」（GW11、392）。ヘーゲルは、こう述べることで、実体こそ真に存在するものに他ならないことを示そうとする。これに対し、現実的に存在するものは、その本質からして「偶然性」であることから、「実体」のうちへととらえ返される。「偶然性」は、真に存在するものたる「実体」の外側にあることが出来ない。「偶然性」は、むしろ実体の自己関係のうちに位置付けられる。[10]

以上からも分かるように、「実体」は、不動のもの・静止的なものなのではない。むしろ実体には、自己関係を形成する以上、一定の動性が帰属すると理解される。ヘーゲルの実体理解は、たとえばアリストテレスの〈不動の動者〉とはこの点で大きく異なる。実体の動的な自己関係については、ヘーゲルは次のように言い表す。「〈自らの否定における、存在の自ら自身との同一性〉は、こうした同一性の否定において存在するような統一態であり、あるいはまた、偶然性において存在するような統一態である。かくしてこの同一性は、自ら自身との相関関係（Verhältnis zu sich selbst）をなすところの実体である」（GW11、392）。注意すべきことに、「絶対的必然性」の「自ら自身との相関関係」の背後に実体が存在するわけではない。むしろこうした「相関関係」自体が「実体」に他ならないのである。

これを踏まえるならば、右にみてきたような、現実的に存在するものの一定の仕方で規定された在り方であるとか、自己関係のプロセスが一体どのようにして「実体」のもとにとらえ返されるのか、ということが問題となる。次章ではこうした点も踏まえつつ、ヘーゲル独自の意味での「実体」とは一体どのようなものなのかについて詳しく検討しよう。

第二章　存在と本質の統一態としての実体

三　実体とその顕現

a）〈自ら自身をその存在の根拠とするもの〉としての実体

前章でみたように、実体は、「存在」と「本質」との統一態をなすとともに、「絶対的必然性」として特徴付けられる。こうした「実体」の思想は、ヘーゲルだけに特有なのではなく、スピノザ的唯一実体の思想の流れを汲んでいる。[11] それによれば実体は、それ自身のうちに現実存在（existentia）を内包する本質（essentia）として理解される。〈自己原因〉（causa sui）の思想は、まさにこうしたものを言い表している。〈自己原因〉としての実体は、ヘーゲルの場合と同様、自己関係的なものとして理解される。すなわちスピノザの場合、実体は、それ自身において存在するとともに、それ自身によって把握されるものとして特徴付けられる。[12]

だが注意すべきことに、ヘーゲル的な意味での実体は、〈自己原因〉としての実体とそのまま同じものを指すわけではなく、両者の間の相違を看過してはならない。相違は、実体における「総体性」をどのように理解するか、という点に求められる。すなわちスピノザの場合、〈自己原因〉としての実体は、唯一実体であるのに対し、ヘーゲルの場合、必ずしも「唯一のもの」が念頭に置かれているわけではない。この点については、「自ら自身との相関関係」における関係項に着目すれば明らかとなる。どういうことかというと、「自ら自身との相関関係」は、〈自己関係〉である以上、関係し合う二つの項へと自ら自身を区別する必要がある。その際注目すべきことに、これらの関係項は、各々自身において「総体性」をなすとされる。だとすれば、それぞれの関係項は、単に部分的・従属的なものとして存在するのではなく、それ自身において実体「全体」として存在するといえる。

ヘーゲルが主張するように、関係項をなすものが同時に実体「全体」でもあるとすれば、自ら自身に立脚するという、有限なものの在り方は、積極的なものとしてとらえ返されるべきである。この点は極めて重要である。この点は、たとえ有限なものの自立的な在り方が「絶対的否定性（die absolute Negativität）」（GW11、392）とされるのであっても変わらない。なぜなら、「絶対的否定性」によっても、有限なものがそれ自身に立脚するという、その在り方が失われてしまうことは決してなく、むしろ絶対的に存立すると確証されるからである。こうした非常に込み入った事情について、ヘーゲルは次のように表現する。

「〈絶対的必然性〉は、相関関係（Verhältnis）である。なぜなら〈絶対的必然性〉とは、区別するはたらき（Unterscheiden）であるのだから。その際、区別するはたらきの諸契機は、その各々自身が〈絶対的必然性〉の総体性全体をかたちづくる。それゆえこれらの契機は、絶対的に存立している。ただしもっといえば、こうした絶対的な存立は、ただ一つの存立するはたらきに他ならない。そしてまた区別（der Unterschied）とは、解釈すること（das Auslegen）という仮象（der Schein）に他ならない。しかるにこうした仮像とは、絶対的なものそれ自身である」（GW11、393）。

ここに「仮象」という言葉が登場する。この場合「仮像」は、否定のはたらきを受けながらもそれ自身に立脚し続けるもののことを指す。「仮象」といっても、外側から外面的な仕方で否定されるのではない。「仮象」がまさしく「仮像」たるのは、有限なものの自己関係的で自足した在り方がその本性からして「偶然性」に他ならないからである。そのことについては次の文章からも理解されよう。「本質は、絶対的な相関関係としてみるならば、仮象として定立された仮象（der als Schein gesetzte Schein）である。仮象は、このようにして自己関係のはたらき（Beziehen auf sich）を形成する以上、絶対的な現実性（die absolute Wirklichkeit）である」（ibid）。ここからはっきりと読み取ることが出来るように、「仮象」は、単なる見せかけに過ぎず、実際には存在しないもののことを指すのではない。「仮象」は、必然性が「自ら自身との相関関係」を形成するという、まさにそのはたらきによって成立し、存立する。「仮像」がそれ自身において「絶対的な現実性」をなすということは、まさにこうしたことを言い表している。

「絶対的必然性」は、「仮象」を定立することで自己関係を形成する。このことから、「仮象」が実際には「絶対的必然性」とは別のものではないことが分かる。どういうことかというと、「絶対的必然性」は、自らを次の二つの契機へと区別するのである。すなわち一方では、現実的に存在するものへと区別し、他方では、現実的に存在するものを可能にする「根拠」へと区別するというようにして。こうした区別のうちには、〈定立〉と〈反省〉という二重のはたらきが認められる。「絶対的必然性」は、自らを一定の現実的に存在するものとして定立すると同時に、こうしたものの「根拠」としての自ら自身へと反省する。

「絶対的必然性」は、既にみたように、「存在」と「反省」の両契機を兼ね備えており、その存立をそれ自身の定立のはたらきによって媒介する。そのことから、「絶対的必然性」は、「〈それが存在するが故に存在する〉ところの存在」と特徴付けられる。ヘーゲルは、「絶対的必然性」のこうした自己媒介的性格について次のように言い表す。

「〈絶対的必然性〉は、絶対的な相関関係である。なぜなら〈絶対的必然性〉は、存在そのものとしての（das Sein als solches）なのではなく、〈それが存在するが故に存在する〉ところの存在（das Sein, das ist, weil es ist）であるからである。〈絶対的必然性〉は、自らを自ら自身と絶対的に媒介すること（die absolute Vermittlung seiner mit sich selbst）としての存在である。このような存在とは、実体である。実体は、本質と存在との究極の統一態（die letzte Einheit des Seins und Wesens）としてみるならば、一切の存在のなかの存在（das Sein in allem Sein）である」（GW11、394）。

「一切の存在のなかの存在」としての実体は、ここにみるように、それ自身をその存在の根拠とする。これに対し、こうした根拠に支えられたものとしての存在、すなわち現実的な存在は、「存在」とはいっても、一面的なものの域を出ない。

「絶対的必然性」が同時に「実体」としても特徴付けられるのは、自らの存在の根拠をそれ自身のうちに有する「存在」としてのことである。だとすれば実体は、それ自身において〈根拠〉と〈根拠づけられたもの〉の間の関係をかたちづくることが分かる。その際、〈根拠づけられたもの〉としての存在は、それ自身に立脚しているように見えても、実際にはそうなのではない。なぜなら実際のところ、そうした〈それ自身に立脚した在り方〉自体、「仮象」に他ならないからである。

このようにして実体は、それ自身を「仮象」となすプロセスをたどる。ヘーゲルは、こうしたプロセスを「映現すること（das Scheinen）」と呼び次のように述べる。「実体は、存在と反省運動の統一態としてみるならば、その本質からしてそれ自身、映現することであり、〈定立されていること〉である。映現することとは、自己関係的な仕方で映現すること（das sich auf sich beziehende Scheine）であり、そのような仕方で存在する。こうした存在こそ、実体そのものである」（ＧＷ１１、３９４）。

これに対し、もう一方の〈実体によって根拠づけられたもの〉としての「存在」は、「偶有性（die Akzidentalität）」として理解される。「この存在は、自己同一的な定立されていること（das mit sich identische Gesetztsein）に過ぎず、したがって映現する総体性（scheinende Totalität）であり、偶有性である」（ＧＷ１１、３９４）。ここでいう「偶有性」は、以前の段階において登場した「可能性」や「現実性」をそれ自身の契機として内包する。何らかのものが内的素質に従って現実的に存在したり消滅するプロセスは、「偶有性」のうちで新たにとらえなおされる。ただしこのプロセスは、実際には実体から独立して展開されるのではなく、実体のもとに服しているのではあるが。[13]

b）〈実体の顕現〉と偶有性のプロセス

右にみるように、何らかのものが生成・消滅するプロセスは、「偶有性」のもとにとらえ返される。「偶有性」は、実体から離れて存在することはない。生成や消滅のプロセスは、実体のもとでのみ展開可能である。もっといえば、こうしたプロセスは、実体が「映現する」ことのうちに、換言すれば、まさしくそれ自身として顕現することのうちにのみ位置付けられる。こうしたプロセスの根拠は、それ自身のうちにあるのではなく、実体の顕現のはたらきのうちにある。ヘーゲルは、このはたらきのことを、実体固有の「活動性（die Aktuosität）」と特徴付けて次のように述べる。[14]「偶有性のこうした運動は、実体の活動性であり、実体自身が静かに立ち現れること（ruhiges Hervorgehen）として理解される」（GW11、394）。このようにして、「偶有性」は実体に従属的である。だからといって、「偶有性」が生成や消滅のプロセスをそれ自身で遂行することまで否定されるのではない。そうではなくて、「従属」ということが意味するのは、プロセスの真の意味でのはじまりが「偶有性」自身のうちにはなく、実体のうちにあるということである。

かくして、実体の顕現は、「偶有性」がそれ自身で遂行するプロセスを介して生じる。この場合、顕現を三つの局面に区分することが出来る。すなわち実体は、まず「偶有性」における生成や消滅のプロセスをいわば媒介となし、次に、こうした「偶有性」から自ら自身へと立ち返る。そのことにより、偶有性のうちに実体の顕現のはじまりがあるのではないことが示される。最後に、実体は、自らをまさしく実体として顕現することで、自らが真の意味でのはじまりであることを示す。こうした事情について、ヘーゲルは次のように述べる。「直接的なもの（das Unmittelbare）そのものは、それを止揚するはたらきにおいてはじめて生じる。別の言葉でいえば、直接的なものとは、映現することである。〈それ自身からはじまる〉（das Anfangen von sich selbst）ということは、はじまるに当たって起点となるような、「自身（selbst）」というこうしたものをはじめて定立することである」（GW11、394f.）。ここでは、実体の顕現の起点となるものが「直接的なもの」ではなく、〈定立されたもの〉であることが述べられている。換言すれば、実体が別のものを介して立ち現れるように見えても、そうした別のものは実際には実体によってこそ存在するのである。したがって、実体の顕現は、同時に実体の「自らとの相関関係」として理解される。

実体は、このようにして「偶有性」特有の生成や消滅のプロセスを支配する。そのことから、実体は「絶対的な威力（die absolute Macht）」（GW11、395）と特徴付けられる。何らかのものがそれ特有の「可能性」に従って現実に存在するようになったり、消滅する運動は、何らかのもの自身によるのではなく、実体によって発動される。[15]「可能性」と「現実性」の両者は、こうした「絶対的な威力」のうちに統一されている。ヘーゲルは、そのことを次のように言い表す。

「実体は、可能的なものを、一定の内容を伴った現実性へと置き移すとともに、この現実性を通じて、創造のはたらきを行う（schaffen）威力として自らを顕現する（manifestiert sich）。また実体は、現実的なものを可能性のうちへと引き戻すとともに、この可能性を通じて、破壊のはたらきを行う（zerstören）威力として自らを顕現する。だが、これら二つの事柄は同じ一つのことを指す。創造するとは破壊的なのであり、破壊するとは創造的なのである。というのも、否定的なもの（das Negative）と肯定的なもの（das Positive）の両者は、そしてまた、可能性と現実性の両者は、実体的必然性（die substantielle Notwendigkeit）において絶対的に合一されているからである」（GW11、395）。

ここでいう「偶有性」は、「絶対的必然性」という、「それが存在するが故に存在する」ところのものとは異なり、他のものに対して閉ざされていない。「偶有性」は、むしろ他の同じような偶有性と関わりながら生成と消滅の運動を絶えず繰り返しており、外なるものに対して開かれている。

だが厳密にいえば、「偶有性」同士の互いに対する働きかけも、実際のところ、それらのものが互いに対して力を加え合うことを意味しない。なぜなら実体こそ、諸々の「偶有性」間の相互的な働きかけをその全体において支配するからである。こうした事情については、次のように明確に言い表される。「偶有的なもの（Akzidentelles）が他なるものに対して威力を行使するように見える点についていえば、実体の威力（die Macht der Substanz）こそ、これら両者をそれ自身のうちに包含するものに他ならない」（ＧＷ１１、３９５）。ここからも明らかなように、実体は、一方の「偶有性」の他なる「偶有性」への働きかけや、逆に後者からの前者への働きかけを成り立せる役割を果たしている。

したがって、実体と対比するならば、「偶有性」に対して消極的な位置付けしか与えられていないといえる。「偶有性は、実体全体そのものである（die Akzidentalität ist die ganze Substanz selbst）」（ＧＷ１１、２９５）、とヘーゲル自身が述べているのはたしかにその通りである。だが実体は、自らの顕現に際して「偶有性」をその契機として定立するだけにとどまらない。なぜなら実体は、この同じ「偶有性」を解消してしまうのでもあるからである。そうである以上、「偶有性」に対する実体の関係は、真の意味での〈自己関係〉ではあり得ない。[16]ヘーゲルは、こうした事情について次のように表現する。

「仮象、あるいは偶有性は、もともとそれ自体としてみるならば（an sich）、威力によって実体（Substanz durch die Macht）であるといえる。だが仮象は、自己同一的な仮象（mit sich identischer Schein）というこうしたものとして定立されているわけではない。そのため実体は、偶有性だけを自らの形態（Gestalt）として、あるいは〈定立されていること〉として有するだけにとどまっており、自ら自身を自らの形態として、あるいは〈定立されていること〉として有してはいない。したがって実体は、まさしく実体として存在しているわけではない」（ＧＷ１１、３９６）。

ここに挙げた引用に明確に示されているように、「威力」としての実体と「偶有性」との間の関係は、実体の「自ら自身との相関関係」としての条件を十分に満たさない。実体は、真の意味で〈自己関係的なもの〉として存在するには、「偶有性」を単に否定するだけにとどまらず、自らを積極的にそうした「偶有性」として定立する必要がある。実体は、そのことを通じて、自らが定立したものを他ならぬ自ら自身に特有な「形態」として示さねばならない。そうすることによってこそ、「〈自らの否定における、存在の自ら自身との同一性〉(Identität des Seins in seiner Negation mit sich selbst)」（ＧＷ１１、３９２）という、先にみた実体の特徴付けが満たされる。

以上のように、実体の「自ら自身との相関関係」においては、これまでみてきた限りでは、「偶有性」が媒介の役割を果たしながらも、同時にこの同じ「偶有性」が実体のうちへと解消されてしまうため、区別の契機が欠けていた。だが今や事態がとらえ返されることで、実体自身のうちに一定の区別が含まれることが示される。このことにより、実体に対して「自らにとって存在するとともに、威力を備えた実体（für-sich-seiende, mächtige Substanz)」（ＧＷ１１、３９６）という特徴付けが与えられる。ヘーゲルは、こうした新たな特徴付けにおける実体の関係性のことを「因果性（die Kausalität)」の図式のもとに提示する。次節では、ヘーゲルがいうところの「因果性」とは一体どのようなものなのかについて見ていこう。

四　〈原因が結果においてそれ自身を顕現する〉ということと〈現実性〉について

a）実体の〈自己規定〉と〈定立のはたらき〉

「絶対的必然性」に特有な「自ら自身との相関関係」は、いまや実体と「偶有性」との間の関係としてではなく、「因果性」の関係としてとらえ返される。前者の場合、真の意味で「自己関係」が成立しているとはいえない。なぜなら、実体が「偶有性」からそれ自身へと立ち返るという、一つの方向だけが示されるだけで、実体から「偶有性」へという、もう一つの方向が示されなかったからである。別の言葉でいえば、実体がその「威力」によって「偶有性」を定立するという、肝心の場面が示されなかったのであった。そのため、あたかも「偶有性」が実体と無関係に存立し、生成や消滅のプロセスを展開するかのような外見を呈していたのであった。

だが、「偶有性」に特有な生成や消滅のプロセスは、実際には「威力」としての実体から独立して存在するのではない。そうした独立した在り方は仮像なのであり、実体のもとに服している。ヘーゲルは、こうした事情について次のように述べる。「実体は、その規定のはたらき（Bestimmen）において、あたかも次のように、すなわち、偶有性がこの規定のはたらきに先立って何か別のものであったのが、今になってようやく規定態（Bestimmtheit）として定立されるかのように、偶有性を出発点とするのではない。むしろ、〈実体が規定すること〉と〈偶有性が規定されること〉の両者は、同じ一つの活動性である」（GW11、397）。ただし「同じ一つの活動性」といっても、実体が「偶有性」と同様に生成や消滅のプロセスをたどる「有限なもの」として限定されるのではない。むしろここに挙げた引用が言わんとするのは、〈実体が「偶有性」を定立するはたらき〉と〈実体が自らをまさしく「実体」として顕現するはたらき〉という二つの事柄は、実際には同一の実体による統一的な活動に他ならないということである。

以上のように、実体には〈定立〉と〈規定〉という二つのはたらきが帰属する。ただしここでいう〈規定〉は、実体自身とは別の何かを対象とするのではなく、実体自身が規定されるのである。次の文章はまさにそうした意味において理解されよう。「実体は、威力である以上、自らを規定する。だがこうした規定するはたらきは、直ちにそれ自体、規定するはたらきを止揚すること（das Aufheben des Bestimmens）でもあるとともに、還帰（die Rückkehr）なのでもある」（GW11、397）。

前節でみられた実体と「偶有性」の間の関係の場合、両者の間にはっきりとした区別が設けられていなかった。これに対し今の場合、実体自身に〈規定〉のはたらきが帰属することから、区別がはっきりしたかたちをとるようになる。これにより、規定が他ならぬ実体自身に由来することが示される。「還帰は、規定されたもの（das Bestimmte）を出発点とするとともに、見出されるがままに規定されたもの（vorgefundenes Bestimmtes）として理解されるような、こうした規定されたものを、今やまさしくそれそのものとして定立するかのように見える。だがむしろ、規定されたものは、還帰によってこそ生じる」（ibid）。ここに挙げた文章は様々な要素を含んでおり、解釈に慎重さを要する。ここではもっぱら〈規定〉に注目することにしよう。そうすると、実体が〈自らを規定する〉ことはおよそ次のことを意味する。すなわち実体は、その「威力」によって規定を定立する。それとともに実体は、定立されたものから自らを区別するのでもある。実体は、そうすることで自ら自身を定立する。実体は、こうした定立のはたらきによってこそ、自らをまさしく「実体」

としてとらえるのである。ここには、「定立すること（Setzen）」と「定立されていること（Gesetztsein）」という二つの契機が認められる。

だが、実体の自己規定において「定立すること」と「定立されていること」が関係するといっても、両者の間の関係が果たして本当に〈同一のものの自己関係〉だといえるのだろうか。[17] むしろ両者を隔てる何かが介在するのではなかろうか。ヘーゲル自身の理解によれば、実体は、それ自身の〈規定〉のはたらきによって、「定立されていること」として存在するようになる。その意味からすれば、両者の間に一定の同一性が成り立つといえる。この点については、次の言明からも理解されよう。「実体は、その規定するはたらきにおいて自ら自身へと関係することからすれば、それ自身、〈否定的なもの〉として自らが定立するところのもの（das, was sie〔die Substanz〕als Negatives setzt）であり、あるいはまた、自らが〈定立されていること〉となすところのものである」（GW11、396、〔　〕内は筆者による補足）。

ところで、実体に特有な「定立されていること」は、「結果（die Wirkung）」と特徴付けられる。これに対し実体そのものは、規定を定立するはたらきにおいて自ら自身へと反省することから、自らをまさに〈定立のはたらきを行うもの〉としてとらえる。このことにより実体は、「原因（die Ursache）」と特徴付けられる。だとすると、「原因」と「結果」両者の関係が、果たして「絶対的必然性」について述べられるような「自ら自身との相関関係」、あるいは〈同一のものの自己関係〉であるといえるのだろうか。またもしそうだとすれば、一体どの程度までそうなのかが問われてくる。以下では、こうした問題について詳しく検討することにしよう。

b）〈原因の顕現〉と〈結果の存立〉

まずは、「結果」の特徴についてもう少し詳しく見てみよう。「結果」は、ヘーゲルによれば次の二つの性格を兼ね備える。すなわち「結果」は、「原因」としての実体によって定立されたものである。だが、ただ単に「原因」と別のものなのではない。「結果」は、その点で「偶有性」とは区別される。「結果」は、むしろ実体がそれ自身のはたらきによって、他ならぬ自ら自身をそのようなものたらしめたものである。この点を踏まえるならば、「結果」は、「偶有性」とは異なり、単に「威力」のうちへと引き戻されて消失するだけのものではないのが分かる。[18]「結果」は、「原因」が区別のはたらきを行う際の契機としての役割を担っており、まさにそうした役割を担うものとして存立し続ける。「結果」は、「原因」が存在する限り、同様に存在し続けるのである。[19]ヘーゲルは、「結果」と「偶有性」を次のように対比的に述べる。

「偶有そのもの（die Akzidenz als solche）は、その消失するはたらき（Verschwinden）によってのみ、実体的（substantiell）であるに過ぎない。その際このはたらきは、移行のはたらきを行うもの（Übergehendes）と特徴付けられる。だがこれに対し、偶有は、結果としてみた場合、〈定立されていること〉に他ならず、それも、自己同一的であるものとしての〈定立されていること〉であると理解される。原因は、結果において、実体全体として顕わになっている。すなわち原因は、〈定立されていること〉そのものに即しながら、自らへと反省のはたらきを行うものとして顕わになっている」（GW11、397）。

ここでは、実体が単に「原因」としてのみならず、実体「全体」として明らかになると述べられている。だとすれば実体は、「結果」をも含み込んだ仕方で明らかとなるといえる。この点については、先に論じた実体の在り方を振り返ることで理解されよう。すなわちこれまでみてきたように、実体は、「存在」と「本質」の統一態、別の言い方をすれば、現実的な在り方とその根底との統一態をなすとともに、「自らの否定における、存在の自ら自身との同一性」（GW11, 392）をなすと特徴付けられる。したがって、実体が「原因」として存在する場合、単に「本質」や「根底」といったものしてのみ明らかとなることはあり得ない。実体は、むしろ自らのはたらきによって存在するところのものをもそれ自身のうちに包含しながら、自ら自身を明らかにする。なぜなら実体は、「原因」としてのはたらきを実際に遂行することによってこそ、自らを顕すからである。[20]

ヘーゲルによれば、「結果」が〈定立されたもの〉であるのに対し、「原因」そのものは、定立のはたらきを受けることがない。この点については、「原因は、結果に対して根源的なもの（das Ursprüngliche）である」（GW11, 397）、という言明からも理解される。「原因」は、そこから「結果」が由来する「根源的なもの」であるだけにとどまらず、同時に「結果」の存立を維持する役割をも担っている。根源がまさしく「根源」たるのは、それ自身のうちに閉ざされていわば発源しないままにとどまることによるのではない。むしろ実際に「結果」を定立し、「結果」に対置するようにして自ら自身を示すことによるのである。

したがって「原因」は、存在することもあれば存在しないこともあるといったような、単に「可能的」なものや潜在的なものではあり得ない。反対に「原因」は、発源することによってこそ、「現実的に」存在する。「原因」に特有なこうした「現実性」については、次のように言い表される。

「実体は、絶対的な威力としてみるならば、自らへの還帰（Rückkehr in sich）であるのだから、さらには、この還帰それ自体は、規定するはたらき（Bestimmen）でもあるのだから、実体は、自らの偶有にとっての単なる〈それ自体〉(das An-sich ihrer Akzidenz）であるだけにとどまらず、むしろこうした〈もともとそれ自体であること〉（Ansichsein）として定立されている。したがって実体は、原因としてはじめて現実性（Wirklichkeit）を有する」（ＧＷ１１、３９７）。

これを踏まえるならば、「原因」としての実体がまさしく「根源的なもの」として「定立」される場合、ここでいう「定立されていること」は、「結果」に特徴的なものとしての「定立されていること」とは区別されるのが分かる。なぜなら先述のように、「原因」としての実体そのものは「定立される」ことがないからであり、また実体は、「結果」においてこそ真の意味で「根源的なもの」となる以上、この同じ「結果」においてこそ、まさしくそれ自身として「定立される」ことになるからである。

c）原因は、それ自身の活動によって〈現実的なもの〉となることによって同時に〈根源的なもの〉となる

以上のように、「原因」は、「根源的なもの」としてみた場合、「結果」においてこそまさしく「根源的なもの」として明らかとなり、まさしくそうしたものとして現実的に存在する。そうである以上、「原因」は、一方では「結果」とは区別されながらも、それと同時にこの同じ「結果」と不即不離でもある。この点については、次の文章からもはっきりと読み取ることが出来る。「実体は、それが原因として有する現実性を、自らの

結果においてのみ有する」（GW11、397）。

ここで『大論理学』以前の時期のヘーゲルの思索を振り返ってみよう。ヘーゲルは、一八〇二年に『懐疑論論文（Verhältnis des Skeptizismus zur Philosophie, Darstellung seiner verschiedenen Modifikationen, und Vergleichung des neuesten mit dem alten）』という短い論稿を公刊している。そこでは矛盾律の考えを手掛かりに、互いに区別される二つのものが悟性的に固定化され、互いに排除し合うのではなく、むしろ「理性認識（Vernunfterkenntnis）」（GW4、208）のもとに一体的にとらえ返される、という考えが示されていた。さらに、一八〇四から翌年にかけてイエーナ大学で行われた講義の草稿である、『体系構想II』の「論理学」では、「〈区別すること〉と〈区別を止揚すること〉」の両者の間の「絶対的な矛盾（der absolute Widerspruch）」（GW7、34）という考えが示されていた。そこでいう「矛盾」は、対立し合う規定を排除するのではなく、むしろそれ自身のうちに含み込んでいる。それにより「矛盾」は、「自ら自身の他なるもの（das Andere seiner selbst）」（ibid）と特徴付けられる。そしてまた「矛盾」は、〈それ自身において統一的であるような区別〉としての性格を備えていることから、「絶対的概念（der absolute Begriff）」（ibid）としても特徴付けられている。

ここに挙げたような、『大論理学』以前の時期におけるヘーゲル自身の考え方を踏まえると、次のことが分かる。すなわち「原因」においては、〈根源としての本質的な在り方〉と、〈それ自身の活動によって生じる現実の在り方〉の両者が一体的に結び合わさっている。その際こうした一体化は、第三者を介してなされるのではなく、「原因」それ自身によって遂行される。なぜなら、そもそも「原因」にとって「結果」が不即不離であるのは、「原因」自身が〈活動的なもの〉であるだけでなく、同時に〈根源的なもの〉でもあることに基づくからである。ヘーゲルは、こうした事情について次のように述べる。「原因は、その結果においてはじめて、真の意味で現実的なもの（das wahrhaft Wirkliche）であり、自己同一的なもの（das mit sich Identische）である。——したがって、結果は必然的である。なぜなら結果は、まさしく原因の顕現（Manifestation der Ursache）であるからであり、換言すれば、原因がそれであるところの必然性に他ならないからである」（GW11、398）。

ヘーゲルによれば、現実的に存在するもの、並びに現実的なものとして存在可能なものの一切は、その根源たる「実体」に由来すると理解される。こうした理解の背景にはスピノザ的な唯一実体の思想があることについては既に述べた通りである。このことを裏返していえば、現実的に存在するもののいずれをとってみても、それ自体としてみれば、それらを取り巻く諸条件によってそうでありもすれば、そうでもないといった具合に、単に「偶然的なもの」に過ぎない。だがそれにもかかわらず、現実的に存在するものが「絶対的必然性」としての実体によって支えられ、保たれていることに変わりはない。したがってこの点からすれば、「絶対的必然性」は、「偶然的なもの」にとって異質でよそよそしいものではあり得ない。なぜなら偶然的で有限なものは、それ自体としてみれば、それ自身に根差し、自立的なものとして成り立つようにみえるとしても、実際のところ、他ならぬこうした「自立性」こそ、「原因」としての実体に負っているからである。

偶然的で有限なものにおいては、〈本質〉とそれに基づく〈現実の在り方〉がいわば分離してしまっている。これに対し、ひとり実体だけが、それ自身に由来し、その「存在」と「本質」とが一体をなす[21]。したがって、「原因」としての実体は、「結果」にとって「根源的なもの」であると同時に、他ならぬそれ自身にとっても「根源的なもの」として存在する。このようにして「根源的なもの」である実体がいかなる他のものにでもなく、それ自身に由来するとすれば、実体がまさしくそうしたものとして立ち現れるプロセスは、他ならぬ「結果」において遂行されねばならない。こうした事情については、次のように言い表される。

「原因は、こうした必然性としてのみ、ある他なるものによって誘引（sollizitiert）されるがことなく、むしろそれ自身運動的（bewegend）であり、自分からからはじめる（aus sich anfangend）ところのものであり、さらには、自らによって産み出すはたらきを行うという、自立的な源泉（selbstständige Quelle des Hervorbringens aus sich）である。――原因は、結果しなければならない。原因の根源性（Ursprünglichkeit）とはどのようなものかといえば、その自らへの反省運動（Reflexion – in – sich）が規定しつつ定立のはたらきを行う（bestimmendes Setzen）ということであり、かつその逆でもあり、かくして両者が一つの統一態をなすという、こうしたことである」（ＧＷ１１、３９８）。

ここに挙げた引用にみられるように、「原因」には「定立」のはたらきとともに「規定」のはたらきが帰属する。一体なぜ「規定」も帰属するのかといえば、次の事情があるからである。すなわち「原因」は、単に「結果」一般の根源なのでもなければ、いかなる仕方であれ、〈偶然的で有限なものがそれ自身に立脚しつつ存立する〉ことの根源に過ぎないのでもない。「原因」は、むしろそうしたものが一定の規定を有したものとして実際に存立するという、まさにそうした事態の原因をなす。

〈ある一定の規定が「原因」としての実体に由来する〉ということは、裏返していえば、「原因」自体がまさしく〈一定の仕方で規定されたものの根源〉として「規定される」ことを意味する。したがって、「原因」としての実体にもある種の規定が帰属するのが認められる。そのため、「原因」としての実体の性格をこれまでとは異なる仕方でとらえることが必要となる。どういうことかというと、「原因」は、〈規定〉のはたらきが帰属する以上、偶然的で有限なものをその諸規定もろとも包含するとともに、これらの規定をそれ自身のはたらきによって、かつそれ自身のうちで展開させるのである。とはいえこのようにみるならば、「原因」が規定へと積極的に関わる仕方は、実体としての自らに等しくあり続ける在り方とどのように両立し得るのかが問題となる。以下では、この問題について詳しく検討する必要がある。

だがその前に予め確認しておくべきことがある。すなわち、「原因」が〈一定の仕方で規定されたものの原因〉であり、そのことにより、「原因」自身が〈規定されたもの〉として特徴付けられるとするならば、この「原因」は、同じ『大論理学』の「存在論（Das Sein）」（初版一八一二年刊行、第二版一八三二年刊行）の中で示されるような、有限なものに特有な「悪無限（das Schlecht-Unendliche）」（ＧＷ１１、７９）に陥ってはならない、ということがある。なぜなら、「存在論」において示されるような、有限なものの「無限進行（der Progress ins Unendliche）」（ＧＷ１１、８１）は、〈一つの限定されたものから別の限定されたものへの移行〉というかたちをとる以上、自己関係ではあり得ないからである。これに対し、「原因」としての実体は、「結果」との関係においても自己関係を維持すると理解される。次節では、「原因」と「結果」の関係が、〈際限なく別なものへと向かう移行運動〉としての「悪無限」を一体どのようにして回避し得るのか、ということから検討しよう。

五　結果と原因の無限進行

「原因」が単に「結果」一般を産み出すのではなく、一定の仕方で規定された「結果」を産み出す場合、「原因」が一体どのようなものとして理解され得るかが問題となる。というのも先にみたように、「原因」が「結果」に対して「根源的なもの」であるならば、「原因」と「結果」の両者は、同一の次元に並び立つようなものではあり得ないからである。

とはいえ「原因」は、ある一定の「結果」を産み出す限り、まさにそうした一定のはたらきをおこなうものとして「規定」される。だがその場合、「原因」が「結果」と同様に〈限定されたもの〉や〈有限なもの〉であることが果たしてあり得るのかが問われる。これに関連していえば、ヘーゲルが「有限な実体（die endliche Substanz）」（GW11、399）という表現を用いているのはたしかにその通りである。のみならずヘーゲルは、「因果性の関係（das Kausalitätsverhältnis）」について、それが一定の仕方で規定されたものの産出をめぐる以上、「その実在性と有限性において」（ibid）とらえられるべき性格のものであるとも述べている。そこで、こうした言明を一体どのように解釈すればよいのかが問題となる。

こうした問題について考えるに当たって、次の二つの事柄に注目する必要がある。まず第一に、一定の仕方で規定されたものの産出をめぐる「原因」と「結果」の関係は、ある有限なものと別の有限なものとの間の関係としてとらえられてはならない。なぜなら、もし仮にそうだとすると、「原因」や「結果」となる有限なものは、多くの性質をそれ自身のうちに含んでいるが、その中から任意の一つの性質に従って働きかけることで「原因」となったり、あるいはまた、何らかのものの影響によって別の性質が生じることで「結果」となったりすることになる。だがその場合、同一のものにおける〈原因であること〉と〈作用であること〉という二つの契機は、他の様々な性質と同列に置かれることになる。そのため、「原因」と「結果」のいずれも、一定の仕方で規定されたものがまさにそのものたる根幹とは無関係なものとなってしまう。

　第二にヘーゲルの場合、そもそも「因果性の関係」は、「存在と本質の統一態」である実体に特有な「自ら自身における相関関係」をさらに展開したものと理解される。そうである以上、「原因」と「結果」の関係は、別々なもの同士の関係ではあり得ない。両者の関係は、むしろ〈同一のものの自己関係〉として理解される。これに反して、もし仮に「原因」と「結果」の両者が別々のものであるとすれば、双方の関係において「原因」であるものを産み出すような、さらに別の「原因」を想定する必要が生じる。のみならず、この別の「原因」を産み出す新たな「原因」を想定する必要も生じる。こうした事態はどこまでも際限なく続く。その結果、無限後退へと陥ることになる。このことは、「原因」だけでなく「結果」についても同様に当てはまる。どういうことかというと、「結果」がそれ自身とは別のものを産み出す「原因」となり、そしてまた、このことによって生じた別の「結果」が今度はさらに別の新たな「結果」を産み出す「原因」となる、といったことが際限なく続くことになるのである。

　第一の点に関していえば、ヘーゲルは〈原因である〉とか〈結果である〉という「形式的規定（Formbestimmung）」（ＧＷ１１、４０１）が外的に与えられる「基体（Substrat）」（ibid）といったものを想定することを退ける。なぜなら「基体」は、「原因」や「結果」としての役割とは無関係に存在するからである。「基体」に対しては、後から外的な仕方で「原因である」とか、「結果である」という形式が付加されるに過ぎない。

「基体」にとって、外なるものとの間で規定を受け取ったり与えたりすることは、その存立そのものには関わらない外面的な事柄にとどまる。[22]「基体」は、それ自身のうちに様々な規定を有する以上、これらの規定を通して外なるものと関わりはする。だが、そうした関係を通じて「基体」のうちに生じるのは何かといえば、「基体の直接的な現実存在（unmittelbare Existenz）を維持することであるとか、基体の定立された因果性を止揚し、そのことにより、因果性一般を止揚すること」（ＧＷ１１、４０２）というように、直接的で自立的な在り方を確認することの域を出ない。とはいえ「基体」は、一見すると自立的であるようにみえるとしても、実際には「有限なもの（ein Endliches）」（ＧＷ１１、４０３）であるに過ぎない。したがって、「基体」がその様々な性質を通じて外なるものと関わるということは、その自己同一的な在り方や直接性を損なうことはないにしても、そもそもそうした在り方や直接性自体、「定立されていること」に他ならないのである。

　既にみてきたところでは、「結果」は、「原因の顕現（die Manifestation der Ursache）」（ＧＷ１１、３９８）として理解されるはずであった。その一方で「原因」は、「結果」を定立することで、真の意味で現実的なものとなり、自己同一的なものとなるはずであった（２３）。ところが今や、「原因」がそれ自身とは別の「原因」を指示するといったことが際限なく続くため、「原因」がそれ自身へと還帰するのではなくなってしまう。こうした「諸原因から諸原因への無限後退（der unendliche Regress von Ursachen zu Ursachen）」（ＧＷ１１、４０２f.）が生じてしまうのはなぜかといえば、「原因」が一定の規定されたものについての原因であるために、それ自身「有限なもの」に過ぎなくなってしまうからである。ヘーゲルは、こうした事情について次のように言い表す。

「出発点となるのは、結果である。結果は、それ自身ある原因を有しており、また、この原因の方では、さらに別の原因を有している等々というように続く。原因がまたもやある原因を有するのは一体なぜか。すなわち、以前には原因として規定されていたその同じ側面が今や結果として規定され、それにより新たな原因について問われるのは一体なぜか。――それは、原因が有限で規定されたもの一般（ein Endliches, Bestimmtes überhaupt）である、という理由による」（ＧＷ１１、４０３）。

この文章では、「結果」が「原因」と同様に無限進行に陥ることが示されている。すなわち「結果」は、それ自身とは別の「基体」からの働きかけによって生じるのだが、さらに別の「基体」へと働きかけることで、今度はそれ自身が「原因」として存在する、といったことが際限なく続くことになる。

こうした「結果から結果への無限進行（der unendliche Progress von Wirkung zu Wirkung）」（ibid）は、結局のところ、「原因」に特有な「無限後退」の場合と同様、諸々の「基体」同士の外面的な関わりの域を出ない。そのため因果性の関係は、それ自身諸々の「基体」の外側を動き回るだけの外面的なものに過ぎなくなってしまう。こうした事情については、次のように言い表される。

「因果性は、この場合、それ自身にとって外面的であるような原因性（die sich selbst äußerliche Ursächlichkeit）であるため、その結果においても自らへと還帰することがない。因果性は、結果において、それ自身にとって外面的であるようになる。また、因果性によって生じる結果の方はといえば、またもやある基体のもとに定立されている。――それも、ある他なる実体としての基体のもとに、ということであるが。後者の他なる実体は、

〈定立されていること〉をまさしく〈定立されていること〉となすのであり、別の言葉でいえば、自らを原因として顕す。だがこの実体は、今度はその結果をそれ自身から突き放す（von sich abstößt）。かくして、同様のことが悪無限的に続く」（ibid）。

これを踏まえるならば、「原因」が〈規定されたものの原因〉である場合、「原因」と「結果」との間の関係は、〈原因であること〉や〈結果であること〉という役割と無関係に存立するような、「基体」同士の関係ととらえられてはならないことがはっきりと分かる。

とはいえ、〈規定されたものの原因〉が一体どのようなものなのかについては、以上にみるように、単に消極的な答えしか得られないのだろうか。そう結論付けるにはまだ早い。というのも、「基体」や「無限進行」といった考えを検討することで、いまや「原因」に対して新たな光を当てることが可能となっているからである。どういうことかというと、これまでの理解とは異なり、単に「結果」だけに「定立されていること」が帰属するのではない。他ならぬ「原因」自身にも「定立されていること」が固有の契機として帰属するのである。

このことを踏まえるならば、次の理解が得られる。すなわち「原因」は、同時に実体でもある限り、有限なものやそれに伴う諸規定をそれ自身のうちに包含する。その際「原因」は、「結果」においてそれ自身の「現実性」を獲得する。そうである以上、「原因」は、一定の規定されたものを産み出すはたらきを行う自ら自身を、一定の仕方で条件付ける必要がある。換言すれば「原因」は、特定の「結果」の「原因」となるべく、いわば自らを態勢付ける必要がある。「原因」に対してこうした条件付けを導入することで、先にみた無限進行の考えを退けることが可能となる。のみならず、「原因」と「作用」の両者は、互いに対してあたかも同類の「基体」であるかのように関係するのではない以上、同次元に並び立つような「有限なもの」や限定されたものではあり得ないことについても一層明確となる。

だがもしこのように理解するとすれば、「原因」に対する条件付けを一体どのように考えればよいのかが問題となる。そのための手掛かりを与えてくれるのが「受動的実体（die passive Substanz）」（GW11、405）という、ヘーゲル独特の考えである。次章ではこの「受動的実体」を手掛かりに、条件付けをめぐる「原因」と「結果」の新たな関係の仕方について詳しく検討しよう。

第三章　「定立されていること」と根源的なもの

六　「定立されていること」としての実体
――〈他なるものに対して開かれている〉ということ――

［実体に固有な動的プロセス］

みてきたように、実体は、静止的なものや不動のものではなく、むしろ活動的であると理解される。実体は、それ自身の活動によって「結果」を産み出すことで、自らを「根源的なもの」として示すとともに、まさにそうした「根源的なもの」として現実的に存在するようになる。このようにして、実体に対して動的なプロセスが認められる。[24] 既に述べたことだが、「一切は、真なるものを実体（Substanz）としてのみならず、まさしく同様に主体（Subjekt）としてもとらえ、表明することに懸かっている」（GW9、18）という『精神現象学』序文の言葉からも窺われるように、実体と主体の両者は、前者の実体が単に静止的でプロセスを欠き、後者の主体が活動的でプロセスを形成するというようにして別々なものなのではない。むしろ、これら両者を統一的なものとして示すような視座を獲得する必要がある。この点については、ヘーゲル自身、同じ序文の中で実体に対して次のような運動を認めていることからも理解されよう。

「生き生きとした実体（die lebendige Substanz）とは、存在（das Sein）である。この存在とは、真実には主体である。あるいは同じことだが、存在は、自ら自身を定立する運動（die Bewegung des sich selbst Setztens）である限りでのみ、別の言葉でいえば、〈自らにとって他となること〉を自ら自身と媒介するはたらき（die Vermittlung des sich anders Werdens mit sich selbst）である限りでのみ、真の意味で現実的であるような存在である」（GW9、18）。

ここに提示されているのは、実体がいかなる別のものにもよらず、それ自身によって自らを定立するという、〈自己定立〉の考えである。ここからも、『大論理学』の「本質論」と同様、『精神現象学』序文においても「定立」の考えが極めて重要な役割を担っていることが理解されよう。

ただし、これまで『大論理学』の「本質論」に即してみてきた限りでは、実体が自らを「根源的なもの」として顕現するために、定立のはたらきを行うことが示されたものの、この定立のはたらきが当の実体そのものに対して向けられることまでは示されなかった。もしヘーゲルが『精神現象学』序文での実体と主体との関係についての考えを後の時期まで堅持しているとすれば、「原因」としての実体に対しても〈自ら自身を定立するはたらき〉を認めることが出来よう。

［他なるものの条件としての「受動的実体」］

右の想定へと導かせるものが、先述の「原因」と「結果」の関係における条件付けのうちに認められる。どういうことかというと、「原因」は、一定の規定されたものの「原因」である。その限り、まさにこの特定のものを産み出す活動へと態勢付けられている。そのことから「原因」は、それ自身「定立されている」といえる。とはいえ、「定立されている」という、いわば受動的な在り方は、定立のはたらきを行う能動的な在り方とそっくりそのまま同一なのではない。なぜなら、「原因」としての実体が「定立されている」場合、そうした在り方は、特定の結果を産み出すという機能にのみ当てはまるからであり、「根源的なもの」としての在り方、換言すれば、自己同一的であり続けるような在り方には当てはまらないからである。

実体は、それ自身によって存在し、それ自身によって活動するものとしてみるならば、能動的である。だが、こうした能動的な在り方に対して次のような修正が加えられる。

「因果性は、前提するというはたらき（voraussetzendes Tun）である。原因は、条件付けられている。原因は、前提された他なるもの（vorausgesetztes Anderes）としての自らへの否定的な関係（die negative Beziehung auf sich）であり、また、外的な仕方における他なるもの（äußerliches Anderes）としての自らに対する否定的な関係である。このように前提され、外的であるような他なるものは、もともとそれ自体で、とはいえ、もともとそれ自体でのみ、因果性そのものである」（ＧＷ１１、４０４）。

ここに挙げた文章では、因果性の関係は、そのまま無媒介に成り立つのではなく、むしろ一定の条件を必要とすることが述べられている。

「原因」は、実体である以上、それ自身を始原としており、他なるものを始源としない。だが実際には、「原因」は、それ自身とは区別されるものを産み出す以上、他なるものを前提とする。ヘーゲルは、こうした前提のことを「受動的実体（die passive Substanz）」（GW11、405）と特徴付ける。ここでは、実体にとって前提となるものが「実体」とされる。このことは一見すると奇異に映るかもしれない。だがみてきたように、実体にとって、それ自身に先立つものなど何もあり得ない以上、他ならぬ「実体」以外の何ものも前提とはなり得ないわけである。

ただしここでいう「実体」は、「原因」としての実体とは異なり、何か特定のものを産み出すというようにして能動的なのではなく、むしろ「受動的」であるとされる。「受動的実体」がまさしく「受動的」であるのはどうしてかといえば、「原因」としての実体のための条件として前提されるだけに過ぎず、それ自身で積極的に活動することがないからである。「直接的なもの（das Unmittelbare）」、あるいは、自らにとってあるのではないような〈もともとそれ自体で存在するところのもの〉(das Ansichseiende, das nicht auch für sich ist）は、受動的である」(ibid)。

ところで、「受動的実体」が「実体」であるとすれば、「原因」としての実体と同じく「実体」であるにもかかわらず、互いに区別される所以は一体どこにあるのだろうか。果たして〈それ自身において自足している〉かどうか、という点にあるのだろうか。そうとは限らない。なぜなら、たとえ実体が自ら自身をその存在の根拠とするとしても、「原因」としての実体は、活動に際して一定の条件を必要とする以上、十全な意味で自足しているとは言い難いからである。その点からすれば、「原因」としての実体は、「受動的実体」と異なるところがない。

だとすれば、「原因」としての実体とは異なり、「受動的実体」が産み出す活動へ向かわないという点で区別されるのだろうか。こうした活動が意味するのは、既にみたように、「原因」としての実体が自らを「根源的なもの」として顕現する、ということでもあった。これに対し、「受動的実体」がまさにそれ自身として存在するのは、あくまでも「原因」としての実体にとってのことであり、それ自身にとってではない。その点からすれば、「受動的実体」は、他なるものによって、「実体」であると示されるに過ぎない。そのため「受動的実体」は、〈自らがそれであるところのもの〉、すなわち「実体」であるということを他なるものによって定められている。

以上から明らかなように、「受動的実体」は、「原因」としての実体とは異なり、それ自身の活動によるのではなく、他なるものによって〈自らがそれであるところのもの〉として示される。そのことについては次のように表現される。「受動的なもの（das Passive）は、自立的なものである。ただしそれは、単に〈定立されたもの〉であるような自立的なものに過ぎない」（ＧＷ１１、４０５）。したがって、「原因」としての実体がそれ自身によってまさしく「実体」として存在するのに対し、「受動的実体」は、「原因」としての実体によって定立される限りでのみ、まさしくそれ自身として、すなわち「実体」として存在する。このようにみるならば、実体のうちに「根源性（die Ursprünglichkeit）」（ＧＷ１１、４０６）と「定立されていること（das Gesetztsein）」という二つの契機が区別として立てられているのが分かる。まさにこの点こそ、両実体を同じ「実体」でありながらも分かつのである。

以上のようにして、「受動的実体」は、他なるもののための条件として定立されている。「受動的実体」は、それ自身によってではなく、他なるものの働きかけによって成り立つ。ヘーゲルは、こうした働きかけのことを「強制力（die Gewalt）」（GW11、405）とも呼ぶ。とはいえ、「原因」としての実体が自らに必要な条件を前提するはたらきのことが、「強制力」という表現に示されるように、あたかも異質なものが無理矢理介入するかのように言い表されるのは一体なぜか。それは他でもなく、「原因」としての実体が「受動的実体」に対して他なるものとして関わるからである。

ところで、「原因」としての実体が自らとは異なるものを我がものとし、自らの条件とすることは、それが自ら自身を否定することを意味する。なぜなら「原因」としての実体は、そうすることで「それ自身から始まる」ことを自ら否定するからである。ヘーゲルは、こうした事情について次のように述べる。

「強制力は、威力の現象（die Erscheinung der Macht）であり、あるいはまた外的なもの（Äußerliches）としての威力である。だが、威力が外的なものであるのは、原因としての実体（die ursächliche Substanz）が、結果をもたらすというそのはたらきにおいて、すなわちそれ自身を定立するはたらきにおいて、同時に前提するはたらきを行う限りでのことであり、すなわち、それ自身を止揚されたものとして定立する限りでのことである」（ibid）。

こうした複雑な表現を含む文章が言い表そうとするのは、「原因」としての実体が、実際には何ものも介することなしに純粋にそれ自身から始まるのではない、ということである。「原因」としての実体は、産み出すという活動を行うと同時に自己媒介のはたらきを行うことによってはじめて、「それ自身から始まる」といえる。

これに対し「受動的実体」は、直接的なままにとどまる。ただし、「受動的実体」が「直接的」であるのは、あくまでも「原因」としての実体という、他なるものの力によってなのだが。そのことについては、次に挙げる引用のうちに明確に示されている通りである。

「受動的実体は、強制力によって〈自らが真にそれであるところもの〉として定立されるに過ぎない。すなわち受動的実体は、単一的で積極的なもの（das einfache Positive）、あるいは直接的な実体（unmittelbare Substanz）であるというまさにその理由からして、定立されたもの（ein Gesetztes）に過ぎないものとして定立される。受動的実体は、条件（Bedingung）としてみるならば、〈先立つこと〉（das Voraus）である。だが〈先立つこと〉とは、直接性という仮象（der Schein der Unmittelbarkeit）である。作用する因果性（die wirkende Kausalität）は、受動的実体からこうした仮象を拭い去る」（GW１１、４０６）。

ここに挙げた引用には、「受動的実体」が「実体」でありながらも、同時にそれ自身「定立されたもの」に他ならないことが示されている。こうした意味における「実体」にとっては、「定立されたもの」であるというまさにこのことこそ、その本性をなすといえる。だとすれば、他ならぬ「実体」自身に対しても、「定立されていること」が固有の契機として帰属することが理解されよう。

［根源的に〈定立されている〉ことと〈自らを根拠とすること〉］

とはいえ、たとえ「受動的実体」がその本性からして「定立されたもの」であり、まさにそうしたものとして実際に「定立される」としても、そのことは「受動的実体」自身によるのではなく、むしろ「原因」としての実体によるのではなかろうか。いや決してそうではない。「受動的実体」にとって、「定立されたもの」であることを別のものによって明らかにされることは、それ自身に固有な規定を得ることに他ならないからである。

「受動的実体に対し、ある他なる強制力の働きかけ（die Einwirkung）によって加えられるのは、まさしくその正当な権利に他ならない。受動的実体が失うのは何かといえば、かの直接性であり、自らにとって異質な実体性（die Substantialität）である。受動的実体が異質なもの（ein Fremdes）として、すなわち〈定立されていること〉としてそれ自身規定される、というようにして受け取るのは何かといえば、それ自身に固有な規定である」（ＧＷ１１、４０６）。

ここにみるように、「受動的実体」にとって、他なるものからの働きかけを受けることとは、それ自身のうちにもともと備わっていないような異質なものを得ることを意味しない。「受動的実体」は、その本性からして「定立されたもの」である以上、他なるものからの働きかけをそれ自身のうちに受け入れるのである。「受動的実体」は、「実体」である限り、それ自身をその存在の根拠とする。これについては既に述べた通りである。その一方で「受動的実体」は、他なるものに対して閉ざされていない。むしろそれ自身に立脚しつつも、同時に他なるものに対して開かれている。[25]〈他なるものに対して開かれている〉という、こうした内的素質は、他なるものの働きかけを通じて現実のものとなり、実際に「定立」される。この点については次の文章からも窺えよう。

「受動的実体は、〈定立される〉というはたらきを受けることにおいて、止揚されるのでもなければ、あるいはまた、それ固有の規定において定立されることによって、止揚されるのでもない。受動的実体は、むしろそうしたことにより、まさしく自ら自身と一体となる。それゆえ受動的実体は、それが規定されること（Bestimmtwerden）において、まさしく根源性（Ursprünglichkeit）なのである」（GW11、406）。

ここからも明確に見て取れるように、「受動的実体」は、根源的に「定立されたもの」であると理解される。どういうことかというと、「受動的実体」は、他なるものの働きかけを通して、自らが根源的に「定立されたもの」に他ならないことを示す。だとすれば、「受動的実体」は、〈働きかけを受け入れる〉という点からすれば、「受動的」だといえる。だがその一方で、それが〈自らが本来それであるところのもの〉に実際になることは、異質なものの強制によるのではなく、それ自身の根源性に基づいている。

その意味からすれば、「受動的実体」は、単に他なるものの働きかけを受け入れるだけでなく、「原因」としての実体と同様、ある意味で「活動的」だといえる。次の文章は、「受動的実体」のそうした活動的な側面を言い表している。「自らと一体となること（mit sich zusammenzugehen）であるとか、そのことにより、自らを根源的なものとなし、原因となすことは、受動的なもの自身の行い（das Tun des Passiven selbst）である。他なるものによって定立されること（das Gesetztwerden durch ein Anderes）と、自ら固有の生成すること（das eigene Werden）の両者は、一にして同一のことである」（ibid）。これを踏まえるならば、「受動的実体」[26]が他なるものからの働きかけを受け入れるだけでなく、同時にこうした働きかけを否定しもするのが分かる。一体なぜ否定するかというと、他なるものによって定立されることをそもそも可能にする根拠は、他なるものの力によってはじめて発生するのではなく、「受動的実体」それ自身のうちにあるからである。

既にみたように、「原因」としての実体が「結果」を通じて自らを顕示するのに対し、「受動的実体」は、「自ら固有の生成すること」によって〈自らがそれであるところのもの〉を明らかにする。その際「受動的実体」は、「原因」としての実体の活動に対抗しつつ独自の在り方を主張し、そうした在り方を維持しようとする。ヘーゲルは、「受動的実体」に特有なこうしたはたらきを「反作用（die Gegenwirkung）」（GW11、406）と特徴付けて次のように述べる。「受動的実体は、今やそれ自身原因へと反転してしまっている。そのことにより、第一に、受動的実体における結果が止揚される。このことのうちに、受動的実体の反作用一般が成り立つ」（ibid）。

「受動的実体」は、他なるものからの働きかけによる「結果」として存在するに過ぎないのではない。「受動的実体」は、むしろ根源的に「定立されていること」として存在する以上、まさにそうした「定立されていること」たる自らが存在することの「原因」である[27]。かくして、「原因」と「結果」の両者が「受動的実体」という、同じ一つのものにおいて一体をなすことが明らかとなる。そうである以上、他なるものによって生じる「結果」といったものは否定される。それだけではない。「受動的実体」に特有な「反作用」は、「結果」に向けられるだけではなく、「原因」としての実体に対しても向けられる。そのことについては、次の文章のうちに明確に示されている通りである。「原因は、実体としての現実性（substantielle Wirklichkeit）を自らの結果においてのみ有する。こうした結果が止揚されることにより、原因がまさに原因として有するところの実体性（ursächliche Substantialität）が止揚される」（GW11、406）。

以上のことから、「受動的実体」は、それ自身において「原因」であると同時に「結果」でもあることが明らかとなる。なぜなら「受動的実体」は、その本性からして「定立されていること」である以上、「反作用」というそれ自身の活動によってこそ、まさにそうした「定立されていること」として実際に存在するようになるからである。したがって、「受動的実体」が行う活動とは、「定立されていること」こそ自らの根源的な在り方に他ならないという、まさにこのことを示すことである。「受動的実体」は、そうすることで、他なるものを自らの「原因」とすることを自ら自身で否定する。「受動的実体」からすれば、他なるものを原因とするということは、それ自体「定立されていること」に他ならない。なぜなら、そうしたこともまた「受動的実体」自身の根源的な在り方に基づくからである。[28]

かくして「受動的実体」は、それ自身において「原因」であると同時に「結果」でもある以上、「受動的」であるだけにとどまらず、同時に「能動的」でもある。しかるに、同時に「能動的」でもあり「受動的」でもあるものは、それ自身において一定の関係性を形成する。ヘーゲルは、こうした関係性のことを「交互作用（die Wechselwirkung）」（GW11、407）と特徴付ける。そうすると、この「交互作用」が一体どのようなものであり、いかにして〈同一のものの自己関係〉として理解され得るのかが問題となる。次の章ではそのことについて詳しく検討しよう。

七　〈他なるものとの関わり〉における実体自身の〈根源的な在り方〉の顕現

［〈自己同一性の獲得のプロセス〉と〈根源的な在り方〉との間の関係］

「交互作用」は、「原因」としての実体と「受動的実体」という、二つの実体の間の関係から発展するようにして登場する。そのためヘーゲルは、まず最初に「交互作用」を同じ一つのものにおける能動的側面と受動的側面という、二側面の関係としてではなく、二つの異なる実体の間の関係として提示する。「交互作用は、差し当たり次のような因果性、すなわち前提とされており、相互に条件付け合う二つの実体による、相互に対する因果性（eine gegenseitige Kausalität von vorausgesetzten, sich bedingenden Substanzen）として示される。いずれの実体も、他方の実体に対して能動的であると同時に受動的でもある」（GW11、407）。このようにみるならば、いずれの実体についても、これまでとは異なり、もっぱら〈能動的である〉か、それとも〈受動的である〉か、というように二者択一的に理解するのは不可能となる。むしろ「交互作用」を通じて、それぞれの実体のうちに能動的・受動的両側面がともに備わっていることが明らかとなる。その限りにおいて、二つの実体の間の区別は解消されてしまっているといえる。

だとすれば、〈一方の実体の他方の実体に対する関わり〉は、実際には〈それぞれの実体自身における自己関係〉としてとらえ返されることが明らかとなる。[29] 厳密な意味においてみるならば、〈二つの別々のもの同士が関係している〉ということはもはや成立しない。[30] ヘーゲルは、こうした事情について次のように言い表す。「いずれの実体も受動的でも能動的でもあることにより、両者の間のいかなる区別も既に止揚されてしまっている。そうした区別は、完全に見通しの利くような仮象（ein völlig durchsichtiger Schein）である。両実体が実体であるのは、両者が〈能動的なものと受動的なものの同一性〉（die Identität des Aktiven und Passiven）であるという、このことにおいてだけである」（ＧＷ１１、４０７）。このように、それぞれの実体がそれ自身において自己関係を形成する以上、「受動性」がただ単に他なるものからの働きかけを受け取ることを意味し得ないのが分かる。「受動性」は、ヘーゲル自身の言葉を用いるならば、「受動性自身が有する活動性そのものによって定立された受動性（die durch ihre Aktivität selbst gesetzte Passivität）」（ＧＷ１１、４０８）なのである。

以上のことから、能動的なものと受動的なものについて、次のように言い表すことが出来る。すなわち、能動的なものと受動的なものの両者は、互いに対して別々なものとして関わり合うのではない。むしろ両者は、根源的に「定立されていること」として存在するものの自己関係における契機をなす。[31] このようにして自己関係を形成するものは、「受動的実体」と同様、それ自身において「原因」であると同時に「結果」でもある。その際ここでいう「原因」は、ただ単に〈何らかの規定を産み出す〉という意味で「能動的」なのではない。なぜなら「原因」は、それ自身「定立されていること」として存在するからである。したがって「原因」は、その本質からして〈他なるものからの働きかけ〉に対して開かれている。だが開かれているからといって、〈自己関係性〉が失われてしまうのではない。そうではなくて、自己関係を形成するものは、他なるものとの関わりを通じてこそ、自らの根源的な在り方を他ならぬ自ら自身に対して明らかにするのである。[32]

このようにして自己関係を形成するもののうちには、〈自己同一性〉と〈規定〉という二つの契機が認められる。両契機は、自己関係を形成するものが展開する活動において、かつ活動の所産として獲得される。したがってここでいう〈自己同一性〉は、〈限定〉や〈制限〉といったものを排除しない。自己関係を形成するものは、むしろ〈規定〉を自らの活動の所産として内包する。そしてまた、他ならぬこの所産においてこそ、自己同一的になるプロセスを展開するのでもある。[33] こうしたプロセスを展開するものにとって、その根源的な在り方は、プロセスと無関係に存在するのではない。あるいはまた、プロセスを抜きに先行的に存在するのでもない。根源的な在り方は、こうしたプロセスを通じてこそ「定立」されるのであり、まさしくそのものとして明らかになるのである。

以上のようにして、根源的に「定立されていること」として存在し、それ自身の活動のプロセスによって自らを「定立されていること」として示し、かつそのようなものとして実際に存在するものこそ、「概念（der Begriff）」（GW11、408）に他ならない。[34] しかるに「概念」こそ、ヘーゲル哲学の中心的思想をなしている。かくしてヘーゲルによれば、「原因」と「結果」の両者の関係が真実には「定立されていること」自身が形成する自己関係に帰着するということは、同時に「概念の生成（Genesis des Begriffes）」（GW12、11）を意味する。「定立されていること」と「概念」との間のこうした関係について、同じ『大論理学』「概念論（Die Lehre vom Begriff）」の「概念についての一般的序論（Vom Begriff im Allgemeinen）」では次のように言い表される。

「実体に固有であり、必然的であるようなさらなる規定とは、〈もともとそれ自体でかつそれ自らにとってあるところのもの〉を定立すること（das Setzen dessen, was an und für sich ist）である。概念とは、こうした〈存在と反省運動との絶対的な統一態〉である。その際、ここでいう絶対的な統一態は、次のようなものである。すなわち、〈もともとそれ自体でかつそれ自らにとってあること〉（das An-und-Für sich Sein）がまさしく同様に、反省運動（Reflexion）、あるいは〈定立されていること〉（Gesetztsein）であることによって、そしてまた、

〈定立されていること〉が〈もともとそれ自体でかつそれ自らにとってあること〉であることによって、〈もともとそれ自体でかつそれ自らにとってあること〉がはじめて存在するという、そうしたものである」（GW12、12）。

ここに挙げた引用は、晦渋な表現を含んでいるが、いわんとするのはおよそ次のようなことである。すなわち、根源的で十全な意味での「存在」は、それ自身「定立されていること」に他ならず、そしてまた、この「存在」は、自らをまさにそのようなものとして「定立」することによってはじめて、真の意味で「根源的なもの」として存在する。こうした考えは、先述の『精神現象学』序文における「自ら自身を定立する運動である限りでのみ、真に現実的に存在する」ような「生き生きとした実体」（GW9、18）の考えを展開したものに他ならない(35)。

ここにみられるように、「根源的なもの」がそれ自身の活動によって〈自らがそれであるところのもの〉になることによってこそ、真の意味で存在することについて、ヘーゲル自身同じ序文の中で次のように述べている。「真なるもの（das Wahre）とは、自ら自身となること（das Werden seiner selbst）であり、円環（der Kreis）である。円環は、その終極（Ende）を自らの目的（Zweck）として前提しており、始原（Anfang）としている。そしてまた、こうした円環たる真なるものは、遂行すること（Ausführnug）と自らの終極によってのみ、現実的に存在する」（ibid）。これを踏まえるならば、実体自身が「定立されていること」に他ならない以上、この実体が〈自らを自ら自身によって定立する〉ということは、それが同時に「主体（das Subjekt）」（ibid）でもあることを意味するのが明らかとなる。

［自由は、必然性をそれ自身のうちに含んでいる］

以上のようにみるならば、『精神現象学』序文での「主体」についての考えが、ヘーゲルのもう一つの主著である『大論理学』における「概念」の思想のうちにどのように受け継がれているのかが問われる。その手掛かりを与えてくれるのが自由と必然性との関係である。どういうことかというと、実体は、「それが存在するが故に存在する」ものであり、自ら自身をその存在の根拠とする。そのことから、実体は、「絶対的必然性」と特徴付けられたのであった。その際、実体特有の現実的な存在は、他ならぬ実体自身のうちに根差している。そこには他なるものの介入する余地が一切認められない。そのため実体は、それ自身を根拠とするというまさにそのことのために、他なるものに対して閉ざされてしまっているといえる。

これに対し、根源的に「定立されていること」として存在するものについては事情が異なる。なぜなら、そうしたものは、その本性からして他なるものに対して開かれているからである。すなわち、根源的に「定立されていること」であるものは、他なるものからの働きかけを受け入れながらも、自ら自身であることを失うことがない。根源的に「定立されていること」であるものは、むしろ他なるものとの関わりを通じてこそ、自らの根源的な在り方を明らかにする。このようなものは、〈他なるものにおいて自らのもとにある〉ものと特徴付けられる。[36] まさにこれこそ、ヘーゲルが〈自由なもの〉と特徴付けるものに他ならない。

今述べたことについて、今度は「定立されていること」とその根拠との関係という観点からみるならば、次のように表現することが出来る。すなわち、「絶対的必然性」としての実体とは異なり、根源的に「定立されていること」であるものにとって、根拠は閉ざされてはおらず、むしろそれ自身の活動によって明らかにされ得る。しかも、単に他なるものに対してのみならず、他ならぬ自ら自身に対しても明らかにされ得る。

このことを踏まえるならば、「自由」は、必然性のもとに示されたような、〈自ら自身を根拠とする存在〉という考えを破棄することなく、それを継承しているのが分かる。この点については、次の言葉からも明確に見て取ることが出来よう。「必然性は、それが消失する（verschwindet）ことによって自由（Freiheit）となるのではない。必然性は、その未だ内的なままにとどまる同一性が明らかとなる（manifestiert wird）ことによってのみ、自由となる」（ＧＷ１１、４０９）。自由と必然性の関係についてのこうした理解は、ヘーゲルの哲学的思索の初期以来一貫したものである。実際ヘーゲル自身、既に一八〇一年公刊の『差異論文』で、「いかなる体系も、自由と必然性を同時に兼ね備えた体系である（Jedes System ist ein System der Freiheit und der Notwendigkeit zugleich）」（ＧＷ４，７２）とはっきりと表明している通りである。

以上のように、「概念」は自由を根本特徴とする。ただし、「概念」が限定や制限であるとか、〈他なるものからの働きかけ〉といったものを一切寄せ付けないというのではない[37]。反対に「概念」は、そういったものを伴いながらも、自ら自身に立脚するという在り方を維持し続ける。「概念」は、そうした在り方に基づくことによってこそ、自発的に活動を遂行し、自ら自身を形成する。そしてまた「概念」は、こうした活動によってこそ、自らにおける〈存在〉と〈根拠〉との同一性を他ならぬ自ら自身に対して明らかにする[38]。

その際「概念」は、同時に一定の〈規定〉を獲得する。この場合、〈ある規定から別の規定への進展〉という事態が生じるが、「概念」は、そうした進展においても自己同一的であり続ける。このことにより、先に第五節で見たような無限進行の考えが退けられる。なぜなら、「概念」は、その諸規定の間の移行のプロセスにおいても、ただ単に別なものへと向かうのではなく、同時に「反省」のはたらきによって自ら自身へと立ち返るからであり、なおかつ、規定を自らにとって異質なものとしてではなく、固有なものとして認めるからである。

「概念」に特有な規定をめぐるプロセスに対しては、『大論理学』より後に執筆された『エンチクロペディー(Enzyklopädie der pholosophischen Wissenschaften im Grundrisse)』の「論理学(Die Wissenschaft der Logik)」では、「発展(die Entwicklung)」という特徴付けが与えられている。一八三〇年に刊行の第三版では、「発展」について次のように述べられている。

「概念の進行(das Fortgehen)は、もはや移行すること(Übergehen)でもなければ、他なるものへと映現すること(Scheinen in Anderes)でもない。むしろ次のことを踏まえるならば、すなわち、区別されたもの(das Unterschiedene)が直接的に互いに対して同一的なもの(das Identische)として定立されると同時に、全体に対しても同一的なものとして定立されていることを踏まえるならば、さらに規定態(die Bestimmtheit)が概念全体の自由な存在(ein freies Sein des ganzen Begriffes)として存在することを踏まえるならば、概念の進行とは、発展である」(GW20、177)。

ここにみるように、概念の諸規定は、「概念」そのものと同様、「定立されていること」に他ならないと理解される。これらの規定は、まさにそうした「定立されていること」として存在する限り、相互の関係において「自己同一的」であるだけにとどまらず、根源的に「定立されていること」であるものとの関係においても、すなわち「概念」との関係においても「自己同一的」であると理解される。

［〈自己自身への深まり〉としての自由］

自由とは、〈何ものにもとらわれない〉ことである。だがだからといって、そのことが意味するのは、様々な限定や制限といったものや、周囲の様々な状況から逃避したり、すっかり投げ捨ててしまうことではない[39]。なぜなら、そうしたことによって得られるのは、何の内実も伴わないような空虚さに過ぎないからである。また〈何ものにもとらわれない〉といっても、閉鎖的で、他なるものとの交渉を断っているような在り方のことを意味しない。むしろ自ら自身に立脚するものは、他なるものに対してその本質からして開かれている。自ら自身に立脚するものは、そうした開かれた在り方においてこそ、〈自らを自ら自身によって担い抜く〉といえる。このようにみるならば、自らの本来の在り方とはこれだといって、特定の在り方に盲目的に固執するのではなく、自らを他なるものに対して晒しながらも、まさにそうした只中で自ら自身を見出し、獲得するところのものこそ、真の意味で〈自由である〉といえる。

ヘーゲル自身、「根源的なもの」や「根源性」について語っているのはその通りである。だが、「根源的なもの」といっても、それを見出し、獲得する活動に先立って、予めこれと断定的に指し示せるようなものではない。「根源的なもの」は、それ自身で活動を遂行することによってこそ、まさしくそのものとして確証されるのである。

以上を踏まえるならば、自由とは、単に〈何ものにもとらわれない〉という意味での無拘束性を言い表すだけにとどまらないのは明らかである。〈自由である〉ということは、自ら自身にさえもとらわれることなく、解き離たれているような在り方からしてはじめて、自らをその根源において見出すことなのである。こうした考えは、第一部でみたような〈自らを見出すものとしての精神〉という、『体系構想II』の「形而上学」で表明された思想を継承したものである。この点からも、ヘーゲルの哲学的思索がイエーナ期以来、連続的・一貫的に発展していることが理解される。

〈自ら自身にとらわれない〉ということは、〈自ら自身を否定する〉ことを意味する。自由なものは、自らを自ら自身で否定することによってこそ、はじめて自ら自身を見出すことが出来るといえる。(40) 自由なものが形成する自己関係は、その意味からすれば、否定的な自己関係である。だがここでいう「否定」は、単に消極的な性格のものなのではない。なぜなら、自らが現にあるあり方に拘泥することなく、自らを否定することが出来るものこそ、何ものにもとらわれることなく、先へと進むとが出来るからである。しかるに、〈先へと進んで行く〉ということは、同時に〈自ら自身のうちへと深まる〉ということであり、〈自らをその根源において見出す〉ということである。このようにヘーゲルの思索は、我々に対して〈自由〉についての透徹した洞察を与えてくれる。

結び

以上の考察を通じて、「概念」が「定立されていること」の自己関係として特徴付けられることが明らかとなった。ヘーゲルによれば、「概念」は、〈自発的〉であるとともに〈活動的〉であると理解される。だが、「概念」の自発的な活動が最終的に目指すのは何かといえば、今まで存在しなかったような何かを産み出すことではない。なぜなら先にみたように、「概念」は、自らの活動のプロセスによって、自らが根源的に「定立されていること」であるのを示す以上、最終的には単に自らの外へと向かうだけでなく、そこから自己自身へと立ち返ってくるからである。こうしたことから、「概念」の活動の終極は、真の意味で〈自ら自身がそれであるところのもの〉として現実的に存在することにあるのが理解されよう。

とはいえ、以上に述べた「概念」の自発的な活動は、これまでのところなおその萌芽が提示されたに過ぎない。こうした活動が具体的にどのように展開されていくのかについては、次の第三部で更に詳しく検討する必要がある。

その一方で、「概念」に特有な自己関係は、別の角度からみるならば、自己知、あるいは「自己意識（das Selbstbewußtsein）」としてとらえられる。これについては、ヘーゲル自身、『大論理学』「存在論」の中の「客観的論理学（Die objective Logik）」全体に対する「序論」で、「真理（die Wahrheit）とは、純粋な自己意識（das reine Selbstbewußtsein）であり、自己の形態（die Gestalt des Selbsts）を有する」（ＧＷ１１、２１）と述べているとことからも窺えよう。

「概念」は、「根源的なもの」たる自らが現実的に存在するという、まさにこのことを、自己関係を形成するプロセスを通じて知る。その際「概念」は、こうした自己関係を他のいかなるものにもよらず、それ自身の知のはたらきによって実現する。「概念」においては、現実的な存在と知のはたらきの両者は不可分の関係にある。このようにみるならば、『大論理学』「本質論」の「現実性」の箇所は、『法哲学綱要（Grundlinien der Philosophie des Rechts)』（一八二一年公刊）の序文で示される名高い考えに対して、概念の自己関係の実現から光を当てようとしているといえよう。すなわちそこではこう述べられている。「理性的なものは現実的に存在するのであり、現実的なものは理性的である（Was vernünftig ist, das ist wirklich; und was wirklich ist, das ist vernünftig)」（ＧＷ１４・Ｉ、１４）。

第三部では、以上に示されたような「概念」の自発的な活動の目指す目的が、それ自身とは別の何かをとらえたり産み出したりすることにあるのではなく、むしろ自らの外へと向かいつつも、まさにそこにおいて〈自らがそれであるところのもの〉を見出すことに、換言すれば〈自らをその本質において見出す〉ことにあることについて詳しくみていこう。

第三部　概念の人格性と自己実現の活動

序

第二部での考察から次のことが明らかとなった。すなわち、ヘーゲル論理学の中心思想である「概念（der Begriff）」は、他なるものに対して根源的に開かれており、まさにそうした開かれた在り方においてこそ、「根源的なもの（das Ursprüngliche）」として示される。また、概念は、真の意味で現実的に存在するものとしての「実体（die Substanz）」の思想を破棄せず、むしろそれを継承する。さらに、概念に対しては、自発的な活動によって自ら自身を担うことから、主体性（die Subjektivität）が帰属すると理解される。

このうち最後の点に関していえば、既に『大論理学』以前の一八〇七年に公刊された『精神現象学』の序文で、ヘーゲルは、「実体」と「主体（das Subjekt）」の両者について次のように述べていることが注目される。「一切は、真なるもの（das Wahre）を実体としてのみならず、まさしく同様に、主体としてとらえ、表明することに懸かっている」（GW9、18）。これを踏まえるならば、「主体」のうちには、同時に「実体」としての特徴が備わっていることが分かる。

ところで、概念は、「実体」と同様、自己同一的なものと特徴付けられる。それと同時に、第二部で見たように、「定立されていること（das Gesetztsein）」としての性格を兼ね備えていることから、それ自身のうちに規定を内包するのでもある。概念に特有な自己同一性は、規定や限定といったものを排除するのではない。むしろ反対に、概念は、他ならぬ規定においてこそ、十全な意味において自己同一的なものとして存在する。た身にとって対象となる。

だしその際、ここでいう規定は、概念にとって単なる前提として存在するのではない。規定は、むしろ概念自身の活動によって生じ、獲得される。概念は、まさにこうした活動において、かつ活動を通じてこそ、自ら自身にとって対象となる。

とはいえ、〈概念が自ら自身の対象となる〉という場合、概念は、他ならぬ自ら自身として対象とならねばならない。別の言い方をすれば、その根源的な在り方において対象とならねばならない。なぜなら第二部でみたように、概念は、「定立されていること」という固有な在り方においてこそ、自らの根源的な在り方を明らかにし得るからである。このことを踏まえるならば、次のことが分かる。すなわち概念にとって、〈自己〉というものは、〈自らがもともとそれであるところのもの〉、換言すれば、それ自身の「本質」を意味すると同時に、それ自身が遂行する活動の所産として実現されるべきものでもある。概念は、他のいかなるものにとってでもなく、他ならぬ自ら自身にとってこそ、まさしく〈自ら自身として存在する〉のである。

このことから、次のことが帰結する。すなわち、概念は、「普遍的なもの（das Allgemeine）」であるだけでなく、同時に「個別的なもの（das Einzelne）」としても存在する。[1] その際注目すべきことに、「個別的なもの」としての概念は、ヘーゲルによれば、同時に「個体性と人格性の原理（das Prinzip der Individualität und Persönlichkeit）」（GW12、49）としても理解される。ヘーゲルの論理学においてはもっぱら「普遍性」だけが重視されているわけではない。この点は極めて重要な洞察だといえる。「普遍的なもの」は、むしろ〈自らが自ら自身に対して存在する〉という在り方をすることからして、有限な存在者の〈個体〉としての在り方や〈自己意識〉、さらには「精神（der Geist）」（GW12、192）といったものを成り立たせ、支える原理としての役割を果たす。[2] さらに、概念は、それ自身において「純粋な人格性（die reine Persönlichkeit）」（G

W12、251）をなすのでもある。概念は、自己関係的かつ自足的であると同時に、他なるものに対して開かれている。ヘーゲルは、以下にみるように、そのことを〈外なる客観的世界における概念の自己実現〉という考えによって示そうとする。

以下の論述では、まず、概念の契機としての「普遍性（die Allgemeinheit）」・「個別性（die Einzelheit）」、並びに「特殊性（dei Besonderheit）」それぞれの特徴付けを明らかにする（一）。次いで、概念が自らの外へと向かい、「客観的世界（die objective Welt）」において自己実現を目指すプロセスについて考察する。その際、自己実現の活動が目的とするのは、今まで存在しなかったものを新たに「客観的世界」のうちに産み出すことではなく、概念自身の自己認識であることについて考察する（二）。最後に、概念が自己実現の活動を通じて、他ならぬ自ら自身にとって〈自らがそれであるところのもの〉として存在するのであり、そのことにより「人格性」をなすことについて論じる。その際、概念に特有なものとしての純粋な「人格性」が有限な存在者の「自己」に対して一体どのように関係するのか、という問題ついても検討する[3]（三）。

第一章　普遍性・特殊性・個別性
——概念の自己同一性と自己規定について——

ここではまず、ヘーゲル論理学の中心思想である「概念」とはそもそもどのようなものなのかについてみていこう。その手掛かりとして、「普遍性」、「特殊性」、及び「個別性」の三契機を取り上げ、それぞれについて考察することにしよう。「普遍性」、「特殊性」、並びに「個別性」は、「概念」という、同じ一つものを成り立たせる「三つの契機（die drei Momente）」（GW１２、３２）をなしている。その際、これらの契機は、〈類〉と〈種〉あるいは〈種差〉、並びに〈個体〉の場合とは異なり、単に一方が他方よりも上位にあって包括するというような、従属関係にあるのではない。三契機のいずれも、「どの諸契機をとってみても、概念全体（ganzer Begriff）であるとともに、規定された概念（bestimmter Begriff）でもあり、概念の規定（eine Bestimmung des Begriffs）でもある」（GW１２、３２）と特徴付けられる。したがって、「普遍性」、「特殊性」並びに「個別性」のいずれも、互いに対して対等な関係にあるといえる。

だがこれに対して、例えば次の異論が差し出されるかもしれない。すなわち一つには、〈個〉と〈普遍〉の両者は、そのように対等な関係にあるのではなく、やはり上下関係や対立関係のうちにあるのではないか、というものである。[4]あるいは〈普遍〉と〈特殊〉についても、〈普遍〉は、〈特殊〉という、自らが包括する多様なものに対して直接関わるのではなく、そうした様々な区別や差異を超えた別のところに存在するのではないか、という見方もある。これらの異論の背後にあるのは、そもそも〈普遍〉が〈特殊〉やその規定付けに直接関わることなどないという理解である。だが第二部でみたところでは、概念は、自己定立のプロセスにおいてこそ、「根源的なもの（Ursprüngliches）」（GW11、409）として示される。そしてまた、こうした根源的な在り方自体、「定立されていること（das Gesetztsein）」としてのみ存在する。そうである以上、〈普遍〉は、〈特殊〉や〈個〉と対立することなどあり得ないし、〈特殊〉や〈個〉にとって異質なものでもあり得ない。〈類〉・〈種〉、及び〈個体〉についての伝統的な考えによれば、〈種〉に見られる様々な区別は、その上位概念たる〈類〉のはたらきによって成り立つのではない。他方で、〈類〉は、その外なる第三者の認識のはたらきによってとらえられることで、まさしく〈類〉として存在するとされる。これに対しヘーゲルによれば、「普遍性」としての概念は、それ自身によって区別のはたらきを遂行する。なぜなら概念は、その自発的な活動を遂行することによってこそ、自らが根源的に「定立されていること」であることを示すからである。

以上のようにして、概念は、「根源的なもの」としての自ら自身となるという自己生成のプロセスにおいて、規定を内包しつつ、一つの「全体」としての在り方をなしている。ヘーゲルは、概念のこうした特徴について次のように表現する。

「〈定立されていること〉は、概念のそれ自身における区別（der Unterschied des Begriffes in ihm selbst）をなす。概念が直接的に、〈もともとそれ自体でかつそれ自らにとってあること〉（das An－und－Für－sichsein）である以上、概念のこうした諸区別は、その各々が概念全体（der ganze Begriff）であるとともに、それらの規定態において〈普遍的な諸区別〉でもあり、さらには、そうした諸々の規定態の否定と同一的でもある」（GW

１２、２９）。

ここに挙げた引用によれば、概念の「諸区別」は、その各々において一つの「全体」を形成する。このことが意味するのは、概念の「普遍性」とは独立的に、それぞれの区別が別個に「全体」を形成するということではない。むしろ、これらの区別は、「普遍的な諸区別」であるとされる。すなわち、概念の「諸区別」の各々は、それぞれ自身において普遍的なのである。「普遍性」、「特殊性」、並びに「個別性」の三者は、三つの異なった「全体」であるのではなく、各々自身において同じ一つの概念「全体」をなしている。こうした極めて独特な事情について、『大論理学』「本質論」の「交互作用（Die Wechselwirkung）」節では次のように言い表される。

「〔普遍性、特殊性、及び個別性という〕これら三つの総体性（Totalitäten）は、一にして同一の反省運動（Reflexion）である。この反省運動は、自らへの否定的な関係（negative Beziehung auf sich）としてみるならば、普遍的なものと個別的なものの両者へと自らを区別する。それも、完全に見通しの利くような区別（ein vollkommen durchsichtiger Unterschied）へと区別するというようにして次の両者へと、すなわち、規定された単一性（die bestimmte Einfachheit）へと、あるいはまた、単一な規定態（die einfache Bestimmtheit）へと区別する。また、この単一な規定態は、反省運動の一にして同一の同一性（Identität）である。――こうしたものこそ概念なのであり、そしてまた、主体性の、あるいは自由の領域（das Reich der Subjektivität oder der Freiheit）である」（ＧＷ１１、４０９、〔　〕内は筆者による補足）。

これによれば、「限定」されるといっても、その場合、一定の規定が獲得されると同時に、規定を獲得するものの単一さが保たれ続けるのでもある。ここには、〈あるのものから別のものへの移行関係〉といったものは認められない。

以上のことから次の点が示される。まず、概念における規定は、同じ『大論理学』の「存在論（Das Sein）」における「定在（Dasein）」の場合とは異なり、一定の限定を飛び越えてそれとは別の限定へと「移行するもの（Übergehendes）」（GW11、256）ではあり得ない[5]。また、概念の自己同一的な在り方は、この同じ概念の「単一性」が同時に「規定された」ものでもある以上、「本質論」における「反省諸規定（Reflexions-Bestimmungen）」の一つとしての「同一性（die Identität）」（GW11、260）の場合とは異なり、「差異（der Unterschied）」（GW11、265）と対立することはない。さらに、自己同一的なものとしての概念は、「実体」に特有なものとしての「絶対的必然性（die absolute Notwendigkeit）」（GW11、390）という、「盲目的な（blind）」（GW11、391）ものとは異なり、自ら固有の規定が展開されるプロセスへと積極的に関わる[6]。

これらのことを踏まえるならば、〈規定されていること〉が概念それ自身に固有の契機として帰属することが明らかとなる。これにより、〈単一的な在り方〉と〈規定されていること〉の両者は、概念自身の自己関係のもとで統一的に理解される。以下では、これら両者が互いに絡まり合いつつ、「普遍性」・「特殊性」、及び「個別性」という概念の三契機それぞれにおいてどのような位置付けを占めるのかについて検討しよう。

a）概念の普遍性
――規定を固有のものとして内包する〈自己同一性〉――

まずは「普遍性」からみていこう。概念が〈普遍的なもの〉であるということは、同時にそれが自己同一的なものであることを意味する。この場合、自己同一的なものとしての在り方は、概念にとって単なる前提として存在するのではなく、一定のプロセスの結果として獲得される。こうした事情については、次のように言い表される。「第一に、普遍的なものは、自ら自身への単一な関係（die einfache Beziehung auf sich selbst）である。普遍的なものは、それ自身においてのみ存在する。だが第二に、こうした同一性は、それ自身において絶対的な媒介（absolute Vermittlung）であるのであって、媒介されたもの（ein Vermitteltes）であるのではない」（GW12、33）。これを踏まえるならば、概念に特有な自己同一性は、静止的であったり受動的であったりするのではなく、自らを自ら自身によって媒介するという、概念自身の動的なプロセスとして理解される。概念は、その外に存在する第三者に対してではなく、他ならぬ自ら自身に対してこそ自己同一的なものとして存在するのである。

その際、「否定性（die Negativitiät）」は、概念特有の自己同一性に対して極めて重要な役割を果たす。それは次のような事情があるからである。すなわち概念は、それがまさにそれ自身として存在するための根拠をいかなる他のものに負うことがなく、むしろそうした根拠をそれ自身のうちに有している。それに加えて、概念は、他なるものとしての根拠を否定するはたらきを行うのでもある。ただし、ここでいう「否定」は、概念の外なるものに対してではなく、当の概念自身に対して向けられる。概念は、それ自身の「否定」のはたらきによって、かつこのはたらきにおいて自己関係を形成するのである。この場合、単に他なるものとしての根拠が否定されるだけではなく、同時に概念自身が定立のはたらきに先立って「根拠」として既に先行的に存在している、ということも否定される。このように、概念は、「否定性」における自己媒介によってこそ、それ自身として存在する。ヘーゲルは、概念のこうした自己同一性のことを、「否定の否定（die Negation der Negation）」と特徴付けて次のように述べる。

「概念は、差し当たり、自らとの絶対的な同一性（die absolute Identität mit sich）として存在する。この絶対的な同一性がまさしくそのものとして存在するのは、否定の否定（die Negation der Negation）としてのことであり、別の言葉でいえば、否定性の自ら自身との無限な統一態（die unendliche Einheit der Negativität mit sich selbst）としてのことである。こうした〈概念の自らへの純粋な関係〉（reine Beziehung des Begriffs auf sich）がまさしくそのような関係たるのは、否定性によって自らを定立する（durch die Negativität sich setzend）という、そのはたらきによる。このような〈自らへの純粋な関係〉こそ、概念の普遍性に他ならない」（GW12、33）。

概念の「絶対的な自己同一性」が自己媒介のはたらきによって成り立つという理解の基本にあるのは、「概念の生成（Genesis des Begriffes）」（GW12、11）という、これまたヘーゲル独自の考えである。これについては、『大論理学』「本質論」の「現実性（Die Wirklichkeit）」、並びに同書「概念論」の「概念についての一般論（Vom Begriff im Allgemeinen）」で詳しく述べられている。(7) ここでは特に次の言葉に注目しよう。「生成するということ（Werden）は、自ら自身の突き返し（der Gegenstoß seiner selbst）という意味を持つ。かくして、生成したところのもの（das Gewordene）はむしろ、無条件的にして根源的なもの（das Unbedingte und Ursprüngliche）である」（GW12、33）。これを踏まえるならば次のことが明らかになる。すなわち、概念が「生成」するからといって、今まで存在しなかったような何か新しいものになるわけではい。そうではなくて、ここでいう「生成」が意味するのは、概念がまさしく「根源的なもの」になるということなのである。

かくして、「根源的なもの」がまさしく「根源」として存在するのは、自己生成のプロセスに基づいている。概念に先立つような「根源」といったものが別に存在するわけではない。概念は、自らをとらえることによってこそ、まさしく「根源的なもの」となるのである。概念が「自らとの絶対的な同一性」（GW12、33）であるということは、この意味において理解される。こうした事情については、「本質論」の「交互作用のところで次のように述べられている。

「絶対的実体（die absolute Substanz）は、［中略］自らを区別することで総体性（die Totalität）となす。この総体性――以前には受動的実体（passive Substanz）であったところのもの――が根源的なものであるのは、〈規定態から自らへと立ち返る反省運動〉としてのことであり、単一な全体（einfaches Ganzes）としてのことである。この単一な全体は、それ自身のうちにそれ自身の〈定立されていること〉（Gesetztsein）を含んでいるとともに、そうした〈定立されていること〉において〈自己同一的である〉と定立されている。このような単一な全体こそ、普遍的なものである」（GW11、409）。

ここに示されているように、「定立されていること」は、概念が自らを「根源的なもの」としてとらえる際に決定的に重要な役割を果たす。その際、「定立されていること」のうちには、次にみるように、「定在（das Dasein）」や「区別のはたらき（das Unterscheiden）」といった契機が含まれている。「〈定立されていること〉とは、定在であり、区別のはたらきである」（ibid）。

だとすれば、「根源的なもの」たる概念がまさしく「根源的なもの」として「定立」されるためには、同時に「定在」という契機が必要不可欠である。この場合、「定在」が意味するのは、概念が自己生成の結果として獲得したものであるとともに、概念自身が自己生成によって実際にそうであるようになった現実的な在り方なのでもある。したがって、こうした現実的な在り方自体、「根源的なもの」そのものに他ならない。そうである以上、ここでいう「定在」は、同じ『大論理学』の「存在論」で述べられる意味での「定在」とは異なっている。すなわち概念にとっての「定在」とは、単に特定の仕方で限定されているに過ぎないような質的なものではなく、むしろそれ自身のうちに〈普遍的なもの〉としての性格を備えている。

このように、「普遍的なもの」がまさしく「普遍的なもの」として「定在」することには、「区別」のはたらきや、このはたらきに伴って生じる様々な「規定」が分かち難く結び付いている。なぜなら、概念は、こうした区別を介してこそ、真の意味で自己同一的なものたり得るからである。「偶有性（Akzidentalität）」（GW11、394）が「実体」にとってそうであるのとは異なり、諸々の規定は、概念そのものに無関係であるのでもなければ、それ自体としてみるならば空虚に過ぎないようなものなのでもない。むしろ反対に、規定は、概念に固有のものとして帰属する。このことについては次のように言い表される。「普遍的なものは、それ自身の規定の本質としてみるならば、規定の固有で積極的な本性（die eigene positive Natur）として定立されている」（GW12、34）。ここにみるように、概念が「普遍的なもの」であると同時に規定の「本性」としての役割を担うことが可能であるのは、概念の自己同一性が「否定的な自己関係」として成り立つことに基づく。

かくして、規定は、概念が自らにとって自ら自身として存在するその成立からして、「普遍的なもの」たる概念に帰属する。規定は、概念自身にとって固有なものなのである。このことについては次の文章からも明確に見て取れよう。「絶対的な否定性（die absolute Negativität）によって、最高の区別と規定態をそれ自身のうちに含むような単一なもの（ein Einfaches）であるというまさにこのことこそ、普遍的なものの本性をなす」（GW12、33）。ここにみられるように、概念の「普遍性」そのものが「単一なもの」として特徴付けられる場合、ここでいう「普遍性」は、もともとそれ自身のうちにいかなる具体的な内実も備えておらず、そうした内実を外からはじめて取り込まなければならないようなものでは決してない[8]。なぜならもし仮にそうだとすれば、規定が概念とは全く無関係に存在することになるからである。さらにそうした場合、概念は、規定に対して単に異質なものとしてしか関わることが出来ないだろう。

以上のように「普遍的なもの」たる概念が規定を内包することについて、次に挙げる引用では「実体」と対比的に述べられている。

「普遍的なものは、それ自身の諸規定の実体（die Substanz seiner Bestimmungen）をなすのでもある。とはいえ、そのことはどのようにしてなされるのかといえば、次のことによる。すなわち、実体そのものにとっては偶然的なもの（ein Zufälliges）であったものが、概念に固有であるような自ら自身との媒介（die eigene Vermittlung des Begriffes mit sich selbst）であり、概念固有の内在的な反省運動（immanente Reflexion）である、というようにしてなされる」（GW12、34f.）。

概念のこうした自己媒介のプロセスによってこそ、規定が概念自身に固有なものとして帰属することが示され得る。なぜなら、概念は、こうした規定においてこそ、自らをまさしく「普遍的なもの」として示すことが出来るからである。とはいえ、「実体」の場合とは異なり、規定は、概念にとって単に従属的なものなのでもなければ、非自立的なものであるのでもない。むしろ規定は、概念の成立にとって必要不可欠なものとして存在する。次の文章は、まさにそうしたことを示している。「普遍的なものは、自由な威力（die freie Macht）である。普遍的なものは、それ自身として存在するとともに、それ自身の他なるものを包括する（greift über sein Anderes über）。とはいっても、それは暴力的なもの（ein Gewaltsames）としてのことではない。むしろ普遍的なものは、それ自身の他なるものにおいてやすらっており、自ら自身のもとにある（bei sich selbst）」（GW12、35）。これを踏まえるならば、概念においては、〈普遍〉が〈特殊〉やそれに伴う諸々の規定に対して一方的に優位に立つわけではないことが分かる。概念は、規定へと関わっていく中で、自らをまさしく「普遍」としてとらえるプロセスを展開する。それと同時に、こうしたプロセスにおいて示される概念の自己同一性は、自己区別という契機を伴っており、様々な限定されたものに対して開かれているのでもある。

b）概念の特殊性　――自己区別と他なるもの――

「特殊性」は、「普遍性」と同様、概念の一契機をなしている。既に述べたように、概念には自己区別の契機が帰属する。ただし、自ら自身から区別されるといっても、概念のうちに解消し難い分離や分裂が持ち込まれるわけではない。むしろ概念は、こうした区別によってこそ、真の意味で〈自己同一的なもの〉として存在するのである。

こうした自己区別が遂行されることによって、一定の規定が獲得される。その際、規定は、自己同一的なものとしての概念から切り離されるのではなく、そうした自己同一的な在り方のうちに保たれている。このようにして、「特殊性」と「普遍性」の両者は、同じ一つの概念において分かち難く結びついている。「特殊性は、それ自身に即してみるならば、総体性（Totalität）であるとともに、単一な規定態（einfache Bestimmtheit）でもあり、さらにその本質からして、原理（Prinzip）でもある。特殊性は、普遍的なもの自身によって定立されているような規定態や、普遍的なものから帰結するような規定態以外には、いかなる規定態も有していない」（GW12、37）。注目すべきことに、「特殊性」は、それ自身において「総体性」をなすとされる。ここでいう「総体性」は、あれこれの規定をどこかから寄せ集めたもののことを意味しない。むしろ「特殊性」自身が同時に「原理」なのでもある。規定は、他ならぬ概念自身によってのみ与えられるのである。もっといえば、規定は、概念の自発的な活動を通してのみ与えられる。「特殊性」としての概念は、それ自身において完結しており、ひとつの「全体」を形づくっている。

概念がこのように一定の規定を獲得するためには、自己区別の契機が不可欠である。その際、「他なるもの（das Andere）」という契機が重要な役割を果たす。ただし「他なるもの」といっても、概念と全く無関係な任意のものであるのではない。そうではなくて、「他なるもの」は、概念が自ら自身を「根源的なもの」として定立するプロセスの中ではじめて生じる。ここでいう「他なるもの」は、実際には概念自身以外の何ものでもあり得ない。別の言い方で表現すれば、概念は、自己区別によって自ら自身にとって「他なるもの」となるのである。こうしたことから、「他なるもの」は、先の第一部でみた一八〇四／五年の『体系構想Ⅱ』の「形而上学」の場合と同様、「自ら自身の他なるもの（das Andere seiner selbst）」（GW12、31）と特徴付けられる。[9]これについては、後に第三章で詳しく考察する。

次に挙げる文章では、「特殊的なもの」と「普遍的なもの」の両者が別々なものなのではなく、同一のものにおける〈区別〉や〈関係性〉としての役割を担うことが明確に述べられている。

「特殊的なものは、普遍的なものそれ自身である。特殊的なものは、普遍的なものの区別（Unterschied）、あるいはまた、普遍的なものの他なるものへの関係（Beziehung auf ein Anderes）であり、さらには、普遍的なものの外へと向かって映現するはたらき（Scheinen nach Außen）である。だが、特殊的なものがそこから区別されるような他なるものといっても、そうしたものは、普遍的なものそのもの以外には何も現存しない」（GW12、37f.）。

「特殊性」としての概念は、実際には「普遍的なもの」以外の何ものでもない。そうである以上、「普遍性」と「特殊性」の両者は、互いに別々のものとして対峙することはあり得ない。もし仮に別々のものだとすれば、両者は互いに対する関係において「限定」されることになる。その結果、「普遍性」自身もまた、「特殊的なもの」のうちの一つに過ぎなくなる。[10]だが実際はそうではない。概念が自己媒介によってこそまさしくそれ自身として存在する以上、「特殊性」は、「普遍的なもの」としての概念と不即不離の関係にある。この点については、次の文章に明確に示されている通りである。「普遍的なものが特殊性のうちにあるということは、普遍的なものが他なるもののもとにある（bei einem Andern）ことを意味するのではなく、むしろそれが端的に自ら自身のもとにある（schlechthin bei sich selbst）ことを意味する」（GW12、37）。

以上を踏まえるならば、次のことが明らかになる。すなわち、「普遍的なもの」としての概念は、「特殊性」においてこそ、自らを自ら自身から区別するはたらきを十全に遂行し得る。また概念は、いかなる第三者によるものでもなく、他ならぬ自ら自身によって区別のはたらきを遂行する。さらに概念は、そうした区別によってもそれ自身のもとにとどまり続けており、自己同一的なものとしての在り方を維持し続ける。次の文章は、まさにそうした意味において理解されよう。「普遍的なものは、自らを規定する（bestimmt sich）。普遍的なものは、そのことにより、それ自身特殊的なものとして存在する。規定態とは、普遍的なものの区別のことである。普遍的なものは、それ自身からのみ区別されている」（GW12、38）。

このようにして、概念は、それ自身を規定するとともに、一定の「規定」から自己同一的なものとしての自ら自身へと立ち返る。ここには自己反省的なプロセスが認められる。概念は、このようにして「特殊性」においても「普遍的なもの」としての在り方を保ち続けている。ただし「立ち返る」といっても、概念が自らに対してもはやそれ以上規定を与えることがない、というわけではない。むしろ反対に、概念は、先にみたように「原理」（GW12、37）でもある以上、〈規定を与える〉というそのはたらきをやめることはない。

こうしたことから次のことが分かる。すなわち概念は、一定の規定においても自己同一的なものとして存在し、自ら自身のうちにとどまり続ける一方で、一定の規定から別の規定への展開を推進する役割を果たしてもいる。「特殊性」が同時に「総体性」でもあるということは、こうしたことを意味している。ヘーゲルは、諸々の規定にみられるこうした展開のプロセスに対して、既に第二部でみたように、「発展（die Entwicklung）」という特徴付けを与える。ただし「発展」といっても、一定の規定から更に別の規定へと進展にするにつれて、「原理」としての概念そのものから離れ去ってしまうわけではない。なぜなら、概念から離れて無関係に存在するような規定は、もはや問題とはなり得ないからである。

「規定された概念は、例えば、人間や国家、動物等々といった、いかなる具体的な内容を持とうとも、その規定態（Bestimmtheit）がそれ自身の諸区別の原理（das Prinzip seiner Unterschiede）であるのではない限り、空虚な概念にとどまる。原理は、その展開及び実現の始原と本質（der Anfang und das Wesen seiner Entwicklung und Realisation）を含んでいる。それ以外の何らかの概念の規定態は、実りのないものである」（GW１２、４１）。

とはいえ、概念は、諸規定の展開によっても自己同一性を失わないとしても、規定付けのはたらきを遂行するに当たって、自らそうしたはたらきの対象となる必要がある。概念は、この場合いわば自ら自身に向き合うことになる。ここで欠かせない役割を果たすのが、「引き離すこと（die Abstraktion）」（GW１２、５１）という契機である。(11) 概念は、自らを「普遍的なもの」としての自ら自身から引き離すことで、自らに対して一定の規定を与えるとともに、まさにそうした規定を通じてこそ、自己関係を形成するのである。

c）概念の個別性

[個別性は〈概念の深み〉である]

以上のように、概念は、一定の規定を獲得すると同時に自己関係を形成する。そのことから、概念は

「個別性（die Einzelheit）」としても特徴付けられる。「自ら自身へと関係する規定態（die sich auf sich selbst beziehende Bestimmtheit）とは、個別性である」（ＧＷ１２、４３）。概念の「個別性」は、このように「普遍性」に特徴的な〈自己関係性〉と「特殊性」に特徴的な〈規定〉の両側面を兼ね備えている。「普遍性」と「特殊性」の両者は、「個別性」においてこそその真価を発揮する。[12] なぜなら、もし仮に概念が単に普遍的なものに過ぎないとすれば、〈自己区別における自己同一性〉といったものは決して達成され得ないからである。この点については次の文章からも見て取れよう。「区別（der Unterschied）は、概念の本質的な契機をなす。とはいえ区別は、純粋に普遍的なもの（das rein Allgemeine）においては、未だにそのものとしては定立されていない。むしろ区別は、規定された概念においてこそその権利を得る」（ＧＷ１２、４３）。

概念の自己区別には「規定」という契機が不可欠である以上、概念は、もっぱら「普遍性」を事とするだけで個別的なものの領域を度外視する、ということはない。概念は、むしろ個別的なものへと自ら関わるのであり、それを自らに固有な契機として取り込む。概念は、そうすることによってこそ真の意味で〈普遍的なもの〉たり得る。なぜなら、「普遍性」は、個別的なものの外側にあるのではなく、個別的なものをそれ自身のうちに包括しながらも、同時に個別的なものの領域へと立ち入るのでもあるからである。だからこそ、先にみたように、〈普遍的なもの〉としての概念が展開していくプロセスのことを「発展」としてとらえることが可能となるわけである。

注意すべきことに、「個別性」は、こうした「発展」においてそれ自身とは別の何かへと解消してしまうのではなく、自己関係性を維持し続けている。「個別性は、規定された普遍性（die bestimmte Allgemeinheit）であり、それゆえ、自己関係的な規定態（die sich auf sich beziehende Bestimmtheit）であり、換言すれば、〈規定された規定されたもの〉（das bestimmte Bestimmte）である。」（ＧＷ１２、４９）。この「規定された規定されたもの」という極めて独特な言い回しは、およそ次のことを意味する。すなわち、一定の仕方で規定されたものがまさにその一定の規定を得る場合、規定付けのプロセスは、規定されたもの自身の自己関係として理解される。さらに、そうした規定付けのための「原理」は、他ならぬ規定されたもの自身のうちに求められる。以上の点を踏まえるならば、「個別性」が規定付けのはたらきに際して、それ自身とは別の何かに関わるのではないことが分かる。「個別性」が「規定された規定されたもの」と特徴付けられるといっても、それ自身と別のものとの対比において「規定された」ものであるわけではない。むしろここでいう規定は、「個別性」自身のはたらきによって与えられ、かつ「個別性」自身に対して与えられる。だとすれば、「規定された規定されたもの」としての個別性は、規定のはたらきの「原理」であると同時に、このはたらきの所産としても存在するといえる。

これに関連していえば、『エンチクロペディー（Enzyklopädie der Philosophischen Wissenschaften im Grundrisse）』初版（一八一七年刊行）では、個別性は〈自らに向かって作用するはたらき〉と特徴付けられる。「概念の個別性は、端的にみるならば、作用するもの（das Wirkende）である。もっといえば、原因と同様の仕方で作用する、すなわち、ある他なるものに作用するという仮象を伴うというようにして作用するのではもはやない。概念の個別性は、むしろ自ら自身の作用するもの（das Wirkende seiner selbst）である」（ＧＷ１３、７４）。すなわち、「個別性」としての概念は、それ自身「作用するもの」が遂行するプロセスの「原理」をなすとともに、そうした「作用」のはたらきを自ら自身に対して向けるのでもある。だからといって、概念は、それ自身とは別の何かになるのではない。むしろこうしたプロセスにおいて遂行されるのは、概念の自己媒介のはたらきであり、自己同一的なものとしての在り方を保ち続けるはたらきである。概念は、こうしたプロセスをたどることによってこそ、真の意味で〈自らにとって自ら自身として存在する〉のである。

「普遍性と特殊性の両者は、一方では個別性の生成（das Werden der Einzelheit）の諸契機として現れていた。だが両者は、それら自身に即してみるならば、相対的なものとしての概念（der totale Begriff）である。したがって、普遍性と特殊性は、個別性において存在する場合、他なるものへと移行するのではない。むしろ個別性において一体何がなされるのかといえば、普遍性と特殊性の両者が〈もともとそれ自体でかつそれ自らにとって存在する〉ところのもの（was sie〔die Allgemeinheit und die Besonderheit〕an und für sich sind）が定立されている、ということに他ならない。こうしたことは既に示された通りである。普遍的なものは、それ自身にとって存在する。なぜなら普遍的なものは、それ自身に即して絶対的な媒介（die absolute Vermittlung）であるからであり、絶対的な否定性（absolute Negativität）としてのみ、自らへの関係（Beziehung auf sich）であるからである」（GW12、49、〔　〕内は筆者による補足）。

既に述べたように、「個別性」は、一定の規定を有する以上、それ自身「限定」されている。だからといって、「個別性」は、そうした限定のうちに沈み込むことなく、限定された在り方から翻って自己同一的な在り方へと立ち返る。「個別性」は、このようにしてそれ自身の「否定性」に立脚するとともに、獲得した一定の規定においても「単一」であり続ける。こうした事情について、同じ『大論理学』「本質論」の「交互作用」では次のように述べられている。

「絶対的な実体（die absolute Substanz）は、［中略］総体性――以前には原因的実体（ursächliche Substanz）と呼ばれていたもの――へと自らを区別する。このことは次のようにして、すなわち絶対的な実体が自らを区別することで、それ自身における規定態（Bestimmtheit in sich）から否定的な規定態（negative Bestimmtheit）へと向かう反省運動となる、というようにしてなされる。否定的な規定態は、自己同一的な規定態（die mit sich identische Bestimmtheit）としてみるならば、同様に全体（das Ganze）でもある。ただし、ここでいう全体は、自己同一的な否定性（die mit sich identische Negativität）として定立されている。――このようなものこそ、個別的なもの（das Einzelne）である」（GW１１、４０９）。

ここに挙げた引用は、慎重な解釈を要する表現が非常に多く含まれており、その全体をここで仔細に考察するわけにはいかないが、少なくとも次のことはいえよう。すなわち概念は、「個別性」においてこそ、はじめて自己区別を遂行し得る。その際、区別のはたらきは、概念特有の「否定性」を介してなされる。さらに、ここでいう「否定性」は、「自己同一的な否定性」である。概念自身、区別のはたらきを通じて自己同一的なものとしての在り方を獲得する。ただし、自己同一的な在り方と引き換えに区別や規定が破棄されてしまうわけではない。なぜなら概念は、むしろ規定においてこそ、真の意味で自己同一的なものとして存在するからである。

かくして、概念特有の「普遍性」は、「個別性」においてこそ十全な意味でその真価を発揮する。ヘーゲル自身の表現を用いれば、「個別性」は、概念の「深み（die Tiefe）」なのである。「個別性とは、概念がそこで自ら自身をとらえ（sich selbst erfasst）、概念として定立されている（als Begriff gesetzt ist）ところの深みである」（ＧＷ１２、４９）。このようにみるならば、「普遍性」は、「個別性」を離れたり、それを超えた別のところにそれだけで存在することなどあり得ないのが分かる。概念は、既にみたように、〈一定の規定から別の規定への進展〉というプロセスの「原理」をなす。そうである以上、「普遍性」としての概念は、「個別性」を離れることなく、そのうちにとどまり続けている。だからこそ、諸規定は、互いに何らの連関もないようなばらばらなものになることなく、概念の「発展」のプロセスのうちに保たれるのである。諸規定は、このようにしてそれ自身における「総体性」としての在り方を維持する。

「個別性においてこそ、概念諸規定の非分離性（die Untrennbarkeit der Begriffsbestimmungen）という、かの真の関係が定立されている。というのも、個別性は、否定の否定（Negation der Negation）としてみるならば、これらの規定の間の対立（der Gegensatz）を含むとともに、対立をその根拠（Grund）、あるいは統一態（Einheit）において含んでもいるからである。そうした根拠や統一態とは何かといえば、各々の規定が他の諸規定と一体となっている（das Zusammengesetztsein einer jeden mit ihrem anderen）ということである」（ＧＷ１２、５０ｆ．）

このことから、「個別性」においては、諸規定のそれぞれが各々自身において一定の「統一態」をなしているとともに、これらの規定と自己同一的なものとしての概念自身との間でも一定の「統一態」が形成されていることが分かる。概念は、諸規定をいわば上方から包括するのではない。なぜなら、諸規定は、第三者によって包括されるのではなく、それら自身において「一体となっている」からである。

ある一定の規定と別の規定とが相互に関係する場合、それらの内容だけを取り出してみれば、互いに異なっており、互いに「対立」しているといえる。だが他方では、これらの規定は、概念に特有な「発展」のプロセスにおいてこそ生じる。そうである以上、諸規定相互の関係は、「無限で、自己関係的な規定態（unendliche, sich auf sich beziehende Bestimmtheit）」（GW12、33）というように、概念自身の自己関係としても理解される。したがって、各々の諸規定は、他の様々な規定とは異なる一定の独自性や自立性を獲得する一方で、他の規定から切り離されて孤立したり、つながりを失ってしまうことはない。諸規定は、このようにしてそれぞれ自身において「総体性」をなしている。「区別に属するところの諸規定は、各々自身が総体性である」（GW12、51）。「総体性」という、一つの全体をかたちづくる在り方は、個別性を超えた別の領域に求められるわけではない。むしろ反対に、「個別性」は、それ自身において「総体性」をなしている。この点について、ヘーゲル自身次のように明確に述べている。「規定された概念の自らへの還帰（die Rückkehr des bestimmten Begriffes in sich）とはどのようなものかといえば、それ自身の規定態において概念全体である（in seiner Bestimmtheit der ganze Begriff zu sein）という規定を概念が持つことである」（GW12、51）。

以上のようにして、「普遍性」・「特殊性」・「個別性」の三者は、概念が自己規定のはたらきを行う際の〈自己区別〉と〈自己関係性〉という、二つの主要な契機をそれぞれ独自の仕方において相互に関係させるとともに、それぞれ自身において概念の一側面をなしている。

［概念に固有な現実性の獲得の必要性］

とはいえ、これまでの考察はなお不十分さを残す。なぜなら、「個別性」の側面は、概念がさらなる展開をたどるべきことを示しているからである。自己規定のはたらきとともに、〈自己対象性〉という問題が生じてくるのである。すなわち概念が自ら自身を規定する場合、〈概念の外なる現実性〉というものが重要な契機として登場する。「概念は、個別性においてそれ自身のうちに存在する。だが概念は、その同じ個別性によって、それ自身の外へと至る（wird außer sich）のでもあり、現実性（Wirklichkeit）へと歩み入るのでもある」（GW 12、51）。

既にみたように、概念は、「反省」のはたらきによって自ら自身へと還帰することで、自己同一性を獲得する。この自己同一性は、規定に対して開かれており、規定を固有の契機をして内包する。そうである以上、一見すると、概念にとって〈外なるものとの関わり〉など必要ではないかのように見える。だが実際にはそうではない。概念がまさしくそれ自身として存在するためには、「個別性」によって〈現実的にまさしくそれ自身として存在する〉ように至らしめるという、プロセスが不可欠だからである。概念は、第二部でみたように、根源的に「定立されていること」として特徴付けられる以上、自ら自身をその存在の根拠とする。だが概念は、ただ単に根拠であるだけにとどまらず、むしろそれ自身〈現実的なもの〉としても存在しなければならない。なぜならそうすることによってこそ、概念は、真の意味で他なるものに対して開かれているといえるからである。

以上からも分かるように、概念は、単に観念的なものなのではない。反対に、概念は、その自発的な活動によって、それ自身を〈現実的なもの〉たらしめるのであり、そのことによって自ら本来の在り方を実現する。

概念は、こうした実現の活動の所産を他ならぬ〈自己対象化〉としてとらえなおすことによってこそ、真の意味で自ら自身として存在する。この点を踏まえるならば、概念の「個別性」は、概念自身が固有の「現実性」を獲得し、自ら自身を実現する上で決定的に重要な役割を担っているといえる。だからこそ、「個別性」は、先にみたように、概念の「深み」（GW12、49）と特徴付けられるのである。

ヘーゲルは、『大論理学』「概念論」の中で「普遍性」と「特殊性」について論じた箇所に対し、それぞれ「普遍的な概念（der allgemeine Begriff）」及び「特殊的な概念（der besondere Begriff）」という題を与えている。これに対し、「個別性」について論じた箇所には「個別的なもの（das Einzelne）」という題が与えられており、「概念」という語が見当たらない。こうした題となっているのは、おそらくは「特殊性」や「普遍性」と同様、「個別性」が概念の一契機をなしつつも、同時に〈外なる現実性〉へ向かう側面をも併せ持っていることに起因するのであろう。

概念がそれ自身へと還帰することとは、同時にそれ自身の外へと向かうことでもあるという、こうした言明については、自己規定の側面から次のようにとらえることも出来よう。すなわち概念は、自らの活動によって自ら自身を規定する限り、規定付けの主体であると同時にその対象でもある。そうである以上、こうした自己規定においては、主体と対象とが同一のものに関わっており、両者の間に一定の「同一性」が確保されているといえる。だがこうした「同一性」は、概念がいわばそれ自身の内部にとどまるならば、不十分なものであらざるを得ない。なぜなら概念は、そうした段階にとどまる限り「内的なもの（ein Inneres）であるに過ぎない」（GW12、29）からである。概念の規定付けにおける対象は、概念自身がその外へと向かって活動する結果として生み出されたものでなければならない。(13) これを別の言い方で表現すれば、概念が自己自身を実現する、ということである。

以上のように、概念は、いわば観念的で純粋な思考の境地にとどまってはならず、一見するとそれ自身とは正反対のものに見えるような〈外なる現実性〉へと自らを置き移す必要がある。概念は、こうした〈外なる現実性〉においてこそ、自ら自身として存在する。別の言い方をすれば、概念は、純粋な思考の境地における在り方の通りに「現実的に」存在しなければならない。このことから、ヘーゲルが「概念論」の最後の箇所である「絶対的理念（die absolute Idee）」で、「自らを対象とする純粋な概念（der reine Begriff, der sich zum Gegenstande hat）」（GW12、252）と述べる場合、そこでいう概念の「純粋さ」は、単に概念自身の内部においてではなく、その〈外なる現実性〉との関係においてこそ求められるべきことが分かる。

概念には「個別性」のみならず「普遍性」も帰属するのであり、「普遍性」に基づいてこそ自己同一的なものたり得るのはたしかにその通りである。だがそうだとしても、こうした自己同一性は、概念が同時に「絶対的な否定性（absolute Negativität）」（GW12、49）として存在することによってのみ可能である。かくして概念は、「否定性」としても特徴付けられる以上、自己同一的なものとしての在り方から自らをいったん「引き離す」必要がある。概念特有のこうした「引き離し」については、先に「特殊性」について考察する際にも触れた。こうした「引き離すこと（die Abstraktion）」については、ヘーゲル自身、「個別性の魂（die Seele der Einzelheit）であるというようにして、否定的なものの否定的なものへの関係（die Beziehung des Negativen auf das Negative）であるところの引き離すこと」（GW12、51）と述べており、「個別性」の核心をなすものであることを指摘していた。ただしここでいう「引き離し」は、一定のまとまりをなした具体的なものから個々の特定の側面を切り離して、元の脈絡からばらばらなところに置くといった、いわゆる「抽象作用」のことを指すのではない。むしろ「引き離し」は、普遍的なものとしての概念が具体的なものとの関わりを抜きに、それだけで「自己同一的」であるような空虚な在り方をすることを否定し、概念をそうした在り方から転じて具体的なものたらしめる役割を果たす(14)。

以下ではこうした点を踏まえつつ、概念が〈外なる現実性〉へと向かい、自己実現するのは一体どのようにしてなのかについて考察する。その際注目すべきことに、概念特有の「個別性」が「個体性と人格性の原理（das Prinzip der Individualität und Persönlichkeit）」（GW12、49）をなすことが明らかとなる(15)。ヘーゲルの論理学は、「論理学」である以上純粋な思考の境地に立脚する。だが、概念が〈外なる現実性〉との関連においてのみ、真の意味でそれ自身として存在し、のみならず「人格性」や「個体性」という、一見すると純粋な思考の境地をはみ出し、我々思考する有限な存在者にのみ特有であると思われるものとも密接な関わりを有するとすれば、こうした「人格性」や「個体性」がヘーゲルの論理学の中で一体どのように位置付けられるのかが問題となる。さらに、「人格性」や「個体性」が〈外なる現実性〉における概念の自己対象性に対して果たしてどのように関連するのか、ということも問題となる。以下では、こうしたことについても検討しよう。

第二章　概念の活動性とその対象
――〈自ら自身にとって対象となる〉ということ――

a）客観的世界における概念の自己実現

前節でみたところでは、概念は、その〈外なる現実性〉へと向かうのであった。このことは同時に概念の「喪失（Verlust）」（GW12、51）を意味する。なぜなら、概念は、〈外なる現実性〉へと歩み入るに当たって、差し当たり十全な意味において自ら自身として存在するには至ってないからである。別の言い方をすれば、〈外なる現実性〉が概念にとって単に外的なものとして存在するに過ぎないため、概念自身が充実化されるには至っていないからである。概念は、こうした〈外なる現実性〉において自らにとって対象となり、自ら自身を実現しなければならない[16]。この場合、〈外なる現実性〉は、概念にとってただ単に外的なものであるのでは決してない。むしろそれは、概念にとっていわば固有の場をなす。概念は、いかなる他のところにおいてでもなく、〈外なる現実性〉においてこそ、自己実現をなし得るのである。

概念は、既にみたように、一定の規定を獲得すると同時に自己同一的であり続けることから、「自由であるとともに、自ら自身を対象とする概念（der freie, sich selbst zum Gegenstand habende Begriff）」（GW12、198）と特徴付けられる。その一方で、概念は「理念（Idee）」（ibid）としても特徴付けられる。ただし「理念」として存在するといっても、〈外なる現実性〉が概念を制限し限定するというようにして対峙する限り、概念は、「その有限性（Endlichkeit）において」（ibid）存在するにとどまるのだが。

以上のように、他なるものとしての〈外なる現実性〉においても自らのもとにとどまり続けており、「自由」であるという、「理念」としての本来の在り方は、差し当たりのところ、概念にとってこれからようやく実現されるべき「目的（der Zweck）」として存在するに過ぎない。

「理念は、実現されるべき目的（der Zweck, der sich realisiren soll）である。別の言葉でいえば、絶対的な理念そのものは、なおその現象（Erscheinung）において存在するにとどまる。理念が探し求めるものとは、真なるもの（das Wahre）であり、概念自身と実在性との同一性（Identität des Begriffs selbst und der Realität）である。だが理念は、真なるものをようやく探し求めている段階にあるに過ぎない」（GW１２、１９８ｆ.）。

概念は、差し当たり「真なるもの」をそれ自身の外に探し求めている。だがヘーゲルによれば、「真なるもの」とは「概念自身とその実在性との同一性」に他ならない。だとすれば、「真なるもの」は、単に対象的な仕方で認識されるような、概念の外に存在するものではあり得ない。むしろそれは、他ならぬ概念自身にとって、かつ概念自身において、まさしく「真なるもの」として存在する。[17]「真なるもの」として実際に存在し、見出されるためには、概念が「真なるもの」を自らにとってまさしくそうしたものとしてとらえ、確証する必要がある。

このように「真なるもの」を自ら自身でとらえ、確証することとは、「確信」のはたらきと言い換えられる。こうした確信が概念に対して生じるには、次のことが必要となる。すなわち概念は、〈外なる現実性〉に関わるなかで、自ら自身のうちに「実在性」が備わっていることを示し、「概念自身と実在性との同一性」を自ら自身で達成する必要がある。だが差し当たりのところ、〈外なる現実性〉は、概念からすれば、概念自身の活動とは無関係に存在し、独自の様々な規定を有するような「客観的世界（die objektive Welt）」（ＧＷ１２、１９９）と映るにとどまる。

ヘーゲルは、「客観的世界」における様々な規定をとらえる概念のはたらきを「認識すること（das Erkennen）」（ibid）と特徴付ける。だがここでいう「認識」は、ただ単に外から与えられたものを受動的に受け取り、とらえることを意味しない[18]。概念は、むしろ「認識」のはたらきにより、それ自身を「客観的世界」において充実したものとする[19]。概念は、このことを通じて、自ら自身が様々な規定の「原理」をなし、それらのものを内包する「総体性」であることを自ら自身にとって確かなものとする。

「認識のはたらきを行うもの（das Erkennende）が外なる世界（eine Außenwelt）へと関係するのは、その概念の規定態（die Bestimmtheit seines Begriffs）によってであり、すなわち、抽象的な仕方で自らにとってあること（das abstrakte Fürsichsein）によってである。だが関係するといっても、自ら自身の絶対的な確信（die absolute Gewißheit seiner selbst）においてのことであって、自ら自身に即した自らの実在性（die Realität seiner an sich selbst）という、こうした形式的な真理を実在的な真理へと高めるためである」（ＧＷ１２、１９９）。

ここに挙げた引用からも明らかなように、「実在性」は、ただ単に「客観的世界」のうちに見出されるもののことを指すのではない。また、概念が「実在性」をその外側から受け取ることではじめて現実的に存在するのでもない。むしろ概念にとっての「実在性」は、「自ら自身に即した」ものである。別の言い方をすれば、概念は、それ自身のうちに固有の実在性を備えているはずである。[20]

とはいえ、こうしたことは、差し当たり「はずである」という域を出ない。換言すれば、こうしたことは、あくまでも概念自身がそのように想定しているだけであり、いわば「主観的なもの」に過ぎない。そのため概念は、そうした想定を行うような「主観性（die Subjektivität）」（GW12、200）としての自らの在り方を克服しようとする。[21] こうした克服のはたらきは、「衝動（der Trieb）」と特徴付けられる。「衝動は、それ自身に固有な主観性を止揚するとともに、未だに抽象的な段階にとどまるようなそれ自身の実在性を具体的な実在性としなければならない、という規定態を有する。また衝動は、それ自身の主観性によって前提されている世界が有するところの内容によって、こうした実在性を充実化（erfüllen）しなければならない、という規定態を有する」（ibid）。

概念が「客観的世界」へと立ち入るということは、先にみたように、それが自らを「喪失」することでもある。またこのことは、概念が自己同一的であるとともに「普遍的」であるという、その在り方が差し当たり否定されることをも意味する。だが概念は、そうした状態のうちにとどまることなく、「衝動」を通じて自己同一的な在り方を再び打ち立てようとする。その際「衝動」は、概念自身の未だ制限され、有限であるような在り方の克服だけを目指すのではない。なぜなら、概念は、「客観的世界」が概念自身の活動とは無関係にかつ自体的に成り立っていると前提されていることや、「客観的世界」が概念自身にとって異質なものとして存在することをも克服しようとするからである。「客観的世界」は、実際には概念の活動抜きにそれだけで成り立っているのではない。むしろ、そうした在り方は非本来的なものである。これに対し、概念自身は、その自発的な活動によって、それ自身にふさわしい諸規定を「客観的世界」のうちへともたらすことによってこそ、真の意味でそれ自身として存在すると理解される。

「概念が自らに対してあること（Fürsichsein）には、もともとそれ自体で存在する世界（eine an sich seiende Welt）という、その前提となるものが対峙する。世界がこのようにして没交渉的な仕方で他であること（gleichgültiges Anderssein）であるというその在り方は、概念に固有なものとしての自ら自身の確信からすれば、非本質的なものに過ぎない、という価値を有するに過ぎない。その限り概念は、こうした〈他であること〉を止揚するとともに、客観において自ら自身との同一性（die Identität mit sich selbst）を直観しようとするところの衝動である」（GW１２、２００）。

ここにみられるような、活動的な概念こそ本質的なものであるのに対し、「客観的世界」が「非本質的なもの」に過ぎず、後者が前者によって規定されることではじめてその意義を得るとする考えは、純粋に自発的なものとしての「自我（das Ich）」とその制約としての「非自我（das Nicht-Ich）」という、フィヒテ的な考えを踏まえたものといえる。フィヒテの場合、「自我」は、実践的な活動により、それ自体としてみるならばいかなる意義も持たない「客観的世界」を、自ら自身にふさわしいものに作り替えるとされる。(22) ただしヘーゲルは、こうしたフィヒテ的な見方をそのまま自分自身の考えとして受け継いでいるわけではない。なぜなら、もし仮にフィヒテのように考えるならば、「自我」と「客観的世界」の両者は、一方が支配し他方が支配されるというように、主従関係に帰するからであり、その結果、両者の間にみられる異質さがどこまでも解消されることがなく、両者がどこまでも対立し続けることになるからである。[23] これに対しヘーゲルによれば、「客観的世界」は、概念の自己実現が達成される場に他ならない。「客観的世界」は、概念にとって異質なものなのではなく、固有の境位をなすというのである。

フィヒテにおいては、「自我」は、その本質においてみるならば純粋に活動的であるとされる。そのため、「自我」は、もっぱら世界に対してのみ否定の力を向けるにとどまっており、それ自身に対して否定の力を向けることはない。ヘーゲルの場合、この点について事情が大きく異なる。というのも、概念は、その自発的な活動において自己否定のはたらきを行うのでもあるとされるからである。これについては次の文章からも見て取ることが出来よう。「概念自身こそ、自ら自身にとって目的である。それゆえ概念は、その実現のはたらきによって自ら自身を遂行する（durch seine Realsierung sich ausführt）。そしてまさにこのように遂行することにおいてこそ、概念は、自らの主観性であるとか、前提されたものとしてのもともとそれ自体であること（das vorausgesetzte Ansichsein）を止揚する」（GW12、201）。概念本来のふさわしい在り方が未だに客観的なものとなっておらず、これからはじめて成就されるべきであるとされてしまうのは、概念特有の「主観性」に起因する。ここでいう「主観性」は、〈外なる現実性〉と対立関係のうちにあるままにとどまる。そのため、こうした「主観性」を克服する必要がある。

だからといって、第一部及び第二部でみてきたような、自らを自ら自身によって担い抜くという意味での「主体性」自体が根絶されてはならない。なぜなら概念は、自発的な活動を遂行するによってこそ、自己実現を果たすからである。第二部でみたように、概念は、根源的に「定立されていること」として存在する以上、その本性からして他なるものに対して開かれている。こうした点を踏まえるならば、概念が〈外なる現実性〉

において自己実現し、自ら自身に対して一定の現実性を獲得するということは、この他なるものを概念自身に固有なものとしてとらえ返すことであるといえる。

以下では、このことが一体どのようにして可能なのかということについて、同じ『大論理学』「概念論」のうち、「理念」章の「善の理念（Die Idee des Guten）」を手掛かりに考察する。そうすることで、「個体性と人格性」（GW12、49）といったものが概念に帰属することが一体どのようにして可能なのかについても一定の見通しを得ることが出来よう。

b）概念の現実性と自己確信

［概念に固有なものとして帰属する客観性］

以上の考察によれば、概念は、単に第三者にとってではなく、自ら自身にとって対象とならねばならない。この場合、対象は、純粋な思考の境地にとどまるような観念的なものではなく、それ自身現実的なものであると理解される。だがこうしたことは、「普遍性」・「特殊性」及び「個別性」の三契機を兼ね備えた在り方においてはなお達成され得ない。なぜならこの場合、もっぱら活動的な側面だけに重点が置かれており、対象としての在り方に対して十分に光が当てられていないからである。

『大論理学』「概念論」の「主体性」章では「判断（das Urteil）」や「推理（der Schluss）」についても論じられている。だがこれら両者においてもなお、対象性の側面の十分な展開は達成され得ない。まず「判断」の場合、概念は、規定付けのはたらきに際して「主語（Subjekt）」と「述語（Prädikat）」（GW12、53）の両方の位置付けを獲得する。また「推理」の場合、「主語」と「述語」の両者は相互に媒介されており、互いに対して単に別々のものとして関わるのではないことが示される。[24]だがいずれの場合も、概念は、それ自身の内部にとどまっておりその外へと出ることがない。そのため、概念は、それ自身現実的に存在するものとなって規定付けの対象となるには至っていない。

こうした規定付けの対象としての在り方は、同じ「概念論」の「理念」章の「善の理念」に至ってはじめて達成される。だがこれに対し次の疑問が持ち出されるかもしれない。その疑問とはすなわち、「理念（Idee）」が純粋な思考の境位に基づくにもかかわらず、それ自身にとって「対象」となり、それ自身現実的に存在しなければならないのは一体なぜか、というものである。この疑問に対しては、次の点を指摘する必要がある。すなわち、ヘーゲルは、『大論理学』で概念固有の「客観性（die Objektivität）」の問題について考察する際、「神の現存在のいわゆる存在論的証明（der sogenannte ontologische Beweis vom Dasein Gottes）」（ＧＷ１２、１２７）のことを念頭に置いている。[25]その際ヘーゲルは、「神とは、その概念（Begriff）がその存在（Sein）をそれ自身のうちに含むところのものである」（ＧＷ１２、１２７）という、伝統的な存在論的証明の根本問題を独自の仕方で引き受けている。ヘーゲルは、そうすることで、〈現実性や客観性をそれ自身のうちに必然的に有する純粋思考的な存在者〉という考えを明確にしようとする。

ヘーゲルによれば、伝統的な存在論的証明でいうところの「概念」と「存在」の両者は、その外なる第三者の認識作用によってはじめて結び付けられるのではない。むしろ「概念」は、それ自身によって「存在」を実現し、「存在」をそれ自身のうちに必然的に含んでいる。[26]しかるに、こうしたことは、ある対象を述語付けるといったような、「判断」の形では達成され得ない。この点については、ヘーゲル自身次のように明確に述べている。「ある対象を諸述語によって単に規定すること（die bloße Bestimmung eines Gegenstandes durch

Prädikate）もまた、それが同時に概念の実現化（die Realisation）であり、客観化（die Objektivierung）であるのでなければ、何らかの主観的なものにとどまる。そうした規定は、対象の概念の真の認識でもなければ、規定でもない」（GW12、128）。これを踏まえるならば、概念は、「実現化」や「客観化」に際して、その外なる第三者の認識の対象となるのではなく、むしろ先に述べたように、他ならぬ自ら自身にとって対象とならねばならないことが分かる。

ところで、概念は、次の文章にみるように、〈外なる現実性〉において自らを実現しようとすることから、「個別的なもの（Einzelnes）」としても特徴付けられる。「それ自身の対象であるところの概念（der Begriff, welcher Gegenstand seiner selbst ist）は、もともとそれ自体でかつそれ自らに対して規定されている。このことにより、主体（das Subjekt）は、それ自身にとって個別的なものとして規定されている」（GW12、231）。ここから次のことが理解される。すなわち、概念がまさに概念たる本来の在り方、別の言い方をすれば、概念がまさにそれであるところのものは、他のいかなるものによるのでもなく、概念そのものに即して規定されている。また、こうした本来的な規定は、他のいかなるものにとってでもなく、概念自身にとってまさにそうしたものとして存在する。

ただし注意すべきことに、概念自身に固有で本来的なこうした在り方が「客観的世界」において実現され、現実的に存在するものとされねばならないとしても、この在り方自体は、実現されることによってはじめて、まさにそうしたものとして成り立つわけではない。むしろそうした在り方は、概念自身のうちに既に備わっているのでなければならない。なぜなら概念は、それ自身のうちにそうした在り方が備わっていると自覚するからこそ、そしてまた、そうした在り方が自らにとっての本来的で真の在り方であるととらえるからこそ、〈外なる現実性〉へと向かうからであり、〈外なる現実性〉においてそうした在り方を確証しようとするからである。次に挙げる文章は、まさにこうした意味において理解されよう。「概念は、自らを実現しようとする衝動(der Trieb, sich zu realisieren)であり、客観的世界において自らに対して自ら自身によって客観性を与え、自らを遂行しようとするところの目的である」(ＧＷ１２、２３１)。

概念は、このようにして「客観的世界」へと立ち入るが、その際差し当たりのところ、自ら自身を実現するに至っていない。こうした状態は、概念にとってふさわしいもの、本来あるはずのものではない。概念は、そこから脱する必要がある。そもそも「はずである」ととらえることが可能であるためには、概念は、自らが現に置かれている状態を超えたところにあるものを何らかの仕方で見通すことが出来なければならない。これを別の言い方で表現すれば、概念は、自らが本来それであるはずの在り方を自ら自身にとって確かなものとして意識し得るのでなければならない、ということである。こうしたことは、概念が自らの本来何たるかを確信するという、概念の〈自己確信〉として言い表される。なお、こうした〈自己確信〉については、続く第四部でも別の側面から考察することになる。

かくして、概念には「自ら自身の確信(die Gewißheit seiner selbst)」(ＧＷ１２、２３１)という契機が帰属する。概念は、こうした「自ら自身の確信」に基づいて自らの真の在り方を獲得するために、自らが置かれている在り方を克服しようとする。その一方で、概念は、自らをそうした在り方へと制限してしまう原因となる「客観的世界」が実際には非本来的なものであるのに対し、自らの真の在り方こそ、本当の意味で「現実的」であることを示そうとする。

「概念は、実践的理念（die praktische Idee）において、現実的なものとして現実的なものに対峙する。しかるに、主体は、そのもともとそれ自体でかつそれ自らに対して規定されていること（An－und－für－Sich－Bestimmtsein）において自ら自身の確信を有するのだが、この確信とは、主体自身の現実性の確信（eine Gewißheit seiner Wirklichkeit）であり、世界の非現実性の確信（eine Gewißheit der Unwirklichkeit der Welt）である」（ibid）。

概念からすれば、〈外なる現実性〉は、真の意味で現実的に存在するのではないと映る。そうしたものとは異なり、概念自身は、本来あるはずの固有の規定をそれ自身のうちに備えている。その際、ここでいう「規定」は、単に外面的・偶然的なものに過ぎないのではなく、むしろ概念に固有なものであると理解される。「主体は、ここでは客観性をそれ自身に帰属すると主張したのであった。主体のそれ自身における規定態（Bestimmtheit in sich）は、客観的なもの（das Objektive）である。というのも主体は、まさしく同様に端的に規定されているのでもあるところの普遍性（die Allgemeinheit, welche ebensowohl schlechthin bestimmt ist）であるのだから」（GW12、231）。

フィヒテが一七九四年の『全知識学の基礎』で主張するように、「非自我」によって限定されることではじめて「自我」に対して一定の規定が生じるのとは異なり、ヘーゲルの場合、概念は、それ自身のうちに固有の規定を備えているとされる。[27] なぜなら概念は、それ自身の活動によって、かつ「客観的世界」において、外的・個別的な仕方で「それ自身における規定態」を実現しなければならないからである。そうである以上、概念は、純粋に普遍的な境地のうちにとどまってはならず、外面性の領域へと立ち入る必要がある。のみならず、概念は、それ自身外的で個別的な仕方で存在しながらも、〈普遍的である〉というその性格を維持しなければならない。ヘーゲルは、こうした概念固有の「規定態」に対して「善（das Gute）」という特徴付けを与える。[28]「概念のうちに含まれており、概念に等しく、個別的で外面的な現実性（die einzelne äußerliche Wirklichkeit）の要求をそれ自身のうちに含むところのこうした規定態とは、善である」（ＧＷ１２、２３１）。ヘーゲルは、ここでは「善」という考えを倫理学的・実践哲学的なものとしてではなく、むしろ形而上学的・存在論的なものとして提示する。[29] これによれば、ある一定の規定されたものが「客観的世界」において「現実的なもの」として存在する場合、それが真の意味で〈存在する〉といえるのは、単に〈それが現存する〉という事実によるのではなく、むしろ概念の活動によって生み出される限りにおいてのことである。ただし、カントのように、「感性界（die Sinnenwelt, mundus sensibilis）」と「可想界（die Verstandeswelt, mundus intelligibilis）」という二つの領域を全く別々のものとして截然と分けてしまうならば、あるいはフィヒテのように、これらの領域を互いに対立し合う異質なものとしてとらえてしまうならば、ヘーゲルが示そうとする〈客観的世界における概念の自己実現〉という考えは、どこまでも達成不可能となろう。[30]

だが既にみたように、概念は、根源的に「定立されていること」であるとともに、他なるものに対して開かれている以上、純粋に普遍的なものであるだけにとどまらず、そうした在り方とは正反対であるような、外面的なものや偶然的なものとなる必要がある。ヘーゲルは、「善」の考えを手掛かりに純粋な思考の境地と客観的な現実性の境地との間に橋渡しを試みる。こうした橋渡しは、シェリングが主張する「主観＝客観（Subjekt = Objekt）」としての「絶対的同一性（die absolute Identität）」の考えに与しつつ、第一部でみたような「同一性と非同一性との同一性（die Identität der Identität und der Nichtidentität）」（ＧＷ４、６４）の考えを打ち出したイエーナ初期の頃以来、ヘーゲルが一貫して追い求めてきたことなのであった。[31]

［「善」による自己実現の不十分さについて］

だが、こうした「善」の考えにはなお不十分な点が認められる。「善」は、概念にとって実現されるべき「目的」として存在するが、その際、「目的」としての在り方においてそれ自体で妥当するとされる。そのため、「目的」が実際に遂行され、達成されるプロセスによっては、「善」の実質そのものに対しては何ら新たなものが付け加わることがない。

先にみたところからすれば、「善」は、「客観的世界」のうちで実現されることによって、一定の仕方で規定されるのであり、現実的に存在するはずであろう。ところが「善」はそもそもそれ自体で妥当するというのである。そのため、「善」本来の普遍的な在り方と、実現によって獲得されるべき特殊な在り方がそぐわないという事態が生じる。こうした齟齬について、ヘーゲルは次のように表現する。「善は、もともとそれ自体でかつそれ自らに対して妥当するにもかかわらず、何らかの特殊な目的（irgendein besonderer Zweck）であることになる。だがこの目的は、実現によってはじめてその真理を得るのではないはずである。この目的は、むしろ既にそれ自体で（schon für sich）真なるもの（das Wahre）である」（GW12、232）。

ここに挙げた引用によれば、「善」の「善」たるゆえんは、「善」そのもののうちにあり、別の何かが新たに付け加わることによるのではない。「善」が「目的」として理解される場合、端的に目指されるべきものなのであって、何らか別の目的のための手段となることは決してない。手段となり得るものとは、いうまでもなく有限なものであるが、「善」は、まさしく「善」たる限りにおいては、有限で制約されたものではあり得ず、むしろ無限で自足的なものであるはずである。自足しているはずのものが〈外なる現実性〉へと向かうとすれば、必然的に他のものとの連関のうちに置かれ、それ自身有限なものとならざるを得ない。「善は、それ自身の内的な無限性（innerliche Unendlichkeit）にもかかわらず、有限性の運命（das Schicksal der Endlichkeit）を免れることが出来ない」（ibid）。もし仮に、「善」がそれ自身のうちにとどまり続けて自足しているとすれば、実現のプロセスは、「善」にとって、あくまでもその本質そのものには無関係で単に外面的な事柄以上の域を出ないであろう。こうした事情については、次のように言い表される。

「遂行された善（das ausgeführte Gute）は、それが既に主観的な目的において、すなわち、自らの理念においてそれであるところのものによって善い。遂行（die Ausführung）は、善に対して外面的な定在（ein äußerliches Dasein）与える。だがこの定在は、もともとそれ自体でかつそれ自らに対して取るに足らない外面性（die an und für sich nichtige Äußerlichkeit）としてのみ規定されている。そうである以上、善は、こうした遂行において、偶然的でもろい定在（ein zufälliges, zerstörbares Dasein）を得ただけであり、自らの理念にかなう遂行（eine seiner Idee entsprechende Ausführung）を得たわけではない」（ibid）。

ここにみるように、概念にとっては、それが「善」を「客観的世界」のうちへともたらそうとするにしても、「客観的世界」が真の意味で存在するのではないものと映っている。したがって、「客観的世界」は、概念からすれば、本来備えているはずのものを備えておらず、あくまでも「外面的な」ものにとどまるものと映る。その結果、概念は、「客観的世界」においていかなる充実も得ることが出来ないことになる。

c）自己実現と自己認識
――概念は客観的世界において自ら自身を見出す――

そもそも概念が「客観的世界」へと向かったのは「真なるもの」を求めてのことであった。概念は、「真なるもの」を「客観的世界」のうちに探し当てることが可能であり、そのことによって同時に、自ら自身を充実したものとすることが出来ると想定したのであった。だが今や、概念は、「客観的世界」そのもののうちに「真なるもの」を見出すことが不可能であり、むしろ自らの活動によって「真なるもの」が「客観的世界」のうちへとはじめてもたらされる、ととらえてしまっている。

概念が「善」を実現しようとするはたらきは、「意志（der Wille）」としても特徴付けられる。[32] その際、「意志」は、それ自身のはたらきによって「真なるもの」が〈外なる現実性〉へとはじめて持ち込まれると想定する。そのため、〈真なるものとして存在する〉ことが〈外なる現実性〉のうちに認められないとされる。「意志は、次のことによって、すなわち、認識するはたらき（das Erkennen）から自らを切り離してしまうことによって、そしてまた、意志からすれば、外的な現実性（die äußerliche Wirklichkeit）が真に存在するものの形式（die Form des Wahrhaft-Seienden）を得るのではないとされることによって、自らの目的の達成に対し他ならぬ自ら自身によって道を塞いでしまっている」（GW12、233）。「意志」は、それ自身の「目的」を実現しようとしながらも、かえってそのことを自ら妨げてしまっている。このような結果になってしまうのは、「意志」のはたらきが単に個別的であるとされるに過ぎず、「普遍性」の契機を欠くことに起因する。

だが他ならぬ「普遍性」こそ、「認識するはたらき」にとって重要な役割を果たすはずである。なぜなら、概念の認識の対象は、普遍的なものであるのだから。概念が「客観的世界」のうちに存在する個別的なものを対象とする場合、対象は、単に「個別的な」ものである限りにおいてではなく、同時に「普遍的な」ものとしてとらえられる限りにおいてのみ対象となり得るのである。とはいえ、概念が自己実現を企図する場合、これまでみてきた限りでは、その対象が外面的なものに過ぎないばかりでなく、実現しようとする活動自体も個別的で有限なものにとどまる。なぜなら、そうした活動によって生み出されるものもまた、「有限性の運命を免れることが出来ない」からである。概念は、そうした所産によっては自らに対して充実を与えることが出来ない。そのため、充実を得ようとして別の同じように有限なものを産み出すということが際限なく続く。「善の実現（Verwirklichung）は、端的に絶えず個別的な行為として現れるだけで、普遍的な行為として現れることはない」（ＧＷ１２、２３５）。

自己実現の行為が単に「個別的な」ものの域を出ないのは一体なぜなのか。それは、そもそもこうした行為の主体自体、差し当たり「個別的なもの」（ＧＷ１２、２３１）であるとされるからに他ならない。結局のところ、こうした「個別的なもの」が、「真なるもの」を「客観的世界」のうちにはじめてもたらそうと思い立つことは、一面的だといわざるを得ない。のみならず、現実的に存在するものが単に外面的ではなくなり、それ本来の意義を得ることになるのは「善」による、と想定することもまた一面性の域を出ない。以上のことから、概念は、実現されるべきものがそもそも一体何であるのかということや、あるいはまた、実現しようと目指すところの自ら自身がそもそも一体どのようなものなのかということを見失ってしまっているのが分かる。こうした事情については、次のように言い表される。

「客観的概念（der objektive Begriff）をなおも限界づけるものとは一体何かといえば、自らについてのそれ自身固有の見方（seine eigene Ansicht von sich）である。こうした見方は、概念の実現とはもともとそれ自体で何であるのか、ということについて反省することで消失する。概念は、こうした見方によって、他ならぬ自ら自身に対して道を塞いでしまっている。その非については、外的な現実性（eine äußere Wirklichkeit）に対してではなく、自ら自身に対して求めるべきである」（GW12、235）。

概念は、こうした一面的な「見方」を放棄しなければならない。といっても、そのことが意味するのは、自己実現のプロセスそのものを投げ出すことでは決してない。そうではなくて、概念は、そうした「見方」を否定することで、「客観的世界」において自らを「普遍的なもの」として見出し、確信するのである。

概念がその「個別性」によって自らの外へと至ることについては、第一章でみた通りである。だが「概念」は、「客観的世界」において自らを「喪失」するだけにとどまらない。そうではなくて、概念は、〈外なる現実性〉において却って自ら自身を見出すのである。なぜなら、概念は、「客観的世界」から引き下がり、それと対立するような在り方において自己同一的なのではなく、むしろ「客観的世界」においてこそ、自らを自己同一的なものとしてとらえるからである。概念は、こうした「自由であるとともに普遍的であるような〈自ら自身との同一性〉（freie, allgemeine Identität mit sich selbst）」（GW12、235）を獲得することによって、一面的なものとしての「主体の個別性（Einzelheit des Subjektes）」（ibid）を克服する。概念は、そうすることによってこそ、真の意味で自己同一的であり、〈普遍的なもの〉なのである。このようにみるならば、「客観的世界」が概念の自己同一性の成立にとって不可欠であるのが分かる。(33)

以上を踏まえるならば、概念の自己実現が「客観的世界」をつくり変えることを意味し得ないことは明らかである。なぜなら、概念は、「客観的世界」のうちに今まで存在しなかったような新たなものを持ち込むことを自ら否定するからである。この場合、「否定する」ということが意味するのは、「客観的世界」がそれ自体で真に存在するところのものであるのを認めることでもある。概念は、そうすることによってこそ、「真に存在するところの客観性（wahrhaftseiende Objektivität）」（GW12、235）のうちに自ら自身を見出すことが可能となる。[34]この場合、〈見出す〉ということは、何か新たなものを付け加えることを意味しない。むしろ概念は、自ら自身を見出すことにより、〈自らがそれであるところのもの〉へと還帰する。別の言い方をすれば、概念は、「真なるもの」を認識することによってこそ、自ら自身をとらえることが可能となるのである。

以上のように、自らを見出すことによって〈自らがそれであるところのもの〉となるという考えは、第一部でみてきたように、一八〇四／五年の『体系構想Ⅱ』の「形而上学」で既にその萌芽が示されていた。その中の「実践的自我（Praktisches Ich）」の箇所では、次のような考えが打ち出されていた。すなわち「自我」は、認識の活動を行う個別的な存在者として理解されるが、この存在者は、自ら自身を見出すことによって自らの内なる無限を自覚するとともに、個別的なものでありながらも、同時にそれ自身において普遍的なものなのでもある。「自我（das Ich）は、自らを見出すところのもの（ein sich Findendes）としてのみ存在する」（GW7、164）という場合、ここでいう「自我」は、それまで存在しなかったような何か新たなものに遭遇するのではなく、むしろ〈自らがそれであるところのもの〉を洞察するのである。「見出す」ということは、〈自らが本来それであるところのもの〉へと立ち返ることであり、自己還帰なのである。

かくして、「自我」は、自ら自身へと還帰することで、〈自らがそれであるところのもの〉をとらえ、まさしくそうしたものとして自らを規定する。これについては、同じ『体系構想Ⅱ』の中で次のように言い表される。「自我が〈自らを見出すところのもの〉としてのみ存在するということは、自我が自らを見出したという、それ以前のことと分かたれることなどない。自我がこのように自ら自身を見出すこと（Finden seiner selbst）であるということは、自我の絶対的な無限性（absolute Unendlichkeit）である」（ibid）。ここに示されているように、「自我」が自ら自身へと還帰することで自らを「無限性」としてとらえることは、同時に「自我」が自らを「普遍的なもの（ein Allgemeines）」（ibid）としてとらえることでもある。だからといって、「自我」に特有な個別性が普遍性と引き換えに破棄されてしまうのではない。そうではなくて、「自我」が「普遍的なもの」として存在することは、まさしく「このもの」として自らを自ら自身によって担うはたらきに基づくのである。こうしたはたらきについては、既に第一部で「自我」のうちに「自ら自身を維持する（sich selbst erhalten）」（GW7、173）はたらきが備わっていることを確認した通りである。

このようにみるならば、「自我」の場合、〈自らがそれであるところのもの〉がいかなる第三者にとってでもなく、他ならぬ自ら自身に対して存在することが理解される。なぜなら、まさにそうであるからこそ、普遍性が「自我」にとって「根源的な規定態」として存在するからである。したがって普遍性は、「個別的なもの」たる「自我」を超えたどこか別の領域にあるのではなく、当の「自我」自身に固有なものとして帰属する。「自我は、その個別性において、端的に普遍的なものとして存在する。自我の根源的な規定態（ursprüngliche Bestimmtheit）とは、その絶対的な個別性（absolute Einzelheit）であり、あるいは、その無限性（Unendlichkeit）である」（ibid）。ここにみるように、「自我」に特有な「個別性」は、その本質からして同時に「普遍的なもの」なのでもある。

以上のように、『体系構想Ⅱ』の「形而上学」においては、個別的なものがそれ自身において普遍的であり、無限であるという考えが示される。とはいえ、そこでは、〈同時に普遍的でもあるような個別的なもの〉が「自我」として特徴付けられており、フィヒテ的な言葉遣いをとどめている。[35] これに対し、十年程を経て公刊された『大論理学』では、こうした〈自らを見出すところの自我〉という考えが一体どのようにして「概念」の考えのうちに反映し、引き継がれているのだろうか。次章では、この問題について検討しよう。

第三章　概念の人格性
――〈自ら自身を知る〉ということ――

a）〈対象的な自己意識〉と「自ら自身の他なるもの」

概念は、自己実現の活動によってこそ、真の意味で〈自らがそれであるところのもの〉として存在する。その際、活動の対象となるのは、「客観的世界」のうちに存在するものである。概念は、この対象を認識することで同時に自ら自身を認識するのでもある。かくして、概念の存在とは自己認識に他ならない。[36] このことから、概念に対して「自ら自身を対象とする純粋な概念（der reine Begriff, der sich zum Gegenstand hat）」（GW12、252）という特徴付けが与えられる。

これに対し、「客観的世界」は、概念自身とは区別され、概念にとって〈他なるもの〉として存在する。概念が「客観的世界」において現実的な存在を獲得し、自ら自身を認識するからといって、概念と「客観的世界」との間の区別が撤廃されるわけではない。「客観的世界」は、概念の自己実現のプロセスが展開される場であり、概念にとって不可欠な役割を果たす。そのため、その存立は撤廃されることなく維持される。この点を踏まえるならば、「客観的世界の内的根拠（innerer Grund）と現実的な存立すること（wirkliches Bestehen）」（GW12、235）をなすのは概念に他ならないという、ヘーゲルの主張が意味するのは、概念が異質なものとしての「客観的世界」に対して外側から干渉し、我がものとして支配することでは決してないのが分かる。このように、「客観的世界」に対する概念の本来の関わり方とは、支配することではなく、認識することに他ならない。概念は、「真なるもの」を認識するというようにして「客観的世界」に関わることによってのみ、自己実現のプロセスを十全に遂行し得る。概念は、「客観的世界」に対して改変を加えるのではない。むしろ概念は、自らにとって固有の場にあるというようにして、「客観的世界」のうちに立脚する。したがって、概念の自己実現のためには、〈何かをもたらす〉という意味での活動性のみならず、現実に存在するもののうちに「真なるもの」を認めるという、認識のはたらきが不可欠である。(37)

ところで概念は、前章でみたように、「客観的世界」において自ら自身にとって対象となることで自らを見出す。その際、〈活動的なもの〉としての概念は、そうした在り方とはいわば正反対の〈対象的なもの〉となる。なぜなら、概念が「客観的世界」という他なるものへと関わることが可能なのは、自ら自身にとって「他なるもの」となることに基づくからである。どういうことかというと、概念が自らを自ら自身として見出し、まさしく自ら自身としてとらえる際には区別のはたらきを伴うが、この区別は、概念によってかつ概念自身のうちに生じるのである。したがって、区別は、概念自身の自己区別に他ならない。概念は、こうした自己区別によってこそ、自ら自身にとって「他なるもの」となる。

このように、概念には「自ら自身の他なるもの（das Andere seiner selbst）」（GW12、244）という契機が帰属する。「自ら自身の他なるもの」は、第一部でみたように、一八〇四／五年の『体系構想Ⅱ』でも重要な役割を果たしていた。概念は、そもそも普遍的なものであると理解される。だが、概念がそうしたものとして存在するのは、自らをまさしく普遍的なものとしてとらえるという、自己規定のはたらきに基づく。しかるに、この自己規定は、「自ら自身の他なるもの」という契機を介してこそ可能となる。「規定は、自ら固有の他なるもの（ihr eigenes Anderes）を含んでいる」（GW12、245）。他方で、ここでいう他なるものは「自ら自身の他なるもの」であるのだから、概念自身の反映に他ならないのでもある。というのも、「自ら自身の他なるもの」は、概念自身の活動によって産み出されるのであり、概念自身が対象となったものである以上、他ならぬ概念に由来するからである。このようにして、概念は、一方では自ら自身にとって他なるものとなりつつも、他方では自己関係性を失うことはない。むしろ自己同一的なものたる概念に特有な普遍性は、こうした他なるものにおいてこそ確証される。

ヘーゲルは、『エンチクロペディー』初版の「論理学」の中で、概念の「規定態」とは概念それ自身以外の何ものでもないことを次のように明確に述べている。「理念（die Idee）においては、概念の規定態とは、まさしく概念それ自身に他ならない。そうした概念の規定態とは、次のような客観性である。すなわち、概念が普遍的なものとして自ら自身をそのうちへと進展させるとともに、そこにおいて概念が他ならぬ自ら固有の規定を有したり、総体的な規定態（die totale Bestimmtheit）を有するような客観性である」（GW13、100）。ここに挙げた引用では、概念の「規定態」は、「普遍的なもの」としての概念そのものであると同時に、「総体的な規定態」でもあるとされる。他方で、概念の主体性に基づく活動は、「普遍的なもの」としての概念自身の自己規定の獲得だけでなく、「客観的世界」における特殊な諸規定の獲得をも含んでいる。なぜなら概念は、自己実現のプロセスを遂行する際、そうした特殊な規定を獲得することで、自らを自ら自身としてとらえるからである。概念の自己実現とは、自らを具体的なものとしていくことなのである。[38] このようにみるならば、「普遍性」は、「特殊性」と対立せず、むしろ「特殊性」を自ら自身のうちに含み込んでおり、のみならずその「原理」をなすのでもある。

とはいえ、概念が「特殊性」の「原理」をなすといっても、単にそうした「原理」としての在り方にとどまるならば不十分である。なぜなら概念は、特殊な規定を実際に展開させねばならないからである。仮にそうした展開を抜きに「原理」としての在り方だけを取り出すならば、概念は、抽象的なものに過ぎないだろう。のみならずその場合、「客観的世界」は、概念にとって固有の場として示されないままにとどまるだろう。このことは、概念の自己実現が他ならぬ概念それ自身をその「始元（der Anfang）」とするとしても、単に「始元」にとどまる限りでは不十分である、ということと同じである。なぜなら前章で見たように、「善」は、差し当たりのところ、「思想」として存在するだけで、現実性を欠いているからである。「始元」は、展開の運動を欠いており、真の意味で一切のものに浸透するには至っていない。このように展開の運動が不可欠なことについては、同じ『大論理学』「本質論」の中の「外的なものと内的なものとの相関関係（Verhältnis des Äußeren und Inneren）」の註で次のように述べられている。

「概していえば、一切の実在的なものは、その始元においては、そうした単に直接的であるような同一性であるに過ぎない。というのも、実在的なものは、その始元においては、諸契機を対立させたり、展開させたりしていなかったからである。すなわち一方では、外面性から自らのうちへと深まるには至っていない（aus der Äußerlichkeit sich noch nicht erinnert）からであり、他方では、自らの活動によって、こうした内面性から自らを外化し、生み出すには至っていないからである」（ＧＷ１１、３６７）。

この文章では、「実在的なもの」は、それが「始元」においてあるところのものを単に内的なままにとどめることなく、むしろそれを顕在化し、現実的なものとする必要があることが示されている。「実在的なもの」は、こうした顕在化によって、自らの内的な在り方を自覚しなければならない。

以上のことから、概念には〈対象的な自己意識〉という契機が帰属することが明らかとなる。概念は、こうした〈対象的な自己意識〉によってこそ、自らにとって他ならぬ自ら自身として存在する。さらに、概念の自己同一性は、〈対象的な自己意識〉によってこそ成立する。なぜなら、概念の自己同一性は、静止的であるのではなく、動的なプロセスとしてのみ成り立つからである。この点については次の文章に明確に示されている通りである。「理念の自ら自身との同一性（die Identität der Idee mit sich selbst）は、プロセスと一体である」（ＧＷ１２、１７７）。『エンチクロペディー』初版の「論理学」では、これについて次のように一層詳細に述べられている。

「理念とは、次のような過程（der Verlauf）である。すなわち、個別性であるところの普遍性（die Allgemeinheit, welche Einzelheit ist）としての概念が自ら自身を規定し、客観性となすという過程であり、こうした外面性（Äußerlichkeit）（この外面性は、概念をその実体とするのだが）を、この外面性自身に内在的な弁証法（immanente Dialektik）によって概念自身の主体性のうちへと引き戻すという過程である」(39)（ＧＷ１３，１０１）。

ヘーゲルは、フィヒテの『全知識学の基礎』における、自己定立の作用によって存在する自我という思想や、シェリングの『わが哲学体系の叙述（Darstellung meines Systems der Philosophie）』における、主観と客観の無差別点としての「絶対的同一性」や「絶対的な理性」の思想を引き受けている。だがヘーゲルの場合、「自我＝自我」や「A＝A」といった、「自ら自身との等しさ（die Gleichheit mit sich selbst）」としての同一性は、両者とは異なり、ただ単にそこから一切のものが導き出されるべき「出発点」であるとはされない。ヘーゲルの理解はその点でフィヒテやシェリングとは大きく異なるといえる。(40)

かくしてヘーゲルの場合、概念は、自己実現のプロセスの原理や始元をなしている。その一方で、概念が真の意味で「始元」たるのは、実際にプロセスを遂行することで自ら自身へと還帰し、自ら自身にとってまさにそうした「始元」として存在する限りでのことである。ヘーゲルによれば、「始元」は、「客観的世界」においてプロセスを展開することへと向かって「前進」する必要がある。

「前進（der Fortgang）は、余計な種類に数えられるものではない。もし仮に始元をなすもの（das Anfangende）が既にして本当に絶対的なもの（das Absolute）であり得るとすれば、前進は余計なものとなろう。だがむしろ、前進するということ（das Fortgehen）は、次のことのうちに、すなわち普遍的なものがそれ自身を規定し、それ自身にとって普遍的なものであることのうちに、換言すれば、まさしく同様に個別的なもの（Einzelnes）にして主体（Subjekt）であることのうちにのみ成り立つ。前進するということは、その完成（Vollendung）においてのみ絶対的なものである」（GW12、241）。

概念は、このようにして一方では「普遍的なもの」であると同時に「個別的なもの」なのでもある。なぜなら、「普遍的なもの」たる概念がいかなる第三者にとってでもなく、他ならぬ自ら自身にとって「普遍的なもの」として存在することのうちにこそ、その「個別的なもの」としての在り方が基づいているからである。

b）〈自らを自ら自身によって担う〉はたらきと概念の人格性

以上のように、概念がそれ自身において普遍的であると同時に個別的なものであることから、概念に対して、「人格性」や「個体性」という特徴付けが与えられる。ヘーゲル自身、概念の個別性について「個体性と人格性の原理」（GW12、49）をなすと述べているのは既にみた通りである。だが実際には、概念は、単に「原理」であるだけにとどまらず、むしろそれ自身において「人格性」や「個体性」をなしている。

概念は、その自発的な活動によって自ら自身を担うとともに、その同じ活動によって自ら自身を規定するのでもある。[41] その際、ここでいう「規定」が自己規定であり、概念自身に基づくからといって、概念がそれ自身とは異なるものからの働きかけを全く受け付けないというのではない。この点については、「定立されていること」としての概念が他なるものに対して根源的に開かれているのを第二部でみてきた通りである。とはいえ、概念にとって純粋に受動的であることなどあり得ない。なぜなら、「客観的世界」に対する概念の活動は、諸々の特殊な規定を生み出すことであると同時に、「認識すること」でもあるからであり、そしてまた「認識すること」は、所与のものを受け取りその性質や特性を客観的に分析することを意味せず、むしろ「客観的世界」を自らに固有の場として認めることを意味するからである。

既に一八〇七年の『精神現象学』の「絶対知」章では、「真理」そのものが「自ら自身の確信（die Gewißheit seiner selbst）」として存在し、自ら自身を知るというはたらきを行うことについて、次のように述べられていた。「真理は、もともとそれ自体で（ansich）確信に完全に等しいだけでなく、自ら自身の確信という形態をも有する。別の言葉でいえば、真理は、その定在（Dasein）において、すなわち知るはたらきを行うところの精神に対して（für den wissenden Geist）、自ら自身を知るというかたちにおいて（in der Form des Wissens seiner selbst）存在する」（GW9、427）。

かくして概念は、普遍的であると同時に個別的でもあり、またそれ自身の活動によって〈自らがそれであるところのもの〉として現実的に存在することから、それ自身において「人格性（die Persönlichkeit）」をなす[42]。ヘーゲルは、概念の「人格性」に対して次のような特徴付けを与える。

「概念は、魂（Seele）であるだけでなく、自由で主体的な概念（freier, subjektiver Begriff）でもある。概念は、それ自身に対して存在し、したがって、人格性を有している。――このようにして概念とは、実践的（praktisch）であるとともに、もともとそれ自体でかつそれ自らに対して規定されており（an und für sich bestimmt）、さらに客観的（objektiv）であるような概念である。さらに、概念は、人格（Person）としてみるならば、不可侵で分割不可能な主体性（undurchdringliche, atome Subjektivität）である。とはいえ、概念は、他のものを排除するようなものとして個別性であるのではなく、むしろそれ自身にとって普遍性であるとともに、認識するというはたらきなのである。そしてまた、概念は、自らの他なるものにおいて（in seinem Anderen）それ自身固有の客観性（seine eigene Objektivität）を対象とする」（GW12、236）。

思考やそのはたらきについて論じるはずの「論理学」の中に、別の言葉でいえば、ヘーゲル独自の意味での思弁的・形而上学的な論理学の中に「人格性」という考えが登場し、しかも中心的役割を占めるのは、一見すると極めて奇妙に映るかもしれない。だがヘーゲルの思索の歩みを振り返るならば、こうしたことについても納得がいく。これまでみてきたように、一八〇四／五年の『体系構想Ⅱ』の「形而上学」では、〈同時に普遍的なものである個別的なもの〉としての「自我」や、さらに「自我」が自らを見出すことで「精神」となるという考えが打ち出されていた。また一八〇五／六年の『体系構想Ⅲ』の「精神哲学」では、「思弁的哲学（spekulative Philosophie）」における「絶対的な精神の知（Wissen des absoluten Geistes）」としての「自我（Ich）」（GW8、286）という考えが示されていた。ここに挙げたようなイエーナ期の構想は、『大論理学』における概念の「人格性」の考えへと継承され、集約されている。[43]

勿論ここでいう「人格性」は、有限な存在者たる我々人間が一個人として有するような意味での人格性をそのまま指すわけではない。これについては、概念の「人格性」とは「他のものを排除するような個別性」ではないとされることからも理解されよう。むしろ「人格性」としての概念は、同時に「実体」の考えを引き受けている以上、〈真に存在するところのもの〉に他ならない。概念の「人格性」は、同時に「普遍的なもの」としても理解されるのである。そもそもヘーゲルによれば、論理学は、「純粋な知（das reine Wissen）」（GW11、33）としての性格を有する。この「純粋な知」は、『精神現象学』で示された「絶対知（das absolute Wissen）」の境地を継承したものである。同じ「絶対知」という題が与えられた同書の最終章では、こうした意味での知が「このもの」であると同時に普遍的でもあるような「自我」に他ならないと明確に述べられている。

「知とは、自己意識が純粋な仕方で自らにとってあること（das reine Fürsichsein des Selbstbewußtseins）である。

このような知とは、自我（Ich）のことである。自我は、他のいかなる自我でもなくまさしくこのものたる自我（dieses und kein anderes Ich）であるのと同様に、直接的に媒介されている、あるいは止揚されているとともに、普遍的であるような自我（unmittelbar vermittelt oder aufgehobenes allgemeines Ich）なのである」（ＧＷ９、４２８）。

その一方で、「人格性」としての概念は、その外なる「客観的世界」において自ら自身を実現し、それにより自らにとって自ら自身として存在する。そうである以上、こうした「人格性」は、有限な存在者に特有な「人格性」からかけ離れたものではあり得ない。反対に概念の「人格性」は、有限な「人格性」をより高次の次元のうちに位置付け、とらえ返す役割を果たしている。[44] ある人格性が他の人格性と向かい合い、相手のうちに自らと同じように人格性が備わっているのを認めることで、人格性を単に個別的なものから普遍的なものへと高めるといったことであれば、『大論理学』の「概念論」よりもむしろ『精神現象学』の「自ら自身の確信の真理（Die Wahrheit der Gewißheit seiner selbst）」の章で示されているような、自己意識の相互承認の議論で扱われるのがふさわしいだろう。[45] これに対して今の場合、概念に特有な「人格性」は、「無限な形式（die unendliche Form）」（ＧＷ１２、２３７）として理解される。ただし、「形式」といっても、具体的な内容を全く欠いているわけではない。この点についてはこれまでの議論からも十分に明らかであろう。むしろ概念は、自らの活動を通じて様々な規定を獲得し、これらの規定に対して自ら自身の刻印を押すことで、自らに対して自ら自身によって具体的な内容を与えるのである。

c）概念の人格性と有限な存在者の「自己」

以上のように概念に「人格性」が帰属することから、「精神（der Geist）」を論理学的な性格のものとして特徴付けることが可能となる。[46] ヘーゲル自身、『大論理学』「概念論」の「絶対的な理念（Die absolute Idee）」節の最後の箇所で、論理学とは区別される「精神の学（Wissenschaft des Geistes）」（GW１２、２５３）の領域という考えを提示している。のみならず、同書の「認識の理念（Die Idee des Erkennens）」節では、「精神」が論理学の内部に位置付けられることについて、次のように言い表されている。[47]「精神の理念（die Idee des Geistes）は、論理学的な対象（logischer Gegenstand）である。この理念は、既に純粋な学（die reine Wissenschaft）の内部に位置付けられる」（GW１２、１９８）。また「精神」は、論理学の内部に位置を占めるものとしてみるならば、「自らの判断において自ら自身にとって対象であるような、自由な概念（der freie Begriff, der in seinem Urteil sich selbst Gegenstand ist）」（ibid）と理解される。

こうしたことを踏まえるならば、次のようにいうことが出来よう。すなわちヘーゲルの論理学は、我々有限な存在者をただ単に超越するような「純粋な」思想の境地を形づくるのではなく、むしろ有限な存在者が〈自己自身として存在する〉場合の「自己」というものを、普遍的な境地へと高められたものとして示している。[48] こうした理解が可能であるのはどうしてかといえば、ヘーゲルの場合、無限なものが有限なものの外側にあって対立するのではなく、有限なものを固有な契機として内包するとされることに基づく。別の表現を用いるならば、「人格性」をなす概念は、プラトン的なイデアのように個物を超越するのではなく、むしろアリストテレス的な形相のように個物を離れることなく内在的である、と言い表すことが出来よう。[49]

勿論、「人格性」をなす概念は、それ自身において普遍的なものであると理解される。[50] だが概念は、単に

「普遍的」であるだけにとどまるならば抽象的なものの域を出ない。これについてはこれまでの考察からも明らかであろう。[51]むしろ普遍的なものは、自ら自身にとって「他なるもの」となることによってこそ、それ自身のうちに「個別性」の契機を同時に含むことを示す。次に挙げる文章は、まさにそうした意味において理解されよう。「普遍的な第一のもの（ein allgemeines Erstes）は、もともとそれ自体でかつそれ自らにとって考察されるならば（an und für sich betrachtet）、〈自ら自身の他なるもの〉（das Andre seiner selbst）として示される」（GW１２、２４４）。

このように、概念が抽象的な仕方で自らのもとにとどまることなく、自らにとっていわば正反対のものとなることで自らに対して否定の力を加えるということは、概念自身の「否定性（die Negativität）」として言い表される。「否定性」は極めて重要な役割を果たしている。なぜなら「否定性」によってこそ、自発的な活動性や主体性といったものを明確にとらえることが可能となるからである。

「考察された否定性は、概念の運動の転換点（der Wendungspunkt）をなす。すなわち否定性は、自らへの否定的な関係（die negative Beziehung auf sich）という単一な点であるとともに、あらゆる活動性の、また生き生きとして精神的な自己運動（lebendige und geistige Selbstbewegung）の内的な源泉であり、弁証法的な魂（die dialektische Seele）である。こうした弁証法的な魂は、一切の真なるものをそれ自身のもとに有する。真なるものは、こうした弁証法的な魂によってのみ、まさしく真なるものとして存在する。というのも、このようなものは、主体性（Subjektivität）にのみ、概念と実在性との間の対立を止揚するはたらき（das Aufheben des Gegensatzes zwischen Begriff und Realität）や統一態（die Einheit）が基づくからである。こうした統一態こそ真理である」

（GW12、246）。

概念は、差し当たって、〈自らがそれであるところのもの〉として存在していない。このことは「矛盾」を意味する。だが概念は、こうした矛盾によって引き裂かれ、〈自ら自身であること〉を完全に失ってしまうことはない。むしろ概念は、そうした矛盾をしっかと受け止めつつ耐え抜いて、自発的な活動によって自ら自身へと至る。このようにみるならば、「矛盾」は、概念が自己自身へと至る運動を推進するという、極めて積極的な役割を担っているといえる。[52]「本質論」の「矛盾（der Widerspruch）」の註では、「矛盾」にみられるこうした積極性について次のように述べられている。「あるものは、矛盾をそれ自身のうちに含む限りでのみ生き生きとしている。もっといえば、あるものは、矛盾を自らのうちでとらえつつ、それを耐え抜くという、こうした力（diese Kraft, den Widerspruch in sich zu fassen und auszuhalten）である限りでのみ、生き生きとしている」（GW11、287）。

以上からも明らかなように、差し当たって〈自らがそれであるところのもの〉であるのではないということは、単なる欠陥を意味するのではない。反対に、自らの主体的な活動によって自ら自身へと解き放たれ、自らのもとにあるということのうちにこそ、概念の「自由」が成り立つといえる。[53]〈自らがそれであるところのもの〉として現実的に存在することを、いかなる他のものにでもなく、自ら自身に負うものこそ、真の意味で「自由」なのである。したがって、「概念とは、自ら自身にのみ関係するところの自由なもの（das sich nur auf sich selbst beziehende Freie）である」（GW12、30）ということが意味するのは、概念がいかなる他なるものに対しても没交渉的で閉鎖的であるということではなく、むしろ他なるものとの関係においても自ら自身に立脚するという在り方を失うことはないということなのである。さらにこうしたことを踏まえるならば、逆説的ではあるが次のように言い表すことが出来る。すなわち「人格性」をなす概念は、自らの根源的な在り方にさえも縛られることがない。なぜなら、「真なるもの」とは単に不動の「実体」なのではなく、自発的な活動によって自らを自ら自身へと解き放つような「主体」であるのだから。まさにこうした「主体」の考えこそ、『精神現象学』の「序文」で〈真なるものとしての主体〉として表明されていた考えを発展・展開させたものに他ならない。

以上のことから、概念の「人格性」は、「自由」というものの究極の根本を言い表そうとしたものだといえよう。次に挙げる文章は、「人格性」の考えこそヘーゲル論理学において枢要な位置を占めていることを明瞭に物語っている。

「最高にして最先鋭の頂点をなすものとは、純粋な人格性（die reine Persönlichkeit）である。純粋な人格性は、その本性をなす絶対的な弁証法（die absolute Dialektik）によってのみ、まさしく同様に一切のものを自らのうちに包含し保つ。なぜなら純粋な人格性は、自らを最も自由なものとする（sich zum Freisten macht）からであり、——単一性（Einfachheit）とするからである。ここでいう単一性とは、第一の直接性にして普遍性（die erste Unmittelbarkeit und Allgemeinheit）のことである」（ＧＷ１２、２５１）。

このように、ヘーゲルの論理学は、概念が「人格性」をなすのを示すことで、この「人格性」が他なるものに対して開かれつつも、同時にいかなるものによっても縛られずに「自由」であることを明らかにしようとしている。さらにヘーゲルの論理学は、「人格性」をなす概念が我々有限な存在者の認識やそのはたらきからかけ離れたものなのではなく、それをより高次の境地においてとらえ返そうとしたものであることをも示している。というのも、有限な存在者は、自らの認識のはたらきによって自ら自身をとらえることで、自ら自身を自由なものとし、真の意味で〈自己自身として存在する〉ことが可能であるからである。[54] 今日においてもなお、有限な存在者の核心をなすこうした「人格性」や「自由」といったものの本質について、ヘーゲルの思想から徹底的に学び、洞察を深めることが出来よう。

結び

以上の考察から、ヘーゲルの論理学、あるいはその思弁的哲学とは「自由」の哲学であるといえよう。「自由」であるということは、これまでみてきたことを踏まえるならば、「このもの」としての自己を同時に普遍的なものとして知り、「このもの」としての在り方をより高次の境地へと高めることとして言い表される。〈自由である〉ということは、ただ単に何かから解放されることを意味するのではない。そうではなくて、「自由」とは、その本質においてみるならば、〈自ら自身へと至る〉ということを意味するのである。もっといえば、自らのいかなる一定の在り方にもとらわれたり縛られたりすることなく、そうしたものからさえも解き放たれることによってこそ、真の意味で〈自己自身である〉といえるのである。

かくして、「純粋な学」としての論理学の目的とは何かといえば、自己をまさしく自己自身としてとらえるというこのことを、純粋で普遍的な「知」の境地へと高めることに他ならない。[55] そのことについては、ヘーゲル自身『大論理学』全体の「序論」で次のように述べている通りである。「学の概念とは、真理が純粋な自己意識（das reine Selbstbewußtsein）であるとともに、自己という形態（die Gestalt des Selbsts）を有することであり、また次のこと、すなわちもともとそれ自体で存在するもの（das an sich Seiende）とは概念であり、概念とはもともとそれ自体で存在するものである、ということなのである」（GW11、21）。

「汝自己を知れ」というかのデルフォイの言葉は、古代ギリシア以来、哲学的思索を絶えず推進し続けており、それぞれ独自の仕方で答えを出すよう要求し続けている。ヘーゲルが示そうとする概念の「人格性」の考えは、この「汝自己を知れ」という、哲学的思索の根本課題に対して独自の光を投げかけている。そしてまた、概念の「人格性」は、そのようにして投げかけられたものを各自が受け止め、自ら自身の課題として引き受けて考え抜くよう促している。

第四部　自己であることの根源への問い

――『宗教哲学講義』における有限な精神の自己知――

序

これまでの考察では、無限な精神や概念といったものに即して、自己知や人格性としての在り方についてみてきた。だが〈自己であること〉は、無限なものにとってだけではなく、有限な存在者にとっても何よりも身近であり、固有なものである。ただそうはいっても、こうした極めて近しいものが果たしてその根底においてどのようなものなのかは、容易に答えられる問いではない。これまでにも数多くの思索家たちがそれぞれの仕方でこの問いに対して答えを与えようとしてきた。歴史的にみれば、自己をその根底においてあるがままに認識しようとする試みは、古代ギリシアに端を発する。そこからローマ時代に入り、プロティノス（二〇五年頃～二七〇年頃）に代表される新プラトン主義哲学を経由して、教父たちのキリスト教神学へと引き継がれる。例えばその代表的人物であるアウグスティヌス（三五四年～四三〇年）は、『三位一体論（de trinitate）』で父・子・聖霊の三位一体なる神のアナロギアとしての精神（mens）について考察を行っている。そこでは、精神に特有な記憶（memoria）・理解（intelligentia）・愛（voluntas）の構造を手掛かりに、神の似像（icona dei）としての精神について、極めて深遠な形而上学的探求がなされている。[1]

三位一体なる神やその似像としての精神といったもののうちには、神学的のみならず哲学的にも非常に重要な問題が含まれている。その問題とは、有限な存在者がまさに有限でありつつも、その本質のうちに無限なものの反映が認められるのはどのようにしてなのか、というものである。また有限な存在者が無限なものについての知を介して自らの本質を知る場合、有限な存在者の本質が無限なものに呼応することを見出すのは果たしてどのようにしてなのか、ということも問題となる。(2)

有限な存在者の自己認識やこの自己認識をめぐる有限と無限の間の関係の問題は、近代ドイツの哲学者であるヘーゲルの思索においても決定的な重要性を有している。(3) 第一部でみたようにヘーゲルは、一八〇四／五年の『体系構想II』の「形而上学」で「絶対的な精神（der absolute Geist）」の考えを打ち出している。(4) この考えは、後に形而上学的な問題領域から範囲を広げ、後年の『エンチクロペディー』（初版一八一七年刊行、第三版一八三〇年刊行）の「精神哲学」にみられるように、芸術・宗教・哲学からなる「絶対精神」の三領域の考えへと引き継がれる。このように芸術・宗教・哲学の三本柱を軸とする考え自体は、一八〇五／六年の『体系構想III』の「精神哲学」で既にその骨格が提示されている。それによれば、これら三者は、それぞれ感性的・表象的・思弁的というように形式は異なるものの、絶対的なものを叙述するという点で異なるところはない。

もとより、絶対的な、あるいは無限な精神が中心的な座を占めるからといって、有限な精神が退けられることがあってはならない。(5) なぜなら、有限な精神は、「精神」である限り、無限な精神とどこまでも異質で隔たっていることなどあり得ないからである。むしろヘーゲルによれば、精神は、自らを「精神」として知ることによってこそ、まさしく精神たり得る。有限な精神は、こうした自己知のプロセスを自ら自身で担い、遂行することで主体性をなす。これに対し無限な精神は、有限な精神のこうした主体性を支える根底をなす。有限な精神は、自らの根底たる無限な精神を知ることによってこそ、真の意味で「精神」となることとなのである。(6)

ヘーゲルの宗教哲学は、有限な精神の自己知のプロセスを、とりわけキリスト教的思想との関連において解明しようとする点に特徴がある。その一方で、それは同時にデカルト以来の近代的な自己意識の考えに立脚してもいる。ヘーゲルによれば、有限な精神は、自らが直接的で有限なままの在り方をすることを意識することにより、そうしたふさわしくない在り方から脱却する。それにより有限な存在者は、自らの本来的な在り方を洞察し、それ自身において〈無限〉へと解き放たれる。

フランクフルト期のヘーゲルは、宗教において「有限な生から無限な生への（vom endlichen Leben zum unendlichen Leben）」「人間の高揚（Erhebung des Menschen）」（SW1、421）という事態が生じると述べている。ここからも窺われるように、ヘーゲルは、既にその思索の初期の頃から〈有限な存在者の内なる無限〉という問題に取り組んでいた。今引用した『一八〇〇年の体系構想（Systemfragment von 1800）』と呼ばれる断片では、「無限な生は、精神と呼ばれ得る（Das unendliche Leben kann man einen Geist nennen）」（ibid）と述べられている。これがいわんとするのは、有限な精神は、自らの生を無限なものへと向けて高めることにより、無限な精神と一定の統一のもとに存在するようになるということである。

こうした統一が可能であるためには、有限な精神に特有なものとしての有限性が無限な精神とのつながりを妨げるのではないことが示される必要がある。このことは、無限な精神自身のうちに有限性が契機として含まれることが明らかにされること達成される。ここにみるようにヘーゲルにおいては、宗教のみならず思弁的な論理学においても、有限性をそれ自身の内に含んだ無限性こそ真の無限であるとされる。そうである以上、無限な精神にとって有限性は疎遠なのではなく、むしろ固有の契機をなすと理解される。

以下では、ヘーゲルの宗教についての思索が包括的で円熟した形で示されているベルリン期の『宗教哲学講義（Vorlesungen über die Philosophie der Religion）』のうち、「宗教の概念（Der Begriff der Religion）」と「完成された宗教（Die vollendete Religion）」を手掛かりに、必要に応じて同じ文脈で関連するヘーゲルの他のテクストも考慮に入れつつ考察を行う。それにより、有限な精神が自ら自身を知ることで自らの内なる無限を自覚するのはどのようにしてなのか、という問題について論じる。さらに、そうしたことと対して無限な精神がどのように関わってくるのかについて、特にキリスト教に関連する視点から考察を行う。(7) この視点に特に注目するのは次の事情による。すなわち後に見るように、キリスト教においては、人間という有限な存在者に特有の「弱さ」や「もろさ」といったものが積極的な契機として認められている。(7) そうした「弱さ」や「もろさ」といったものは、無限な精神に疎遠であるとはされておらず、むしろ「弱さ」においてこそ、有限な精神と無限な精神との間の密接な結びつきが明らかになるとされている。

また宗教においては、これも後に見るように、信仰の対象を知ることで同時に自己を知るという、「知」の境地こそ重要であることも確認されよう。なぜなら宗教においても、信仰の対象を〈真なるもの〉として認めることがそもそも可能であるためには、信じる者がこの対象をまさに真であると確信し、自ら自身でそのことを確証するという、主体的な「知」のはたらきが欠かせないからである。(8) 他方で、ヘーゲルによれば、有限な精神が獲得する「知」は、個別的であると同時に普遍的であると理解される。こうした普遍的な自己知によってこそ、ヘーゲルの宗教哲学は「哲学」としての境地を獲得するのである。(9)

一　有限な精神が自己意識へと至るプロセス
――自然のままであること――

宗教において何よりも重要なのは、有限な存在者が、信仰を通じて自らを超越した無限なものへと向かうという、より高次のものへの関わりであるのはいうまでもない。無限なものは、有限な存在者より高次のものである。その限り両者の間には明確な区別が引かれているといえる。だがだからといって、無限なものが有限な存在者にとってどこまでも未知のものにとどまり、接近不可能であることなどあり得ない。むしろ無限なものは、有限な存在者に対して何らかの仕方で明らかとなり得る。なぜならもしそうでなければ、自分が信仰する対象がどのようなものなのかが分からないだけでなく、そもそも信仰の対象に対する関わりといったことすら不可能なはずだからである。

とはいえ、そもそもそうした〈関わり〉は一体どのようにして可能なのだろうか。有限な存在者がそれ自身を超えるようなものをとらえるということは、果たして可能なのだろうか。もし実際に可能だとすれば、有限な存在者が真実には一体何者であるのかということや、その本質がいかなるものであるのかが問われる必要があろう。

以上のことからすれば、宗教において問題となるのは、単に信仰の対象としての無限なものだけにとどまらない。のみならず、無限なものへと近付こうとする有限な存在者が自ら自身として存在するという、このことの意味や本質が一体どのようなものなのかも問われてくる。ヘーゲルは、このことを「神の知」を手掛かりに示そうとする。ヘーゲルによれば、「神の知」とは、信じる者が信仰の対象を「知る」ことを意味するだけでなく、対象についての「知」を介して、信じる者の「自己」が他ならぬ自ら自身にとって明らかになることなのでもある。別の仕方で表現すれば、「神の知」とは、有限な存在者が他ならぬ「知る」という自らのはたらきにおいて、それ自身〈無限なもの〉によって知られるということなのである。

だとすれば、有限な存在者が〈無限なもの〉にとって全く疎遠であることなどあり得ない。むしろ両者は、「知」において互いに対して明らかとなるのであり、またまさにこうしたことのうちに、両者の「精神」としての在り方が成り立つといえる。以上のことを念頭に置きつつ、以下では有限な精神がまさしく「精神」であるのは一体どのようにしてなのか、ということから検討しよう。

a）自然のままである精神

有限な精神は、ヘーゲルによれば、差し当たりのところ、本来的な意味では「精神」であるに至っていない。それは、有限な精神が様々な現定や制約を抱えており、そうした在り方のうちに沈み込んでいるからである。このような在り方は、「自然のままであること（die Natürlichkeit）」（ＶＰＲ1、262）と特徴付けられる。「直接的な自然のままであること（die unmittelbare Natürlichkeit）は、精神を自由にさせない（den Geist nicht frei läßt）契機である。精神は、自然のままの精神（der natürliche Geist）である限り、自らによって定立されていない」（ibid）。これを踏まえるならば、およそ次のことが分かる。すなわち有限な精神がまさに「精神」であるためには、まずもって「自然のまま」の在り方のうちに埋没せず、そうした状態から脱する必要がある。その上で有限な精神は、自らを「精神」としてとらえ、自覚するのでなければならない。

このことが達成されるためには、有限な精神がその内的なあり方をいかなる他のものにもよらず、それ自身の自発的な活動によって「定立」し、展開する必要がある。このことから、有限な精神には次の二つの側面が備わっているのが分かる。すなわち一方には、直接的で「自然のまま」であるという、否定されるべき在り方があり、他方には「精神」としての内的で本来的で、まさしくそのものとして実現されねばならないような在り方がある。有限な精神にとって、その内的で本来的な在り方は、単に「素質」といったものにとどまってはならない。むしろそうした在り方は、有限な精神自身によって自覚され、まさしくそのものとしてとらえられる必要がある。

「人間は、もともとそれ自体で善い（Der Mensch ist gut an sich）――すなわち人間は、内的な仕方で（auf innerliche Weise）のみ善く、その概念からして（seinem Begriff nach）のみ善いのであって、したがってその現実性からして（seiner Wirklichkeit nach）善いわけではない。人間は、精神である以上、現実的に、すなわち自らに対して、自らが真実にそれであるところのもの（was er wahrhaft ist）であらねばならない」（ＶＰＲ３、２２１）。

このように、内的なものは、同時に現実的なものでもあってこそ、真の意味で「内的なもの」として存在するといえる。精神は、自らをまさしく精神であるととらえることによってこそ、はじめて「精神」なのである。この点については、次の文章からも明確に見て取れよう。「精神は、もともとそれ自体で精神であるはずなのではない（der Geist soll nicht an sich Geist sein）。むしろ精神は、それが自らにとって存在することによってこのみ、精神なのである（er ist nur Geist, indem er für sich ist）」（ＶＰＲ３、１３４）。

有限な精神が自らの内的な在り方を自覚することに伴って、この精神のうちに「分離（die Trennung）」が生じることになる。なぜ「分離」が生じるのかといえば、次のことによる。すなわち有限な精神は、まずもって「自然のままであること」から自らを引き離そうとする。その際、自らの内的な在り方、あるいは、〈自らが本来それであるところのもの〉に照らし合わせてみるならば、「自然のままであること」が自らにとってふさわしくないことが当の有限な精神自身に対して浮き彫りとなる。「自然からして善い（von Natur gut）」とはすなわち、直接的に良い（unmittelbar gut）ということである。精神は、自然のままのものや直接的なものであるのではないという、まさしくこうしたものである。人間は、精神である限り、自然のままであることから抜け出して、自らの概念と直接的な定在という両者の分離へと移行するという、こうしたものである」（ＶＰＲ３、２２１ｆ.）。

ここに示されるように、有限な精神のうちに自己意識という契機が生じるためには、この精神は、まずもって「自然のままであること」を脱しなければならない。そのためには、有限な精神は、より高次のものに直面するとともに、このより高次のものと自らとを対比することで自らの有限性を自覚する必要がある。有限な精神は、より高次のものたる無限な精神を不可欠の契機とする。なぜなら有限な精神は、無限な精神から翻って自らを反省することによってこそ、自らの現にある在り方が無限な精神から隔絶しており、自ら自身にとってもふさわしくないことを自覚するからである。

b）「悪」と認識

ところでヘーゲルは、有限な精神が無限な精神から分離している在り方のことを「悪（das Böse）」（VPR3、138）とも呼ぶ。ただしこの場合、何らかの道徳上・法律上の違反を犯すことであるとか、特定の劣悪な性格といったものを意味するわけではない。ヘーゲルによれば、そもそも無限な精神から隔たっており、なおかつ自らがそのような状態のうちにあると自覚する限り、有限な精神は「悪」に他ならないのである。とはいっても、「悪」のうちに否定的な側面しか認められないというのではない。のみならず「悪」のうちには、有限な精神がその内面において本来いかなるものであるのかについて、当の精神自身が思いを向ける、という積極的な側面も含まれている。(10)

注目すべきことに、有限な精神が無限な精神から隔てられてしまう原因は、他ならぬ有限な精神の「認識（die Erkenntnis）」（VPR3、137）のうちにあるとされる。なぜなら、「認識」のはたらきが備わっているものにとっては、現にあるがままの直接的な在り方のうちに沈み込むことは決してふさわしいことではないからである。ただし「認識」は、有限な精神にとって積極的な役割も果たす。すなわち有限な精神は、まさにこうした「認識」のはたらきによって、直接あるがままの在り方から自ら自身を引き離すようになる。そしてまた、こうした在り方を自らに対して客観化するとともに、こうした在り方から自らが本来あるはずの在り方を区別するようになる。有限な精神は、このようにして現に沈み込んでしまっている在り方にとらわれることなく、自らを客観的にとらえるようになる。「認識」と「悪」との間にみられるこうした関係について、ヘーゲルは次のように述べる。「考察（die Betrachtung）、あるいは認識（die Erkenntnis）こそ、人を悪となすところのものである。したがって、認識とは悪であるといえる。また、この認識は、存在するはずのないものであり（diese Erkenntnis es sei, die nicht sein soll）、悪の源泉である」（VPR3、137）。とはいえ、有限な精神は、自らの現にある在り方をとらえるに至ってもなお、本来ふさわしいはずの在り方を実現出来ない状態にとどまっている。

有限な精神は、「自然のまま」であるような〈現にある通りの直接的な在り方〉と、〈本来あるはずのふさわしい在り方〉との対立のうちに置かれ、そこから抜け出せずにいる。ヘーゲルによれば、植物や動物は、こうした対立を抱え込むことはない。なぜならこれらのものには「認識」や〈自覚〉といったものが帰属しないからである。これに対し、「認識」のはたらきによって際立った位置付けを占める有限な存在者は、「悪」やそれに基づく対立・分離に深く結び付いている。「実際、認識こそ、一切の悪の源泉である。というのも、知や意識こそ、次のような行為、すなわち、分離一般がそれによって定立されてしまっているところの行為（Akt, durch den die Trennung überhaupt gesetzt ist）であるのだから」（VPR3、138）。

ここに挙げた引用の場合、ヘーゲルは、旧約聖書の「創世記」冒頭の有名なアダムとエヴァの原罪と楽園追放の話を念頭に置きながら、「認識」と「悪」の連関を考察している。「創世記」では、エデンの園に植えられていた知恵の木の実は、主なるヤハウェによって食べてはならないと禁止されていた。ヘーゲルは、こうした記述について次のように解釈する。すなわちそれによれば、有限な存在者は、それまでは一個の独立した存在としての自己の内面というものを知らなかったのだが、ヤハウェによって定められた禁止を破ることで、そうした内面が存在することを意識するようになったのである。

以上のように、対立や分離といったものに伴って、独立した内面性という契機も生じる。ヘーゲルは、既に一八〇七年刊行の『精神現象学』の「啓示宗教（die offenbare Religion）」章で、「悪とは、精神の自然のままの定在が自らのうちへと向かうこと（das Insichgehen des natürlichen Daseins des Geistes）に他ならない」（ＧＷ９、４１４）と述べ、「悪」の考えに言及している。ここでもヘーゲルは、「悪」という契機とともに、有限な精神独自の内面性が生じるのでもあることを示そうとしている。[11] 有限な精神は、自らが現にどうあるのかを自ら自身でとらえるからこそ、現にあるがままの在り方が自らとってふさわしくないと自覚することが出来るのである。

c）有限な精神の自己意識における対象性

かくして有限な精神は、「認識」に伴う「分離」によって、いわば自らが自ら自身に向き合うようになる。このような仕方で自らが自ら自身にとって存在することは、自らを「このもの」としてとらえるとともに、個別的なものとして存在することを意味する。また有限な精神は、自らの現に置かれている在り方を認識することにより、そうした在り方のうちにただ単に沈み込むことなく、自らがそもそも本来いかなるものであるのかを問うように指し示される。

「人間の自然は、それがそうあるはずのものではない（Die Natur des Menschen ist nicht, wie sie sein soll）。認識こそ、人間に対してこのことを開示する（aufschließt）のであり、また、人間がそうあるはずではないところの存在（das Sein, wie er nicht sein soll）を生み出す。自然のままの人間は、あるはずの通りには存在していない（der natürliche Mensch ist nicht, wie er sein soll）。ここでいう「はず」（Soll）とは、人間の概念（Begriff）のことである。人間がそのようにあるのではないということは、分離において、また人間がもともとそれ自体でかつそれ自らにとってあるところのものとの比較（die Vergleichung mit dem, was er an und für sich ist）においてはじめて生じる」（VPR3、138）。

有限な精神は、こうした「比較」を行うことによってこそ、自己意識へと至り得る。このように、有限な精神の自己意識は、この精神自身による「認識」と「比較」のはたらきによって生じることからすれば、自己関係的なものだといえる。だがその一方で、こうした自己意識の成立に際しては無限な精神が仲立ちとなっているのでもある。したがって、有限な精神に特有な自己意識は、無媒介的であるのではなく、むしろそれ自身のうちに媒介を含んでいる。

こうした理解に対して、自己意識の成立のためにはいかなる他なるものも必要ないのではないか、という疑問が提起されるかもしれない。だがヘーゲルによれば決してそうではない。なぜなら、有限な精神の自己意識は、純粋に自己充足的・自己完結的なのではないからである。そのことは次の点から理解される。すなわち、そもそも自らを自ら自身としてとらえるためには、「として」という言葉に示されるように、区別のはたらきが不可欠である。だが有限な精神は、「自然のまま」の在り方のうちに沈み込んでいる限り、自らを自ら自身から引き離し、自ら自身のうちで区別付けを行うことが出来ない。こうした区別付けが可能となるためには、有限な精神に対してより高次のものが立ち現われねばならない。

以上のようにして、有限な精神は、対象的なものとしての無限な精神を介することで、はじめて本来的な意味で自己意識へと至る。とはいえ、こうしたことを通じて生じるのは、現にある在り方があってはならないものとして否定されることだけではない。のみならず、有限な精神が本来どのようなものであるのかということと、換言すればその本質的なあり方が浮かび上がってくるのでもある。どういうことかというと、有限な精神は、より高次のものに向かうものとしてとらえ返されることで、それ自身において「普遍的なもの」として示されるのである。ヘーゲルは、こうした事情について次のように表現する。

「私は、こうした客観的なものにおいて、〈この私〉(dieses Ich) としては否定されているものの、他方では同時に、自由なもの (Freies) として客観的なもののうちに含まれているのでもある。私の自由は、こうした客観的なものによって同時に保たれている。このことのためには、私が普遍的なもの (Allgemeines) として規定され、普遍的なものとして保たれ、さらに、私が私にとって普遍的なもの一般としてのみ重要である (mir nur gelte als Allgemeines überhaupt) ことが必要である」(ＶＰＲ１、２０６)。

ここにみるように、有限な精神は、「この私」としての在り方においてみるならば、否定的なものに過ぎないといえる一方で、その間にもなお現に存立し続けているのでもある。有限な精神は、より高次のものの前に消え去ってしまうのではない。むしろ無限な精神に直面することで、自らを普遍的な相の下に見つめ直す。有限な精神は、こうしたことにより「自由なもの」へと高められる。その際、有限な精神が自らをより高次のものとして意識するためには「客観的なもの」が不可欠である。そうである以上、この「客観的なもの」は、有限な精神からかけ離れたものではなく、むしろ、何らか通じ合うところあるのでなければならない。以下では、このことが一体どのようにして可能なのかについてみていこう。

二　精神が精神を証しする――〈対象を知ること〉と自己意識――

a）精神の証し

中世の思想家であるアンセルムス（一〇三三～一一〇九）は、「我知らんがために信ずる（credo ut intelligam）」と述べている。この言葉に示されるように、信仰に立脚しつつも、そこからさらに進んで知の境地にまで到達することは、宗教や神学においても極めて重要な事柄であることに変わりはない。[12] そもそもキリスト教では、パウロ書簡の中で「わたしたちは、今は、鏡におぼろに映ったものを見ている。だが、そのときには、顔と顔とを合わせて見ている」と述べられており、神と「顔と顔とを合わせて（facie ad faciem）」神を直視することが信仰の目標であるとされていた。[13]

これを踏まえるならば、信仰においては、見知らぬものや窺い知ることの出来ないものではなく、むしろ明らかであるものに対して関わることが肝心であるのが分かる。信仰の対象は、信じる者にとって窺い知ることの全く不可能なもの、疎遠なものではあり得ない。ヘーゲルはこの点をとりわけ強調する。信じる者は、真なるものをまさしくそのものとして認めることが出来なければならない。なぜなら、信じる者は、真なるものについて単にあれこれと推し量るだけでなく、それを明確な仕方でとらえることが出来なければならないからである。さもなければ、信仰は、単なる盲信や迷信、さらには狂信となってしまうだろう。

したがって、真なるものをとらえることがそもそも可能であるとすれば、信じる者は、純然たる有限なもの・制限されたものに過ぎないことなどあり得ない。むしろ信じる者自身のうちには、無限な精神と通底する何かが認められるのでなければならない。

信じる者が自らにとっての対象を明確にとらえることは、この対象のうちに自ら自身に固有なものの反映を認めることにより、自ら自身へと振り返って、他ならぬ自らのうちにまさにそうした固有なものが存在するのを洞察することを意味する。ヘーゲルは、このことを「精神が精神について証しすること（das Zeugnis des Geistes vom Geist）」と特徴付ける。

「私は信仰において、信仰の根底であるところのものを自らのものとする。すなわち信仰の根底は、私にとって他なるものである（ein Anderes für mich zu sein）のをやめる。我々は、真の信仰（der wahrhafte Glaube）をこう規定することが出来る。すなわち真の信仰とは、私の精神の証し（das Zeugnis meines Geistes）であり、精神が精神について証することである、と。そのことのうちには、信仰においてはいかなる他の外的な内容も座を占めることはない、ということが含まれる。精神が証しするのは精神についてだけであり、外的なもの（das Äußerliche）についてではない」（ＶＰＲ１、２３８）。

ここで「証し」ということが意味するのは、その対象たる無限な精神をはじめて存在させることでは決してない。別の言い方をすれば、「証し」によって今まで存在しなかった何かがはじめて生み出されるわけではない。無限な精神は、それ自身によって、かつそれ自身において存在する。そうである以上、真なるものは、その外なるのかによって〈真である〉と認められることではじめて、まさしく真なるものとなるのではない。むしろ真なるものは、こうした認めるはたらきを支え、成り立たせる根底をなす。したがって、有限な精神による「証し」は、こうした根底を他ならぬ当の有限な精神自身に対して明らかにする役割を果たしているといえる。

b）精神は精神に対してのみ明らかとなる

有限な精神の「証し」は、この精神自身が遂行する自発的な活動として理解される。だが同時に、こうした自発的な活動は、「証し」によって明らかとなった当のものを、換言すれば、無限な精神をその根底とするのでもある。このことは、精神の「証し」のうちに媒介の契機が含まれていることを示している。ただし媒介が介在するからといって、活動の自発性が損なわれるわけではない。むしろその反対に、「証し」が媒介の契機を含むことによってこそ、有限な精神自身が無限な精神のうちに根差しており、両者が完全に異質で隔絶しているのではないことが明らかとなる。

「あらゆる活動性（Tätigkeit）は媒介されている。所産としてもたらされるもの（was hervorgebracht werden soll）は、もともとそれ自体でかつそれ自らに対して既に存在していなければならない。活動性とは、定立すること（Setzen）に他ならず、また、自らに対してあることという規定を分かち与える（erteilt nur die Bestimmung des Fürsichseins）ことに他ならない。精神的な活動性は、定立されるべきものの前提（Voraussetzung des zu Setzenden）のもとでのみ可能である」（ＶＰＲ３、１６２）。

ここに見るように、有限な精神が無限な精神に対して「証し」を与え、それを自らに対して明らかなものとすることとは、同時に自ら自身が無限な精神に根差しているのを知ることでもある。有限な精神は、自らとは無縁で異質なものを明らかにするのではなく、むしろ、他ならぬ自ら自身にとって最も固有なものを明らかにするのであり、自ら自身の根底を明らかにするのである。

このように、「証し」とは、「精神」であるところのものが同じく「精神」であるところのものを認めるということであり、換言すれば、精神に対して精神が明らかになるということである。これを別の角度からみるならば、精神は、それ自身「精神」であるところのもの以外のいかなるものによっても「証し」を与えられることはない、というのと同じである。だとすれば、対象としての精神を知るには、同時にその対象を知る者自身が、他ならぬ自ら自身を「精神」として知るのでもなければならないことが分かる。対象についての知は、ここでは同時に自己知なのである。

c）「真の信仰」と認識

対象としての精神をまさしく「精神」としてとらえることは、以上にみるように、実際には外なるものや別のものへと向かうことを意味しない。むしろ、〈対象をとらえる〉というはたらきが真に意味するものとは、有限な精神の自己認識に他ならないのである。このようにみるならば、次のことが明らかとなる。信仰とは、ただ単に自らが信じる対象に没入し、自己を無化して顧みないことであり得ない。むしろ信仰とは、対象を通じて自らの「自然のまま」の在り方を見つめ直し、それにより他ならぬ「自己」において対象に向き合うことなのである。

「真の信仰」がまさしく「真」たる所以は、信じる者が真なる対象を通じて自らの真の在り方を自覚することのうちに求められる。ただしこの場合、〈自覚〉ということが意味するのは、信じる者が「自然のまま」にあるような直接的な在り方や現にある通りの在り方を単に事実的にとらえ、直視することにとどまらない。

そうではなくて、このことが意味するのは、信じる者自身が、自ら本来の在り方とはそもそもどのようなものであるのかについて省察し、そうした本来的な在り方を見出そうとすることなのである。その一方で、この信仰が真の意味での「信仰」であるのは、有限な精神が表明する〈私は信じる〉という言葉に示されるような、自発的でありそれ自身に立脚する在り方や態度をその基礎とするだけではなく、信仰の対象がそれ自身において存在し、それ自身によって真なるものであるところの「客観的なもの」であることに基づいている。

これに対し、「直接知（das unmittelbare Wissen）」の立場は次のように主張する。すなわち〈私は信じる〉という、単に「主観的」であるに過ぎないような態度こそ、一切の真なるものを「真なるもの」たらしめる基礎である。したがって一切の内容は、それ自身のうちに含まれる「客観的な」実質によって真であるのではなく、むしろ〈私は信じる〉ということを尺度とする。こうした主張に対して、ヘーゲルは、一八〇二年に刊行された『信仰と知』以来一貫して批判的な態度をとり続けてきた。これについては既に第一部でも触れた通りである。

それからしばらく後の一八三〇年に刊行された『エンチクロペディー』第三版の「論理学」の「予備概念（Vorbegriff）」で述べられているように、もし仮に「私が私の意識のうちにある一定の内容を見出すという主観的な知や確言（die Versicherung）が、真だと称されるものの基礎（die Grundlage dessen, was als wahr ausgegeben wird）である」（GW20、111）とすれば、いかなる内容であれ、たとえどれほど真なるものにふさわしくないように思われようとも、「真である」とされてしまうことになろう。だが第三部でみたように、真なるものを「客観的世界（die objective Welt）」のうちにもたらそうとする活動は、今まで存在していなかったものを「客観的世界」のうちにはじめて持ち込むことを意味しない。むしろこの活動は、「客観的世界」そのもののうちに真なるものを認めるという、「認識」のはたらきであると理解される。

精神の「証し」は、以上のように、信仰であると同時に、「認識」や知のはたらきでもある。その一方で、「証し」は、客観的な側面を併せ持っているのでもある。こうした客観的な側面については、次のように述べられている。「こうした客観的な立場だけが、形成された仕方で、また、思考するという仕方で（auf gebildete, denkende Weise）精神の証しを行うことが出来るのであり、かつそのような仕方で精神の証しを言い表すことが出来る」（VPR3、268）。とはいえ、「真の信仰」は、信仰の対象たる無限な精神に対し、ただ単に「客観的な」仕方において関わるだけではない。なぜなら有限な精神は、対象へと向かう自ら自身の「自己」そのものの真の在り方とは一体どのようなものであるのか、ということについて省察するからである。したがって、「真の信仰」における対象への関わりとは同時に、信じる者自身の「自己」を高められたものとすることでもあるといえる。(14)

d）対象性と自己確信 ——精神は、精神によってのみ認識される——

ヘーゲルは、精神が精神によってのみ認識されるということを、若い頃から一貫して主張し続けてきた。一七九八年から一八〇〇年にかけて書かれたと推定される『キリスト教の精神とその運命（Der Geist des Christentums und sein Schicksal）』と題された草稿では、知よりもむしろ、愛や生における合一という思想が支配的である。だが注目すべきことに、そこでは同時に〈精神の精神による認識〉という考えも打ち出されている。

「それ自身精神であるのではないようなものが、一体どのようにして精神を認識することが出来ようか。精神の精神に対する関係（die Beziehung eines Geistes zu einem Geiste）とは、調和の感情（Gefühl der Harmonie）であり、両者の合一（Vereinigung）である。異質なもの（Heterogenes）どうしがいかにして合一し得るというのか。神的なものへの信仰（Glauben an Göttliches）は、信じる者自身のうちに神的なものが存在することによってのみ可能である。すなわち信じる者は、自らが信仰するもののうちに自ら自身を見出すのであり、自らの固有の本性（seine eigene Natur）を見出すのである」（ＳＷ１、３８２）。

これによれば、信じる者が対象のうちに認めるものは、その者にとって「異質」なものではなく、むしろ「固有」なものであると理解される。だとすれば、信仰の対象との「合一」が可能なためには、対象のうちに他ならぬ信じる者自身の「自己」の反映を見出すことが出来なければならないだろう。したがって、信じる者は、無限な精神という対象に関わるに当たり、対象についての知とともに、確信をも獲得する必要がある。(15)『宗教哲学講義』では、これと同様な仕方における対象と確信の関係について、次のように述べられている。

「自己意識は、絶対的な内容について知る限り、そしてまた内容の確信（Gewißheit des Inhalts）である限り、自由である。すなわち自己意識は、その特異性（Partikularität）を、また〈自らにとってあること〉や〈個としての自ら自身から自らの対象を締め出す〉といったような、他を寄せ付けない在り方（die Sprödigkeit des Fürsichseins, seines sich einzelnen Ausschließens vom seinen Gegenstand）を自分から脱ぎ棄てる。自己意識は、そうすることで自らの本質について知る。また、自己意識がこうした自らの対象に対して与える証し、すなわち、この対象が真なる対象であるとする証しは、自己意識自身の証しである。自己意識は、こうしたことにおいて真理の確信（die Gewißheit der Wahrheit）を有する」（VPR1、243）。

この文章がいわんとするのは、無限な精神が有限な精神に対してまさに真なるものとして示されるためには、有限な精神が他ならぬ自ら自身において対象を「真である」と認めなければならない、ということである。有限な精神は、このようにして無限な精神を真なるものと認め、「確信」することによってこそ、対象から隔たっているような在り方、換言すれば、単に「個別的」で「特異」であるような在り方を脱し、自ら本来の普遍的な在り方を実現する。このようにしてこそ、有限な精神は「真理の確信」を得ることが出来る。その際、ここでいう「確信」は、有限な精神の特異で「自然なまま」の在り方が廃棄されるという過程を経た上で獲得されるのだから、恣意的で偶然的な性格のものではあり得ない。むしろ「確信」は、無限な精神という「絶対的な内容」に基づいており、「普遍的」なものとしての性格を備えている[16]。

ところでヘーゲルによれば、無限な精神は、〈有限な精神が自らを普遍的な知において知る〉というまさにこのことにおいて、自ら自身を無限な精神として知るのであり、換言すれば、〈自己知〉のはたらきを行うと理解される。この場合、「証し」を与える有限な精神のみならず、「証し」の対象たる無限な精神自身も同様に「自己意識」として特徴付けられねばならない。だとすれば、このことが一体どのようにして可能であるのかが問題となる。そこで以下ではこの問題について検討しよう。

三　無限な精神に固有な契機としての有限性――精神は自らを顕わす――

a）「神的な契機」としての有限性

右でみたように、無限な精神は、有限な精神によって明らかなものとして知られ得る以上、有限な精神にとって隠れたものや近付き得ないものではあり得ない。[17] 無限な精神がより高次のものであるのはその通りである。だが有限な精神がより高次のものを知るということは、自ら自身を高められたものとして自覚することを意味するのでもある。無限な精神は、このようにして有限な精神にとって内的な仕方で連関する。

注目すべきことに、無限な精神は、より高次のものであるからといって、有限な精神を超越し隔絶したものとはされていない。むしろ〈有限である〉ことは、無限な精神自身に固有の契機として帰属する。〈有限である〉ことは、無限な精神にとって異質で疎遠なことがらなのではない。この点について、ヘーゲルは次のように強調する。「有限なものは、無限なものの本質的な契機（ein wesentliches Moment des Unendlichen）である。有限なものは、神の本性（die Natur Gottes）のうちに存在する。だとすれば、神こそ、自らを有限化する（sich verendlicht）とともに、自らのうちへと諸々の規定を定めるものだといえる」（VPR1、212）。ここにみられる〈それ自身のうちに有限を含む無限〉という考えは、第一部でみたように、一八〇四／五年の『体系構想II』の「論理学」以来、ヘーゲルが一貫して主張してきたものである。[18]

今挙げた引用からも明らかなように、ヘーゲルは、『大論理学』で展開される思弁的論理学のみならず、宗教哲学においても、〈それ自身のうちに有限を含む無限〉の考えに対して極めて重要な位置付けを与えている。この考えは、〈人となった神〉と〈神の十字架における死〉という、キリスト教の中心的教義の意味を、ヘーゲルが若い頃から考え抜き、自らの哲学的理論に取り入れる過程で次第に形成されてきたものである。ヘーゲルによれば、有限なものや、それが自然のままである限り伴う「もろさ」や「弱さ」といった「否定的」なものは、無限な精神に無縁であるのではない。一八二七年度の講義では、この点について「神は死せり」という有名な言葉を引き合いに次のように言い表される。

「神自身死せり（Gott selbst ist tot）とルターの賛美歌にある。それにより、人間的なもの、有限なもの、もろいもの（das Gebrechliche）、弱さ（die Schwäche）、否定的なものが神的な契機（göttliches Moment）であり、かつそうしたものが神自身のうちにあり、そしてまた、有限性、否定的なもの、他であること（das Anderssein）が神の外にあるのではなく、むしろ他であることが神との統一を妨げることはない、という意識が表明されている。他であること、否定的なものは、神的本性そのものの契機（Moment der göttlichen Natur selbst）として知られている」（ＶＰＲ３、２４９ｆ.）。

周知のように、パウロ書簡では、「力は弱さの中でこそ十分に発揮される」と述べられている。そもそも、キリスト教は、人間特有の「弱さ」や制約といったものを積極的なものとして受け止めてきた(19)。このように、「弱さ」を神的なものへの関わりにとって妨げとなるものとして退けるのではなく、むしろ、それを介して神的なものとの密接な関わりを明らかにしようとする態度は、他の宗教や文化にはみられない独特なものであり、キリスト教を際立たせるものであるといえよう。たとえば古代ギリシアにおいては、人間の最も優れた部分が神的なものに触れるという理解が広まっており、それ以外の低次の部分は神的なものに与らないとされている。

この点は、プラトンやアリストテレスといった、古代ギリシアの哲学者たちでも同様であり、また既にキリスト教が普及し始めたローマ時代に活動した、新プラトン主義哲学者のプロティノスも例外ではない。

かくして、無限な精神自身のうちには有限であることやそれに伴う様々な契機が含まれている。だとすれば、より高次のものたる無限な精神は、一部の限られた範囲の者だけにとどまらず、およそ有限な存在者たる限りの全ての者にとって近付き得るのであり、知られ得るといえる。無限なものへと関わるということは、限られた者だけに認められた特権なのではなく、誰にでもその者自身の本質からして近付き得るのであり、開かれているのである。

b）有限性における「和解」の成就

かくして、無限な精神について次のようにいうことが出来る。すなわちそれは、自らのうちに「有限性」を含むからといって、自ら自身であることを失うことはなく、むしろそれ自身において無限であり続ける。有限な精神は、こうした無限な精神に立脚することによってこそ、「自然のまま」のあり方を脱することが出来るようになる。有限性は、有限な精神と無限な精神と間の密接な関係を妨げるのではない。

「〔有限性と神の普遍性（die Allgemeinheit Gottes）という〕両側面は、単にそぐわない（unangemessen）のではない。むしろ、このようにそぐわないにも関わらず、両者の同一性が存在するのである。他であること、有限性、弱さ、人間本性のもろさ（die Gebrechlichkeit）は、和解の実体的なものをなす神的な統一（göttliche Einheit, die das Substantielle der Versöhnung ist）に対して、いかなる損害も与えることが出来ない」（ＶＰＲ３、

235、〔　〕内は論者による補足）。

有限な精神は、もっぱら認識や思考という、その最高・最善のはたらきを行う部分において、かつその部分においてのみ無限な精神との「和解」を果たすと見做されるかもしれない。だが実際には、そうした最高の部分だけが無限な精神と触れ合うのではない。むしろ有限な精神は、「弱さ」や「もろさ」といったものをもひっくるめたその在り方において、無限な精神との和解を果たすのである。[20]

とはいえ、有限な精神は、無限な精神との隔絶を解消し、自ら自身を「精神」として知り、それにより、自らの内なる無限を見出すとしても、それ自身が無限な精神そのものになり変わるわけではない。有限な精神は、それ自身において無限でありつつも、まさしく有限な精神として存在し続ける。これを別の角度からみるならば、有限な精神が無限であるということは、その存在が無限な精神によって保たれているということである。このようにして、無限な精神は、他ならぬそれ自身のうちに「有限性」や「弱さ」や「もろさ」という契機を内包しており、有限な精神自身の「自己」を支え、生かす役割を果たす。

以上のことから、「和解（die Versöhnung）」とは、隔たりや対立から逃避することを意味するのではなく、むしろそうしたものを自らのうちに引き受けると同時に、自ら自身の本質を真の意味で自ら固有のものとすることであるといえる。この点について、ヘーゲルは次のように表現する。

「和解とは、こうした分離であるとか、こうした引き離しの否定（die Negation dieser Trennung, dieser Scheidung）であり、互いのうちに自らを認識すること（sich ineinander zu erkennen）であり、さらには自らを自らの本質において見出すこと（sich in seinem Wesen zu finden）である。和解とは、このようにして自由（die Freiheit）なのである。したがって、自由とは、静止的なもの（ein Ruhendes）なのではなく、むしろ活動であり、疎遠さを消失させるという運動（die Bewegung, die Entfremdung schwinden zu machen）なのである」（VPR3、107）。

ところで、ここにみるような「和解」の考えは、キリスト教では、神的なものから有限な存在者に対して無償で与えられる「恩寵（gratia）」という教義のもとに理解されてきた。それによれば、「創世記」冒頭の記述にみられるように、アダム以来人類全体に伝播している遺伝的な原罪のため、有限な存在者は、自力では和解に至り得ない。そのため、恩寵の賜物が与えられるのを忍耐強く待ち望まなければならないとされる。こうしたキリスト教的理解に従うならば、有限な存在者は、無償の賜物が与えられることに対して、それ自身ではいかなる功績や貢献を果たすことがなく、ひたすら受動的に他からの働きかけを待ち続け、耐え忍ばなければならない。

これに対しヘーゲルによれば、「和解」の成立のためには、有限な精神自身の自発的な活動が不可欠であり、積極的な契機として認められるべきだとされる。なぜなら、自ら自身とは異なるものからの働きかけを受け取るというだけの受動的な態度は、有限な精神が「精神」である限り、およそふさわしいものではあり得ないからである。むしろ有限な精神は、自発的な活動や関わりを遂行することによってこそ、はじめて真の意味で自ら自身のもとにあり、「自由」を獲得するといえる。このことを踏まえるならば、無限な精神は、有限な精神をそれ自身の自発性によって〈自己自身である〉に至らしめる内在的な根源をなしているといえよう。[21]

c）〈自らを顕わすもの〉としての無限な精神

ところで注意すべきことに、「証し」を行う有限な精神だけが活動的なのではない。そもそも「精神の本性とは顕わすことである」のだから、無限な精神自身もまた、自らを顕わすことで活動的であると理解される。この点については、次の文章からも明確に見て取れよう。「神は、自らのうちに閉ざされているものや現象しないものとしてとらえられてはならない。むしろ神は、精神としてとらえられねばならない。現象しない神など、抽象的なもの（ein Abstraktum）ものである」（VPR1、229）。ここにみるように、無限な精神には「現象（die Erscheinung）」の契機が属する。ここでいう「現象」は、他なるものに対して自ら自身を顕わすことを意味する。その際無限な精神は、単に他なるものに対して関わるだけではない。のみならず、他なるものとの関係を通じて自らを意識するのでもある。したがって、有限な精神と同様、無限な精神にも自己意識が帰属する。

ただし、両者の間ではその仕方が異なる。すなわち有限な精神の方は、関係する相手のうちに自らの固有なものの反映を認めることにより、他ならぬ自ら自身のうちにこうした固有なものを認め、自己意識を獲得するのであった。これに対し無限な精神は、有限な精神に対して自らをあるがままに顕すことで、まさにそうした〈自らを顕すところのもの〉として自らを意識する。この場合、無限な精神は、その一部だけを顕すのではない。むしろそれは、有限な精神によってあるがままに知られるのである。[22] かくして無限な精神は、有限な精神によって知られることを通じて、自ら自身を意識する。

これに関連することが『精神現象学』の「啓示宗教」で既に述べられている。そこでは、「神的本質が人となること（die Menschwerdnung des göttlichen Wesens）」（GW9、405）において、この「神的本質」が「精神として知られる」（ibid）とされていた。またそこでは、「精神」に対して次のような特徴付けが与えられていた。「精神とは、自らの外化において自ら自身を知ること（das Wissen seiner selbst in seiner Entäußerung）である。精神とは、自らの他であることにおいて自ら自身との等しさを保ち続ける運動であるところの本質（das Wesen, das die Bewegung ist, in seinem Anderssein die Gleichheit mit sich selbst zu behalten）である」（ibid）。

ここからも窺われるように、精神は、他ならぬ自ら自身にとって「精神」として存在すると同時に、他なるものに対して自らを「精神」として開示するのでもある。精神は、こうした他なるものによって、かつ他なるものにおいて「精神」として知られることではじめて、真の意味で「精神」として存在するのである。そうである以上、精神は、同じく「精神」であるところの他なるものに対して、まさしく「精神」として明らかとならねばならない。[23] このような仕方における〈精神の他なるものへの関わり〉とは、他なるもののうちに自ら自身に固有のものを見出し、まさにそうしたものとして認めるという、自己確証に他ならない。[24]

だがだからといって、そのことが意味するのは、他なるものを閑却してしまうということでは決してない。むしろ精神は、同じく「精神」であるところの他なるものに対してこそ自らを顕わにするのだから、他なるものがまさしくそれ自身として存立することを認める。したがって無限な精神は、他なるものの存立が保たれるべきことを認めるのである。無限な精神は、このようにして有限な精神を承認することによって、自己意識するのである。こうした事情については、次のように言い表される。「啓示する（Offenbaren）とは、他なるものに対して存在するのだとして自らを規定する（sich bestimmen, zu sein für ein Anderes）ことである。こうした啓示することであるとか、自らを顕すこと（sich Manifestieren）は、精神の本質そのものに属する。明らかとなっていないような精神（ein Geist, der nicht offenbar ist）など精神ではない」（ＶＰＲ３、１０５）。ここにみるように、無限な精神にとって、「他なるもの」に対して自らを「啓示すること」が必然的であるとすれば、「他なるもの」は、取るに足らないようなものに過ぎないのでもなければ、無化されるべきものでもあり得ないだろう。

d）精神における〈他なるもの〉

ところで、無限な精神についてみるならば、それが〈他である〉ということは、単に有限な精神との関係において成り立つだけなのではない。なぜなら、無限な精神にとっての他なるものとは、単に有限な精神のことを意味するだけにとどまらないからである。のみならず無限な精神は、自らを示すというまさにこのことによって、他ならぬ自ら自身にとって他なるものとなる。別の言い方をすれば、無限な精神にとっての他なるものとは、「自ら自身の他なるもの」に他ならないのである。ここに再び、「自ら自身の他なるもの（das Andere seiner selbst）」という、これまでの考察でもみてきた契機が登場する。

無限な精神が「自ら自身の他なるもの」であるというのは、次のような仕方で理解される。すなわち無限な精神は、自らにとって他となることで有限な精神に対して自らを示しつつも、同時に自ら自身であり続けている。したがって無限な精神は、有限な精神との関係においても自己同一性を失うことはない。このように、自らが自ら自身にとって他なるものとなり、こうした他なるものにおいて自己同一的であり続けるという考えは、第一部でみたように、イエーナ期以来一貫してヘーゲルの思索の重要なモチーフの一つをなしている。(25) こうした自己同一性の考えに基づいてこそ、先にみたように、無限な精神自身にとって、有限な精神が抱え込む

「もろさ」や「弱さ」といった契機が疎遠ではないことが明らかとなる。さらにこのことにより、無限な精神と有限な精神との間の分離や隔絶が解消され、両者が「和解」へ至ることが可能となるのでもある。

これまでみてきたような、自らの活動によって自ら自身を担うという、自立的で自発的な在り方のことをここで「主体性」と特徴付けることにしよう。そうすると、有限な精神が自らにおいて「証し」を行い、この「証し」によって自らを知る以上、「主体性」が有限な精神に帰属するのが分かる。だが有限な精神が自らをまさしく「精神」として知るには、単に自ら自身のうちにとどまるのではなく、対象的なものとしての無限な精神へと関わる必要がある。だとすれば、自らを自ら自身で担うという、有限な精神の在り方は、対象的なものとしての無限な精神との関係において一体どのようにとらえ返されるのが問題となる。以下では、この点について検討しよう。

四　有限な精神の主体性とその根源

a）有限な精神の自発的な活動としての「証し」

無限な精神が自らをあるがままに顕わす活動は、いかなる第三者によるのでもなく、他ならぬ無限な精神自身によって遂行される。この活動は、無限な精神自身に特有な「主体性」に基づいている。(26) その際無限な精神は、それ自身のうちに閉ざされたままにとどまるのではない。むしろそれは、有限な精神という「他なるもの」に対して自らを開示するのであり、またそのことによって「他なるもの」との関係へと歩み入る。

ただし無限な精神は、「他なるもの」と関係するからといって、何らかの限定や制限を受けて、その結果

「無限」なものではなくなってしまうことはない。なぜならここでいう「他なるもの」は、無限な精神にとって疎遠なのではなく、無限な精神に根差した上ではじめて真の意味で存在するのだからである。無限な精神は、このようにして「他なるもの」との関係において同時に自ら自身へと立ち返っており、自らのもとにあり続けている。換言すれば、無限な精神は、他なるものとの関係において自己意識するのである。(27)

これに対し有限な精神は、無限な精神に対して「証し」を与えることを通じて、自ら自身を知るに至る。有限な精神は、こうした活動を遂行するにより、無限な精神と同様に「主体性」をなす。(28) その際この「証し」は、いかなるものによっても強制されることはなく、自発的になされる。したがって有限な精神は、こうした活動においても自らを自ら自身によって担うといえる。ヘーゲルは、『精神現象学』の「絶対知」章の中で、精神の自発的な活動性について次のように強調している。

「精神とは、［中略］単に自己意識が自らの純粋な内面性へと引き下がること（das Zurückziehen des Selbstbewußtseins in seine reine Innerlichkeit zu sein）に過ぎないのでもなければ、自己意識が実体や自らの区別の非存在へと単に沈潜すること（die bloße Versenkung desselben in die Substanz und das Nichtsein seines Unterschiedes）なのでもない。むしろ精神は、自己（das Selbst）が自ら自身を外化し（sich seiner selbst entäußert）、自らの実体のうちへと沈潜するという、こうした自己の運動（Bewegung des Selbsts）なのであり、また同様にして、自己が主体（Subjekt）として存在することで、実体から自らのうちへと向かい、実体を対象や内容となすとともに、さらには、対象性や内容というこうした区別（Unterschied）を止揚するという、こうした自己の運動なのである」（ＧＷ９、４３１）。

ここに示されるように、自らの自発的な活動によって自ら自身を担うということは、精神にとって極めて本質的なことである。なぜなら精神は、こうした自発性においてこそ、「実体」という、一切の存在の根底さえも自らに固有の「内容」として獲得することが出来るからである。

とはいえ、主体性の考えは、デカルトの「我思う故に我あり（cogito ergo sum）」に示されるように、近代哲学に特有なものであることからすれば、たとえばキリスト教のように古代に成立した宗教のうちに場所を占めるのは筋違いではないか、という異論が提示されるかもしれない。だがヘーゲルによれば、〈思考する自我〉が自ら自身に立脚し、自ら自身を原理とするという考えは、第一部でみたように、ルターに端を発するプロテスタンティズムに極めて深いところでつながっている。ヘーゲル自身、プロテスタンティズムのうちに「人間が自ら独自に思考することという、主体的な原理（das subjektive Prinzip des eigenen Denkens des Menschen）」（SW20、50）をはっきりと認めている。このことからも、有限な精神が無限な精神との関係において遂行する自発的な活動は、積極的なものとして認められねばならないことがはっきりと理解されよう[29]。

b）有限な精神の普遍性と主体性

有限な精神は、以上のようにして自発的な活動を遂行するが、一個の自立的な存在としてみるならば、個別的なものと特徴付けられる。だがだからといって、この自発的な活動は、単なる恣意的な振る舞いを意味しない。なぜなら有限な精神は、それ自身において同時に「普遍的」である限りにおいてのみ、自ら自身に立脚し、自立的なものとして存在することが可能だからである。このことから、普遍性は、有限な精神をまさしくそれ自身として支え、保つ役割を担っているといえる。このことから、「主体性」には同時にそれを支え保つものとしての「実体（die Substnaz）」という契機が不可欠であることが明らかとなる。ヘーゲル自身、「実体に等しいものとしての主体性、あるいは無限な形式（die absolute Form）」（VPR3、104）ということを述べており、「主体性」が「実体」と不可分の関係にあるととらえていた。この点については、第一部で取り上げた〈同時に実体でもある主体〉という、『精神現象学』の序文で表明された思想からも理解されよう。

ところで、有限な精神が差し当たり「自然のまま」であるに過ぎないからといって、そのことは、有限な精神が全くもって無価値であることを意味しない。反対に、有限な精神が「主体性」をなし、自己自身へと至るということは、宗教においても何よりも肝心な事柄なのである。ヘーゲル自身、主体性が有するこうした決定的な重要性について、『宗教哲学講義』の中で次のように明確に述べている。「主体性が絶対的な契機として認識されるということ（daß die Subjektivität als absolutes Moment erkannt wird）は、我々の時代の偉大な進歩である。このことは非常に重要な規定である」（VPR3、101）。〈自らを自ら自身によって担い抜く〉という「主体性」の考えは、極めて優れた意味において近代哲学特有のモチーフであるが、もとよりそれは、単に哲学的思索という特定の一領域の中だけに範囲を限られた問題なのではない。むしろ「主体性」の考えは、各々の者が一個の人間として存在する限りにおいて、いかなる他のものでもないまさに「このもの」としての各々の「自己」そのものに関わる根本的なものであり、各人にとって何よりも身近で固有なものである。ヘーゲルは、まさにそうしたことを「精神の証し」とその自己知を手掛かりにして示そうとしている。

「汝自己自身を知れ（Γνῶθι σαυτόν）」というかのデルフォイの言葉は、既に古代ギリシアの時代に言い表されていた。この言葉は、とりわけソクラテスとプラトンによって、〈魂〉の問題として問い抜かれたのであった。だが、一個人が有限な存在でありつつもそれ自身において無限であり、それ自身のうちに絶対的な価値を有するということは、ヘーゲルによれば、古代においてはなお知られざるままにとどまっていた。自己の内面へと深まることで有限と無限との対立へと陥り、自らのうちに分裂を抱え込むということは、ヘーゲル自身が理解するように、近代という時代に特有の問題だといえよう。[30] 近代における有限と無限とのこうした関係については、次のように言い表される。

「主体が自ら自身のうちへと深まる（sich in sich selbst vertieft）ということは、また有限なものが自ら自身を無限なものとして知り（sich selbst als Unendliches weiß）、この無限性において有限性や対立（Gegensatz）を背負い込んでおり、さらには、この対立を解消すべく駆り立てられているということは、近代世界に属するこうした立場の偉大さである」（ＶＰＲ３、１１２）。

「古代人たちは、こうした対立にまで立ち至ることはなかったし、こうした分裂（Entzweiung）にまで立ち至ることはなかった。こうした対立にまで至るということは、精神の最高の力（die höchste Kraft des Geistes）である。また精神とは、この対立をとらえ、他ならぬこの対立において自らを無限にとらえる（selbst in diesem Gegensatz unendlich sich zu erfassen）という、こうしたことに他ならない」（ibid）。

ここに挙げた引用を踏まえるならば、ヘーゲルが有限なものを軽視し、もっぱら無限なものや絶対的なものだけを重視しているなどという見方は完全に的外れであるのが分かる。なぜならヘーゲルに従うならば、有限な精神は、次のようなものとして理解されるからである。すなわち有限な精神は、自ら自身において自らを無限であると知るとしても、それでもなお有限な存在者としての性格を保持し続けている。その一方で、有限な精神は、有限な存在者としての自らの本質を失うことなく、無限な精神というより高次のものへと向かうのであり、同時にまさにこのことによって、他ならぬ自ら自身を無限であると見出し、自ら自身を高められたものとするのである。[31]

以上のように、自発的な活動によって自らを制限から解き放ち、自らを高められたものにすることのうちにこそ、有限な精神の自由が成り立つ。自由は、他ならぬ有限な精神自身によって実現され、獲得されるのでなければならない。なぜなら有限な精神は、無限な精神との関係においても自ら自身のもとにあり続けており、自らに対して存在するという在り方を失うことがないからである。[32]

このことから、無限な精神は、〈盲目の必然性による運命〉を原理とするギリシアの宗教や、〈強大な威力としての唯一なる主〉を原理とするユダヤの宗教とは異なり、有限な精神自身の本質から隔絶するような疎遠なものでは決してないことが分かる。むしろ有限な精神が自ら自身にとって〈自らが本来それであるところのもの〉として存在するという、まさにこのことこそ、無限な精神にとって何よりの関心事なのである。「今や同時に、人間の尊厳（die Würde des Menschen）は、遥かに高次の立場へと置かれている。こうしたことにより、主体は、絶対的な重要性を得るに至っており、神の関心の本質的な対象（wesentlicher Gegenstand des Interesses Gottes）であるとされる。というのも、主体は、自らに対して存在する自己意識（für sich seiendes Selbstbewußtsein）であるのだから」（ＶＰＲ３、１４０）。

有限な精神に「主体性」が帰属するからといって、いかなる「他なるもの」も介在しないのではない。有限な精神は、自らの活動によって他ならぬ自ら自身の知の対象となるのであり、また自らにとって対象となることのうちには、区別の契機が認められる。有限な精神は、自ら自身にとって対象となることで、同時に自ら自身から区別されるのである。まさにこうした区別のうちにこそ、「他なるもの」の必然性が示されているといえる。

その際重要となるのは、先に第一部、及び第三部で述べたような、「自ら自身の他なるもの（das Andere seiner selbst）」という契機である。[33]自らを自ら自身によって担う「主体性」は、より深いところにおいてみるならば、「他なるもの」のうちにその根を下ろしている。ただし有限な精神は、自らの知の対象となるといっても、ただ単に直接あるがままの在り方において対象となるわけではない。むしろ有限な精神は、こうした在り方を自ら否定することによってこそ、自ら自身にとって対象となるのである。

その一方で既にみたように、無限な精神は、有限な精神に対して自らを示すことで、他ならぬそれ自身にとって「他なるもの」となる。自らにとって他であるという、こうした考えに立脚することによってこそ、無限なもののうちに有限が契機として含まれているのを認めることが可能となるとともに、無限なものを不動のものとしてではなく、自ら活動する「主体性」としてとらえることが可能となる。[34]ヘーゲルが、「有限性の契機を欠いては、いかなる生も、主体性も、生ける神もない（Ohne das Moment der Endlichkeit, da ist kein Leben, keine Subjsktivität, kein lebendiger Gott）」（ＶＰＲ１、２１２）と述べる場合、まさにそうしたことを言い表そうとしているのである。

c）〈自らの内なる無限〉への高揚としての自由

以上のようにみるならば、次のことが明らかとなる。有限な精神は、無限な精神、あるいは絶対的な精神と比べて単に低次のものに過ぎないのでもなければ、取るに足らず退けられるべき否定的なものに過ぎないのでもない[35]。なぜなら、有限な精神に特有の主体性は、他ならぬ無限な精神に根差している以上、決して根絶されてはならないからである[36]。このように、有限が単に打ち捨てられることで無限が立ち現れるのではないことについては、既に『一八〇〇年の体系断片』の中で次のように明確に述べられていたのをここで想起しよう。

「人間のこうした高揚（Erhebung）は、有限なもの（das Endliche）から無限なもの（das Unendliche）への高揚を意味するのではない。――というのも、そういった有限なものや無限なものといった類は、単なる反省の所産（Produkte der Reflexion）に過ぎないからであり、またそのものとしてみるならば、両者の分裂（Trennung）が絶対的であることになるからである――。そうではなくて、有限な生（das endliche Leben）から無限な生（das unendliche Leben）への高揚こそ宗教なのである。この無限な生は、精神と呼ばれ得る」（SW1、421）。

ここに示されているように、有限な精神が自らを超えたところにおいてではなく、他ならぬ自ら自身が担いかつ自ら自身がそこに根差す「生」において〈自らの内なる無限〉を見出すということのうちにこそ、「高揚」の意義があるといえる。有限の内なる無限を求め、見出そうとするこうした姿勢は、一七九〇年代後半から一八〇〇年頃にかけての初期の時期に限らず、そこから二十年以上の歳月を経たベルリン期の宗教哲学にも認めることが出来よう。[37]

ところで、有限な精神の自己知は、対象的なものとしての精神を知ることであるとともに、他ならぬ自ら自身をまさしく「精神」として知ることなのでもある。したがって、ここでいう〈知〉は、自己知であると同時に、一定の対象性を有してもいる。その際、ここでいう「対象」は、同時に有限な精神自身の本質をなしている。だからといって、有限な精神は、直接こうした対象そのものになり変わってしまうのではない。[38] これについては既に述べた通りである。かくして、有限な精神は、「他なるもの」としての対象的なものとの関わりを通じてのみ、〈自らの内なる無限〉を見出すことが出来る。なぜなら有限な精神は、より高次のものによって自らの主体性が支えられ、保たれているのをとらえることによってのみ、自らがそれ自身において普遍的であるのだと意識し得るからである。そもそも信仰とはより高次のものへの関わりであるのだとすれば、有限な精神の自己知においても、こうした関わりが維持されているといえよう。

したがって、有限な精神がより高次のものとしての無限な精神に対して関わることの核心をなすのは、有限な精神がただ単により高次のものへと向かうことではなく、その自発的な活動によって自ら自身の内的な在り方を確かなものとすることだといえる。このようにみるならば、次のようにいうことが出来よう。すなわちヘーゲルが宗教哲学において目指しているのは、単にキリスト教という特定の既存の宗教を擁護することでもなければ、その教義をただ単に哲学的な形式へと変換することでもない。むしろ、宗教という現象のうちにはじめて現実のものとして示されるような、〈自己の内なる無限〉というものや、〈自らのもとにあり、自らに対して存在する〉という自由の考えを、彼独自の哲学的思索の根本問題として引き受け、展開させることこそ、ヘーゲルの目指すことなのである。

自らが立脚する現実の根底を見極めるとともに、自己そのものをも深く掘り下げ、自己をそれ自身において普遍的なものとしてとらえ返そうとするヘーゲルの思索の姿勢からは、今日でも学ぶべきものが数多くあろう。[39] 自由であるものは、自立的であるとともに自発的な活動を行うだけでなく、同時にそうした活動において自ら自身を絶えずその本質のうちに保つのでなければならない。このことは、第二部でみたように、「自由」とは「それが存在するが故に存在する（das ist, weil es ist)」ところの「絶対的必然性（die absolute Notwendigkeit)」としての「実体」の思想を引き受けたものであり、自ら自身に基づいて存在するものとして特徴付けられることからも理解されよう。

活動に向かうあまり自ら自身を見失ってしまうことは、有限な存在者が有限である限り起こり得る。あるいはヘーゲルに従うならば、有限な存在者は、差し当たり自ら自身を見失わざるを得ない、と考えることも出来よう。こうしたことについては、「自然のままであること」についてみてきた通りである。だが有限な存在者は、そうした状態のままにとどまることなく、そこから翻って自ら自身へと立ち返ることが出来る。なぜなら有限な存在者は、その間にも自らの本質そのものを喪失してしまうことは決してないからである。この点については、有限な精神と無限な精神との間の関わりに即してみてきた通りである。

以上のように、有限な存在者は、自ら自身を見出し、それにより自らを自ら自身にとって固有のものとして獲得してこそ、真の意味で自ら自身として存在する。そして、有限な存在者のこのような活動とは一体何かといえば、それは〈知〉に他ならない。「自己意識の自由（die Freiheit des Selbstbewußtseins）こそ、宗教の内容をなす。またこの内容はそれ自身、キリスト的宗教の対象（Gegenstand der christlichen Religion）である。すなわち精神は、自らにとって対象なのである（der Geist ist sich Gegenstand)」（ＶＰＲ３、１００）。ここに挙げた文章に明確に示されているように、自らにとって自ら自身として存在し、自ら自身を知るというまさにこのことこそ、宗教の核心をなすのである。

結び

みてきたように、有限な精神は、〈自己であること〉の根源を無限な精神のうちに有しながらも、他ならぬ自ら自身において自らを知る。有限な精神は、このような〈知〉においてこそ、真の意味で自ら自身として存在する。有限な精神は、宗教において、自らとはかけ離れた異質なものや隔絶したものを求めるのではない。むしろ宗教の核心は、自己をそれ自身固有の本質において知ることにより、〈自己であること〉が自ら自身にとって真に固有のものとなることにのうちこそある。

もとより、宗教哲学が「宗教」を対象領域とする以上、神的なものが何よりも重要であるのは改めていうまでもない。だがそれと同時に、ヘーゲルの宗教哲学がまさに「哲学」たるのは、有限な精神が無限な精神との関わりを通じてそれ自身普遍的なものへと高められ、そのことによって同時に自ら自身を知るという、有限な精神に特有なこうした主体的な〈知〉のプロセスを提示するからに他ならない。有限な精神の〈有限性〉は、ただ単に否定されるだけに過ぎないような消極的なものではあり得ない。むしろ〈有限性〉は、積極的なものとしてとらえ返される。そのことにより、有限な精神うちにその内なる無限が立ち現われるのであり、無限な精神への通路が開かれるのである。

第三部でみたように、『大論理学』の中心的思想をなす「概念（der Begriff）」は、自ら自身の自発的な活動によって〈自らがそれであるところのもの〉を実現することで「人格性（die Persönlichkeit）」をなす。以上の考察を踏まえるならば、「概念」の「人格性」について次のようにいうことが出来る。すなわちそれは、単に純粋な思考の境地にとどまるのではなく、有限な精神が自ら自身を見出し、自らを高められたものとすることを可能にする根底としての役割をも果たしている。その一方で、「概念」がその自発的な活動によって実現したものとは何かといえば、今まで存在しなかったような新しい何かではなく、むしろ「概念」自身がもともとそれであるところのもの、換言すれば「概念」自身の根源的な在り方に他ならない。

〈自己を知る〉ということは、自らがいかなるものであるのかを明確にし、自覚を深めることである。有限な精神は、自らを明確にすることで、自らを一定の仕方で限定する必要がある。なぜなら、有限な精神は、こうした〈限定〉を通じてこそ、自らがいかなるものであるのかを明確に規定することが出来るようになるからである。しかるに、有限な精神は、まさに同じ〈限定〉を通じて、〈自らの内なる無限〉というものを見出す。有限な精神は、このようにして、実際には自らがいかなるものにもとらわれず、自らのもとにあり、〈自由〉であることをとらえる。このように、有限な精神がそれ自身において真の自己へと解き放たれるという思想こそ、今日においてもなおヘーゲルから学ぶべき何よりも肝要なことだといえよう。

結語

以上の各部の考察を通じて、一七九〇年代後半のフランクフルト期の神学論考をはじめとして、一八〇〇年代のイエーナ期における一連の論考や主著である『大論理学』（一八一二～一六年）を経て、一八二〇年代にベルリンで行われた宗教哲学講義に至るまで、ヘーゲルの哲学的思想における主体性の様々な側面を辿ってきた。論述を進める中でとりわけ注目してきたのは、有限な存在者が無限なものとの関係において、自らの本質的な在り方を固有のものとして獲得するのは一体どのようにしてなのか、ということであり、別の言葉で表現すれば、有限な存在者が真に自己自身を知るプロセスとはどのようなものなのか、ということであった。

ヘーゲルの哲学は「絶対者（das Absolute）」の哲学である、とはよくいわれるところである。それは一面では正しい。なぜなら第一部でみたように、ヘーゲル自身イエーナ期の初期から一貫して、無限なものや絶対的なものから切り離されてそれだけで存在する有限なものという考えに対して批判的であったからである。ただしだからといって、ヘーゲルの哲学が「絶対者」の哲学である、とまで単純に言い切るわけにはいかないだろう。このことについては、絶対的なものや無限なものが有限な存在者にとって「原理」として存在する仕方に照らしてみれば明らかとなる。すなわちヘーゲルによれば、有限な存在者が「このもの」たる自己自身として真の意味で存在するのは、一定の原理に立脚するとともに、その上で自らのことを自ら自身において普遍的なものであると自覚するという、自発的なはたらきによるのである。その意味からすれば、真の存在とは「知」に他ならない、ということが出来よう。これを別の角度から見るならば、存在と思考（古代ギリシア語ではそれぞれ ἐόν と νοῦς と呼ばれる）の間の緊張関係という、古代ギリシアの哲学者パルメニデスがはじめて提起した哲学の根本問題の一つに対して、ヘーゲルが独自の解釈を与えようと試みているといえる。

その際、ここでいう「知」は、これまでの論述を踏まえるならば、有限な存在者が自ら自身をとらえることを意味するとともに、この有限な存在者がまさしく自ら自身として存在することを成り立たせ、支えるところの「原理」をまさしくそのものとしてとらえることでもある。原理は、まさしく「原理」である限り、有限な存在者にとってより高次のものとして存在するのはその通りである。だがその一方で、この同じ原理は、有限な存在者の由って来たるところに密接に関わる以上、有限な存在者にとって異質なもの、隔絶したものではあり得ない。むしろ原理は、有限な存在者にとって何よりも固有のものであるといえる。その意味からすれば、この原理は、「超越的」であるのではなく、むしろ「内在的」であるということが出来よう。

以上のことからすれば、ヘーゲルの哲学が有限な存在者から隔絶した「絶対者」なるものをいわゆる純粋思考の境地において示している、などということが出来ないのは明らかである。むしろ有限な存在者がまさしくそれ自身として存在するようになるという、プロセスの只中で顕わとなることによってこそ、「原理」は、真の意味で〈無限なもの〉なのであり、〈絶対的なもの〉なのである。

とはいえ、第一部で見たように、「絶対的な精神（der absolute Geist）」は、「原理」として特徴付けられるわけだが、だからといって、ただ単に有限な存在者に対してのみ「絶対的な精神」として存在するだけにとどまらない。むしろ「絶対的な精神」は、他ならぬ自ら自身に対しても、まさしく「絶対的な精神」として存在する。このことを第二部での考察を踏まえて言い換えるならば、次のようになろう。すなわち「実体」は、「原因」として活動することにより、自らを自ら自身に対してその根源的な在り方において顕現する。さらに第三部での考察を踏まえるならば、無限なものや絶対的なものが真の意味でまさしくそうしたものとして存在するということは、概念が自ら自身にとって対象となり、かつこのように対象となった自ら自身を認識することで「人格性（die Persönlichkeit）」をなす、ということに他ならない。以上のように、同時に「原理」としても理解されるような無限なものや絶対的なもの自身、有限な存在者と同様に「主体性」をなしており、自発的な活動を展開するのである。

だとすれば、ヘーゲルの哲学は、単に対象的なものとしてのいわゆる「絶対者」だけを論じるのではなく、むしろ無限なものがまさしくそれ自身として明らかとなり、有限な存在者によって知られるようになる、というプロセスを示しているといえる。その意味からすれば、ヘーゲルの哲学とは「主体性」の哲学に他ならない。とはいえ、ここでいう「主体性」の哲学は、〈知る〉という、有限な存在者の自発的なはたらきを抜きにしてそれだけで成り立つのではない。反対に、有限な存在者が無限なものとの関わりにおいて自己自身を知るという、まさにこのことこそ、無限なものに特有な主体性が実現される場をなしており、また無限なものがそれ自身に固有な現実性を獲得する場をなしている。第二部でみたように、「実体」は、「それが存在するが故に存在する（das ist, weil es ist）」ところの真なる「存在」と特徴付けられる。この「実体」には、今述べたように〈現実的な存在〉という契機が不可欠である。注意すべきことに「実体」の現実的な在り方は、その根源的な在り方とは別の何かではあり得ない。

他方で、有限な存在者は、以上にみるように、自ら自身がそもそもいかなるものであるのか、ということについて省察を深めていく必要がある。無限なものがあくまでも未知のものにとどまり、近付き得ないというように結論付けてしまうのであれば、何も難しいことではない。だがそのように結論付けてしまうような自ら自身がそもそも一体何者であるのか、ということが当の有限な存在者にとってまずもって明らかとならない限り、不可能であると簡単に結論付けてしまうわけにはいかない。それよりもむしろ自己をその本質において問い求めることこそ先決である。以上のように、ヘーゲルの哲学は、有限な存在者にとって〈自己認識〉や〈自己探求〉の営みが不可欠であることを示している。このような〈自己認識〉の営みは、単に近代哲学という特定の時代にのみ属する課題なのではなく、およそ有限な存在者が存在し続ける限り、その本質からして必然的なものであり続ける。

有限な存在者が自らを自ら自身によって担い抜くという、その自発的な在り方が意味するのは究極的には一体何であるのかということは、哲学が絶えず問い続けねばならない根本的な問いの一つである。なぜなら、「愛知（φιλοσοφία）」というその言葉に示されるように、哲学がすぐれて「知」の営みであるとすれば、この営みの担い手たる有限な存在者自身がそもそも何者であるのか、ということがまずもって明らかとならない限り、「知」そのものが揺らいでしまうことになろうからである。今日となっては、近代哲学の成立期にデカルトが唱えたように、〈知の絶対的確実性〉や絶対的明証性といったものをもはや真剣に主張することが出来なくなっているとしても、それでもなお、「知」の営みを求めてやまないという、有限な存在者の根本的な欲求そのものが消えうせることは決してない。なぜなら、この欲求が由って来たる根源のうちには、ヘーゲルがそう考えるように、有限な存在者の内なる無限への通路が開かれているのであるから。

註

序論

（１）Martin Heidegger, Die Metaphysik als Geschichte des Seins, in ders.: *Nietzsche*, 2Bde., Pfullingen, 1961, Bd2, S. 399～457, bes. S. 451

（２）Martin Heidegger, Überwindung der Metaphysik, in ders.: *Vorträge und Aufsätze*, 11. Aufl., Pfullingen, 2009, S. 67～95, bes. S. 72

（３）Bernhard Lakebrink, *Die Europäische Idee der Freiheit. Teil 1. Hegels Logik und die Tradition der Selbstbestimmung*, Leiden, 1968

（４）コロサイの信徒への手紙、三、一四。なお、訳文は日本聖書協会刊『新共同訳聖書』に従う。

（５）Dieter Henrich, Fichtes ursprüngliche Einsicht, in: *Subjektivität und Metaphysik. Festschrift für Wolfgang Cramer*, Frankfurt a/M, S. 188～232

（６）Dieter Henrich, *Fluchtlinien. Philosophische Essays*, Frankfurt/a/M, 1982. Ders., *Bewußtes Leben. Untersuchungen zum Verhältnis vom Subjektivität und Metaphysik*, Stuttgart, 1999

（７）Wolfhart Pannenberg, Die Bedeutung des Christentums in der Philosophie Hegels, in ders.: *Gottesgedanke und menschliche Freiheit*, Göttingen, 1972, S. 78-113

（８）Wolfhart Pannenberg, *Metaphysik und Gottesgedanke*, Göttingen, 1988

（９）Werner Beierwaltes, *Platonismus und Idealismus*. 2. durchgesehene und erweiterte Aufl., Frankfurt a/M, 2004 (zuerst 1972)

（10）Werner Beierwaltes, *Das wahre Selbst. Studien zu Plotins Begriff des Geistes und des Einen*, Frankfurt a/M, 2001

（11）Klaus Düsing, *Das Problem der Subjektivität in Hegels Logik. Systematische und entwicklungsgeschichtiliche Untersuchungen zum Prinzip des Idealismus und zur Dialektik*, Bonn, 1976

（12）この「思考の思考（νοησεος νοησις）」という言葉は、アリストテレスの『形而上学』１０７４ｂ３４ｆ．（第12巻第９章）に見られる。なお、ヘーゲルは、一八三〇年公刊の『エンチクロペディー』第三版の「精神哲学」の最後の箇所でアリストテレスの『形而上学』から第12巻第７章の一部分（１０７２ｂ１８～３０）を古代ギリシア語のまま引用している。

（13）Klaus Düsing, *Aufhebung der Tradition im dialektischen Denken. Untersuchungen zu Hegels Logik, Ethik und Ästhetik*, München, 2012

第一部

（1）ヘーゲルは、フィヒテにおける「自我＝自我（Ich=Ich）」の考えに基づくならば、主体性が「主体的な主体＝客体（subjektives Subjektobjekt）」であることになり、主体による客体の一面的な支配が帰結するとして批判するとともに、それに対置するようにして、シェリングにおける「客体的な主体＝客体（objektives Subjektobjekt）」の考えを提示している。また、ヘーゲルは、二通りの「主体＝客体」の間の対立や差異を解消し、主体と客体の両者を統一するプロセスとして、真の主体性の考えを打ち立てようとしていた。Vgl GW4, 62ff., bes. 65. そのことを端的に言い表すのが、「同一性と非同一性の同一性（die Identität der Identität und der Nichtidentität）」（GW４、６４）という思想である。これについては以下を参照。A. Hager, *Subjektivität und Sein*, Freburg/München, 1974, S. 162-168.

（2）「実際これによれば、それ自体でかつ唯一確実（das an sich und einziges Gewisse）であるのは、思考する主体（ein denkendes Subjekt）が有限性によって触発された理性（eine mit Endlichkeit affizierte Vernunft）であるということであり、また哲学全体が有限な理性にとって存在するものとしての宇宙を規定付けることのうちに成り立つことである」（GW４、３２２）。

「カントにおける、いわゆる認識諸能力の批判、またフィヒテにおける、意識が超出不可能であるという事態（das nicht Überfliegen des Bewußtseins）や、意識が超越的になることがない（nicht Transzendentwerden）という事態、さらにはヤコービにおける、理性にとって不可能なことは何も引き受けないということ、これらはいずれも、理性を有限性の形式へと絶対的に制限することに他ならず、また一切の理性的な認識作用において主体の絶対性を忘れないということや、制限されているということ（die Beschränktheit）を、それ自体としてもかつ哲学に対しても、永遠の法則や存在となすということに他ならない（(ibid)。

（3）「上述の諸哲学に認められる世界精神（der Weltgeist）の偉大な形式とは、北方の原理（das Prunzip des Nordens）であり、また宗教的に見るならば、プロテスタンティズム（Protestantismus）の原理であり、主体性（die Subjektivität）である。この主体性においては、美と真理の両者は、諸々の感情や志操のうちに、また愛と悟性のうちに示される」（GW4、316）。

（4）これについては以下を参照。L. Siep. *Hegels Fichte Kritik und die Wissenschaftslehre von 1804*, Freiburg・München 1970, S. 31f.

（5）以下の論考は、『体系構想Ⅱ』の「形而上学」にみられる「主体性の形而上学」と、一八〇三／四年の『体系構想Ⅰ』や一八〇五／六年の体系構想Ⅲ』の「精神哲学」にみられる「主体性の哲学」の違いについて論じている。R.-P. Horstmann, Über das Verhältnis von Metaphysik der Subjektivität und Philosophie der Subjektivität in Hegels Jenaer Schriften, in: *Hegel-Studien* Beiheft 20, Bonn, 1980, S. 181-195, bes. 194f.

（6）パネンベルクは、イエーナ期におけるヘーゲルの精神概念がキリスト教的な三位一体の思想と並んで、人間特有の意識や自己意識をモデルに形成されていることを強調してする。とはいえそれと同時に、形而上学的・論理的な問題関心がヘーゲルの精神概念の形成にとって何よりも重要であることや、『差異論文』以来のヘーゲルの努力が形而上学的な領域での独自の構想の実現に向けられていたことを忘れてはならないだろう。W. Pannenberg, Der Geist und sein Anderes, in: *Hegels Logik der Philosophie*, hrsg. v. D. Henrich und R.-P. Horstmann, Stuttgart, 1984, S. 151-9, bes. S. 151-153.

（7）こうした認識する存在者が「精神」として理解されることについては、以下の論考がカントの『純粋理性批判』を踏まえつつ論じている。H. F. Fulda, Spekulatives Denken und Selbstbewußtsein, in: *Theorie der Subjektivität*, hrsg. v. K. Cramer / H. F. Fulda / R.-P. Horstmann / U. Pothast, Frankfurt/a/M, 444-479, bes. S. 473f.

（8）『体系構想Ⅱ』の「形而上学」における「精神」と「否定」の関係については以下を参照。W. Bonsiepen, *Der Begriff der Negativität in den Janaer Schriften Hegels*, Bonn, 1977, S. 111-115, bes. S. 114f.

（9）有限なものがその外なる第三者によって否定されるのではなく、自ら自身によって自らを否定し、それにより自立性を保つ、ということについては、以下を参照。D. Henrich, Absoluter Geist und Logik des Endlichen, in: *Hegel-Studien*. Beiheft 20, 1980, S. 103-118, bes. S. 112-116.

（10）絶対的なものの自己認識には「自ら自身の他なるもの」という契機が不可欠であることについては以下を参照。D. Henrich, Andersheit und Absolutheit des Geistes., in ders.: *Selbstverhältnisse*, Stuttgart, 1982, S. 142-172, bes S. 157f.

（11）以下の論考は、『体系構想Ⅱ』における「無限性」の考えのうちに自己還帰の契機が認められることを指摘している。M. Baum, Zur Methode der Logik und Metaphysik beim Janaer Hegel, in: *Hegel-Studien*, Beiheft 20, Bonn, 1980, S. 119-138, bes.

S. 136.

（12）認識の対象が単に内容といったものであるだけにとどまらず、むしろ、実際には認識する主体の自己対象化に他ならないことについては以下を参照。K. Düsing, *Das Problem der Subjektivität in Hegels Logik*, Bonn 1976, S. 195.

（13）「絶対的な精神においては、構成（Konstruktion）と証明（Beweis）の両者は、絶対的に一である」（GW7，174）。「構成それ自体は、それそのものとしてみるならば必然的である。というのも構成は、それ自身証明と一体であるからである。あるいは別の言葉でいえば、精神とは、もともとそれ自体で（an sich）、自らが自らを精神として見出す（daß er sich als Geist findet）という、こうしたものであるからであり、また精神がそこにおいて自らを見出すもの（das, worin er sich findet）、あるいはむしろ、精神が自らとして見出すところのもの（das, was er als sich findet）とは、無限性（Unendlichkeit）であるのだから」（ibid）。また以下の論考は、こうした一体性を絶対的な精神が自らにとってあることと関連付けて論じている。M. Baum, *Die Entstehung der Hegelschen Dialektik*, Bonn, 1986, S. 256.

（14）以下の論考は、これについて「形而上学」から「自然哲学」への移行の問題との関連で論じている。C. Goretzki, *Die Selbstbewegung des Begriffs*, Hamburg, 2011, S. 216f.

（15）『差異論文』における「絶対的なもの」については、以下の論考が、「真なるものとは全体である（Das Wahre ist das Ganze）」（GW9、19）という、『精神現象学』の序文の中で表明された思想との連関で論じている。W. Jaeschke, *Hegel Handbuch. Leben - Werk - Schule*, 2., aktualisierte Auflage, Stuttgart・Weimar, 2010, S. 110-116.

（16）『差異論文』における反省と直観の関係については以下を参照。山口裕弘、「反省哲学と哲学的反省　——ヘーゲルにおける反省思想の展開——」、『ヘーゲル哲学研究』vol. 17、こぶし書房、二〇一一年、五〇〜六〇頁、特に五二〜五六頁。

（17）こうした「理性」の考えは、一八〇一年に公刊された『我が哲学体系の叙述』における、主体と客体の絶対的無差別（die absolute Indifferenz）としての理性（die Vernunft）というシェリングの考えに基づいている。この絶対的無差別の考えがフィヒテの〈自我＝自我〉における同一性の思想との対決の中で形成された経緯については以下を参照。R. Lauth, *Die Entstehung von Schellings Identitätsphilosophie in der Auseinandersetzung mit Fichtes Wissenschaftslehre (1795-1801)*, Freiburg/München, 1975, S. 127-181, bes. S. 173f. また、両者間の論争の背景については以下を参照。ワルター・シュルツ解説、座小田豊／後藤嘉也訳、『フィヒテ - シェリング往復書簡』、法政大学出版局、一九九〇年、四三〜四九頁。

（18）これについては以下を参照。K. Düsing, Vernunfteinheit und unvordenkliches Daßsein. Konzeption der Überwindung negativer Theologie bei Schelling und Hegel, In: ders., *Subjektivität und Freiheit*, Stuttgart-Bad Canstatt 2002, S. 181-207, bes. S. 182-190, 189f.

（19）これに対して、フィヒテは、哲学者のような〈認識する存在者〉が自らの自発的な行為において、〈行為する者〉としての自らをとらえるはたらきのことを「知的直観」と呼ぶ。一七九七／八年の『知識学の新たな叙述の試み(Versuch einer neuen Darstellung der Wissenschaftslehre)』の「第二序論」では、「知的直観」について次のように述べられている。「行為を遂行することにおいて哲学者に対して要求されるところの、こうした自ら自身を直観することによって、哲学者に対して自我が発生するわけだが、私はこの直観を知的直観と名付ける」（GAⅠ・４、２１６f.）。

（20）有限な反省と「哲学的反省」の間には明確な区別が引かれていないものの、そうした区別を設けることで「知的直観」が原理としての位置付けから引き下げられることが既に『差異論文』でも可能となるという点について、以下の論考が指摘している。R. Schäfer, *Die Dialektik und ihre besonderen Formen in Hegels Logik*, Hamburg, 2001, S. 41-47, bes. S. 41-43.

（21）『差異論文』が執筆されたのと同じ時期に、フィヒテもまた哲学的思索の原理として「知」を据えていた。一八〇一／二年の『知識学の叙述』では、「絶対的な知（das absolute Wissen）」という考えが提示されているが、これは依然として直観としての性格を保持している。「知は、直観のうちにのみ拠っており、直観のうちにのみ成り立つ」（GA２・６、１３８）。「一切の知は、上述の事柄にしたがうならば、直観である」（GAⅡ・６、１４０）。「直観は、それ自身絶対的な知であり、表象することの堅固さであり、揺るぎなさであり、不変性なのである。知識学は、ひとえにかの直観の統一態としての直観（die Einheits-Anschauung）である」（ibid）。なお、『知識学の叙述』における「知的直観」については以下を参照。W. Janke, *Fichte. Sein und Reflexion - Grundlagen der kritischen Vernunft*, Berlin, 1970, S. 249-258.

（22）デュージングは、『体系構想Ⅲ』の「精神哲学」で示される精神の自己知の主体的な活動性が後の『大論理学』で展開される思弁的論理学の最初の見取図を提示している点を指摘している。vgl. K. Düsing, a.a.O.(註12を参照) 156-159, bes. S. 159.

（23）実体自身に固有な活動性については以下を参照。D. Henrich, Hegls Logik der Reflexion. Neue Fassung, in: *Hegel-Studien* Beiheft 18, 1978, S. 204-324, bes. S. 208f.

（24）『精神現象学』における主体の自己認識の活動と対立や矛盾との関係については以下を参照。K. Düsing, Identitat und Widerspruch, in: *Aufhebung der Tradition im dialektischen Denken*, München 2012, S. 11-42, bes. S. 27f.

(25) こうした精神の自己知としての学という構想が、「自らの本質に等しい自我としての本質」という、無限な精神の考えと密接にかかわる点について、以下の論考が指摘している。K. Düsing, Phänomenologie und spekulative Logik. Untersuchungen zum "absoluten Wissen" in Hegels *Phänomenologie. in: Aufhebung der Tradition im dialektischen Denken*, München 2012, S. 115-129, bes. S. 120-122.

(26) 断片「C. 学」の成立時期については、大全集版の『精神現象学』の解説の中で詳細な説明が与えられている。vgl. GW9, 466ff.

(27) 神へと近づくとはいかなることか、という問いを立てた若きヘーゲルが、イエーナ期初期に至って、有限な認識作用としての「論理学」を本来的で思弁的な哲学への導入として構想する段階を経て、絶対的なものを思弁的に把握することとしての学を形成しようとするに至った経緯については以下を参照。O. Pöggeler, *Hegels Idee einer Phänomenologie des Geistes*, Freiburg/München, 1973, S. 110-169, bes. S. 158ff.

(28) フルダは、〈学としての哲学〉における自己認識の主体とは我々哲学的思索を行う者自身に他ならない、という解釈を示している。H. F. Fulda, Idee und vereinzeltes Subjekt in Hegels "Enzyklopädie", in: *Hegels Theorie des subjektiven Geistes in der "Enzyklopädie der philosophischen Wissenschaften im Grundrisse", hrsg.* v. L. Eley, Stuttgart-Bad Canstatt 1990, 59-83, bes. S. 80-82.

(29) 認識するはたらきそのものが、それ自身にとって対象となるという考えは、『精神現象学』において一定のかたちを獲得するに至ったが、後に『大論理学』へと引き継がれ、哲学の体系を基礎付けるという役割を担うようになった経緯については、以下を参照。H. Kimmerle, *Das Problem der Abgeschlossenheit des Denkens. Hegels "System der Philosophie" in den Jahren 1800-1804*, Bonn, 1970, S. 132-134.

第二部

(1) vgl. GW9, 18.

(2) 以下の論考は、偶然的なものに特有な「必然性」について的確に指摘している。D. Henrich, Hegels Theorie über den Zufall, in ders.: *Hegel im Kontext*, Frankfurt/a/M, 2010 (erschien erstmasls 1971), S. 157-187, bes. S. 163.

（3）以下の論考は、スピノザを引き合いに論じつつ、ヘーゲルの場合でも、個別的な物の存在に対して積極的な意義が認められる、というように解釈する。E. J. Fleischmann, Die Wirklichkeit in Hegels Logik, in: *Zeitschrift für philosophische Forschung*, Bd. XⅧ, 1964, S. 3-29, bes. S. 12.

（4）必然性の前提となるところの諸条件も同様に「可能的」なのであり、それゆえ、それ自体としてみるならば、単に偶然的であるに過ぎず、その結果として、必然性自体が「相対的」なものとなってしまう、という事情については、以下を参照。D. Henrich, Hegels Theorie über den Zufall（註2を参照）, bes. S. 163f.

（5）ハイデッガーは、存在者を根拠付ける根拠としての「最高の存在者（das höchste Seiende）」、あるいは「第一原因（die erste Ursache）」の考えに触れつつ、形而上学とは、存在者そのものに共通の根拠を問う限り、「存在論・神学（Onto-Logik）」であり、またこの存在者を根拠づける「最高の存在者」へと目を向ける限り、「神学・論理学（Theo-Logik）」であり、さらに両者それぞれの特徴を兼ね備える限り、「存在・神学・論（Onto-Theo-Logik）」として理解されると述べる。また彼は、こうした「最高の存在者」が存在者の原因であるとともに、「自己原因（causa sui）」としても特徴付けられると解釈する。M. Heidegger, Die onto – teho – logische Verfassung der Metaphysik, in: ders.: *Gesamtausgabe. 1. Abteilung. Band11. Identität und Differenz*, Frankfurt/a/M, 2006, S. 51-79, bes. S. 76f.

（6）パネンベルクは、こうした「絶対的必然性」こそ現実的なものそのものである、ということを的確に指摘している。W. Pannenberg, Die Bedeutung des Christentums in der Philosophie Hegels, in ders.: *Gottesgedanke und menschliche Freiheit*, Göttingen, 1972, S. 78-113, bes. S. 106f.

（7）この辺りの事情については以下を参照。E. J. Fleischmann, Die Wirklichkeit in Hegels Logik.（註3を参照）, bes. S. 14

（8）以下の論考は、必然性と偶然性との関係を人倫性の観点から考察している。D. Henrich, Hegels Theorie über den Zufall（註2を参照）, bes. S. 175f., 185ff.

（9）〈自らの否定における自己同一的なもの〉という実体の特徴付けについては以下を参照。D. Henrich, Hegels Logik der Reflexion. Neue Fassung, in: *Hegel-Studien* Beiheft 18, Bonn, 1978, S. 204-324, bes. S. 215

（10）以下の論考は、実体が「可能的」で個別的な物を伴わないならば、その場合、一方では思考の対象とはなり得るものの、他方では現実存在を欠いてしまうと指摘する。E. J. Fleischmann, Die Wirklichkeit in Hegels Logik.（註3を参照）, bes. S. 15

（11）スピノザの『エチカ』第一部定義一では次のように述べられている。「原因のもとに私が理解するのは、その本質が現実存在を含むもののことであり、あるいはその本質が現実存在するとして以外には把握されないようなもののことである（Per causam intelligo id, cujus essentia involvit existentiam, sive id, cujus natura non potest concipi nisi existens）」。

(12) スピノザの『エチカ』第一部定義三では次のように述べられている。「実体のもとに私が理解するのは、自らのうちに存在するとともに、自らによって把握されるもののことである（Per substantiam intelligo id, quod in se est et per se concipitur）」。

(13) こうしたプロセスによって生じる様々な区別が実体そのものに由来するのではなく、偶有的なもの相互の関わり合いによって生じる点について、ヘンリッヒは的確に指摘している。D. Henrich, Hegels Logik der Reflexion（本章註9を参照）, bes. S. 208

(14) こうした実体の活動性については以下を参照。D. Henrich, Hegels Logik der Reflexion（註9を参照）, bes. S. 208, 214

(15) この点については以下を参照。K. Düsing, Vernunfteinheit und unvordenkliches Daßsein, in: ders., *Subjektivität und Freiheit*, Stuttgart-Bad Canstatt, 2002, S. 181-207, bes. S. 197

(16) 実体それ自体は、偶有性のうちではとらえられることが出来ないため、実体の偶有性に対する関係が〈自己関係〉でも〈自己認識〉でもない点については以下を参照。D. Henrich, Hegels Logik der Reflexion（註9を参照）, bes. S. 214

(17) この点に関して、デュージングは、実体が諸偶有の変転において単に肯定的な仕方で同一的であるにとどまっており、なお不十分な点を残していると指摘する。K. Düsing, *Das Problem der Subjektivität in Hegels Logik*, Bonn, 1976, S. 228f.

(18) 以下の論考は、「結果」が単に副次的なものではなく、むしろ、それが現に存立することは、「原因」の本質が実現され、外化されることを意味する、と指摘している。E. J. Fleischmann, Die Wirklichkeit in Hegels Logik. I（註3を参照）, bes. S. 19

(19) この点については以下を参照。E. J. Fleischmann, Die Wirklichkeit in Hegels Logik.（註3を参照）, bes. S. 24

(20) デュージングは、主体性とは異なり、実体においてはそれ自身によって自己認識がなされるわけではなく、むしろ、第三者としての外なる知性が認識する段階にとどまると解釈する。K. Düsing, *Das Problem der Subjektivität in Hegels Logik.*（本章註17を参照）, S. 229ff.

(21) これについては、以下を参照。E. J. Fleischmann, Die Wirklichkeit in Hegels Logik.（註3を参照）, bes. S. 10ff.

(22) 「基体」が他の同様なものから独立・分離しているということは実際にはあり得ない点については以下を参照。E. J. Fleischmann, Die Wirklichkeit in Hegels Logik.（註3を参照）, bes. S. 19f.

(23) トイニッセンは、ヘーゲルにおける定立の考えが純粋な活動性を意味しており、そこにはいかなる「基体」の考えも含まれないと解釈する。M. Theunissen, *Sein und Schein. Die kritische Funktion der Hegelschen Logik*, Frankfurt/a/M, 1978, S. 309

(24) 実体自身が動的プロセスをなす場合、実体は、プロセスを始動させる役割を担うだけに過ぎず、そのためそれ自身はプロセスの外側にとどまっているというように理解されてはならない点について、以下の論考が的確に指摘している。D. Henrich, Hegels Logik der Reflexion（註9を参照）, bes. S. 207

(25) 以下の論考は、ライプニッツ哲学と対比しつつヘーゲルの概念の考えについて考察を行っているB. Tuschling, Necessarium est idem simul esse et non esse, in: *Logik und Geschichte in Hegels System*, hrsg. v. H.- Chr. Lucas und G. P.- Bonjour, Stuttgart - Bad Canstatt, 1989, S. 199-216, bes. S. 224ff.

(26) 以下の論考は、「存在論」における「直接性（die Unmittelbarkeit）」自体が媒介されたものであると指摘するが、同時にこうしたものが反省によって生じ、「直接性」そのものとは区別されねばならない点も指摘している。D. Henrich, Anfang und Methode der Logik, in ders.: *Hegel im Kontext*, Frankfurt/a/M, 2010, S. 73-94, bes. S. 85f.

(27) 以下の論考は、交互作用においては一定の「全体性」が獲得される結果となり、その限り、自ら自身のうちに自らの根拠を有していなければならず、また、こうした根拠が思想や反省のかたちをとると解釈する。E. J. Fleischmann, Die Wirklichkeit in Hegels Logik.（註3を参照）, bes. S. 21f.

(28) こうした事態においては、自己関係性と他なるものの両者が統一化されているといえよう。以下の論考は、反省の考えを自己関係性と他者性との統一として提示しており、反省が「本質論」のみならず、ヘーゲルの論理学全体の「方法概念」を提示していると主張する。山口祐弘、『ドイツ観念論の思索圏　哲学的反省の展開と広袤』、学術出版会、二〇一〇年、二七三頁。

(29) 以下の論考は、交互作用において関係し合う二つのものが実際には同じ「実体」であるにもかかわらず、なお分かたれており、その原因は世界について反省する主観的な思想のうちにあると解釈する。E. J. Fleischmann, Die Wirklichkeit in Hegels Logik.（註3を参照）, bes. S. 24

(30) 以下の論考は、これら二つの実体を一なる実体自身の二極化の活動によって成立したものと解釈する。K. Düsing, Vernunfteinheit und unvordenkliches Daßsein.（註15を参照）, bes. S. 197f.

(31) 以下の論考は、交互作用におけるそれぞれの契機がそれ自身に即して「定立すること」と「定立されていること」とを兼ね備えた総体性をなすことが「本質論」では未だ達成されず、「概念論」においてはじめて達成されると解釈する。

(32) G. M. Wölfle, *Die Wesenslogik in Hegels "Wissenschaft der Logik"*, Stuttgart-Bad Canstatt, 1994, S. 428f., 498, 503f.
以下の論考は、「否定的な自己関係」という考えを提示しており、また、それを「自ら自身の他なるもの（das Andere seiner selbst）」と関連付けて論じている。D. Henrich, Kant und Hegel. Versuch zur Vereinigung ihrer Grundgedanken, in: ders.: *Selbstverhältnisse*, Stuttgart, 1982, S. 173-208, bes. S. 199.

(33) ヘンリッヒは、「差異において同一的」であるとともに、「区別において自らに等しい」ところの実体こそ、同時に「主体」としても特徴付けられると解釈する。D. Henrich, Hegels Logik der Reflexion（註9を参照）, bes. S. 216

(34) デュージングは、本質特有の「定立されていること」について、それが〈単に直接的に存在すること〉とは区別されるような〈媒介された存在〉であると解釈しており、また、この意味での自己関係が未だに〈自ら自身を思考するはたらき〉の段階にまで到達していないとする。K. Düsing, *Das Problem der Subjektivität in Hegels Logik*.（註17を参照）, S. 330f.

(35) 以下の論考は、スピノザの実体の考えに依拠しつつ、ヘーゲルにおける存立の考えを「自己相等性」として解釈しており、また、この相等性が「自己定立」によって成立するとしている。H. Braun, Spinozismus in Hegels Wissenschaft der Logik, In: *Hegel-Studien* Band 17, Bonn, 1982, S. 53-74, bes. S. 68ff.

(36) ヘンリッヒは、こうしたヘーゲルの考えを「二重化された否定（doppelte Negation）」と関連付けて論じている。D. Henrich, Hegels Grundoperation, in: *Der Idealismus und seine Gegenwart*, Hamburg, 1979, S. 208-230, bes. S. 219

(37) 以下では、こうしたヘーゲルの思想がスピノザと対比的に考察されている。G. M. Wölfle, *Die Wesenslogik in Hegels "Wissenschaft der Logik"*.（註31を参照）, S. 429.

(38) 以下の論考は、実体から概念への、あるいは、必然性から自由への進展を存在論的なものとしての実体から判断主体（あるいは主語）への進展と解釈している。D. Henrich, Hegels Logik der Reflexion（註9を参照）, bes. S. 212.

(39) 以下の論考にみられるように、ヘーゲル論理学における「自由」を絶対的な無前提性と解釈することは適切とはいえない。また、自由を特徴とする概念が「存在論」や「本質論」の領域から独立しており、それ自身で完結した領域を形成する、という主張もやはり適切とはいえないだろう。W. Marx, *Hegels Theorie logischer Vermittlung*, 2. Aufl., Stuttgart-Bad Canstatt, 1972, S. 180ff.

(40) デュージングは、スピノザ的な一切を包括する唯一実体が単に「同一性」であるにとどまり、そのため「否定」の契機を欠いていると指摘する。K. Düsing, Konstitution und Struktur der Identität des Ich, in: ders., *Subjektivität und Freiheit*,

Stuttgart–Bad Canstatt, 2002, S. 143-180, bes. S. 172f.

第三部

（1）この点については以下を参照。W. Jaeschke, *Hegel Handbuch*, Stuttgart / Weimar, 2. Aufl., 2010, S. 242f.

（2）個と普遍との関係については、哲学的に重要な問題の一つとして、古くから様々な議論がなされてきた。これについては、以下の論考が古代ギリシアから中世を経て近代に至るまで幅広い視野のもとに論じている。H. Heimsoeth, *Die sechs grossen Themen der abendländischen Metaphysik und der Ausgang des Mittelalters*, Stuttgart, 3. Aufl., 1954, S. 61 ~ 89.

（3）倫理学や心理学、あるいは人間学ではなく、他ならぬ「論理学」のうちに「人格性」が重要な位置を占めるのは、一見奇妙に思われるかもしれない。だが、ヘーゲルの精神の哲学が、人倫や国家、そして宗教といった領域にまで及んでおり、また、フランクフルト期の神学論考や国政についての草稿に見られるように、人倫や宗教がその思索の初期から重要な関心の対象であり続けたことを踏まえるならば、人格性は、論理学のみならず、ヘーゲル哲学全体において無視出来ない位置を占めているはずだといえよう。

なお、第一哲学、あるいは形而上学において人格性が重要な位置を占める例としては、何よりもまずカントが挙げられよう。これについては以下を参照。H. ハイムゼート、須田・宮武訳『カント哲学の形成と形而上学的基礎』、III「カント哲学における人格性意識と物自体」、未来社、一九八一年、一五九～二三七頁。

（4）これに対し、ヘンリッヒは、普遍性と個別性の両者を「二重化された否定 (doppelte Negation)」の理論と関連付けて論じている。D. Henrich, Hegels Grundoperation in: *Der Idealismus und seine Gegenwart*, Hamburg, 1979, S. 208-230, bes. S. 224.

（5）vgl. GW 11, 72ff.

（6）vgl. GW 11, 260ff., 391f.

（7）vgl. GW. 11, 408f. 及び GW. 12, 11f, 33。

（8）以下の論考は、ヘーゲルにおける「真なるもの」とは、「自己相等性」と「多様なもの同士の違い」を統一的に含むような「具体的なもの（das Konkrete）」であると指摘する。K. Düsing, Identität und Widerspruch, in: ders.: *Aufhebung der*

Tradition im dialektischen Denken, München, 2012, S. 11-42, bes. S. 36.

（9）ヘンリッヒは、「自ら自身の他なるもの」について、プラトンの『ソフィステス』対話篇における他性の考えを踏まえつつ、陳述における二重否定をモデルに考察している。D. Henrich, Formen der Negation in Hegels Logik, in: *Hegel-Jahrbuch 1974*, Köln, 1974, S. 245-256, bes. S. 250, 252ff.

（10）この点については以下を参照。F. Wagner, Religiöser Inhalt und logische Forme, in: *Die Flucht in den Begriff*. hrsg. v. F. W. Graf und F. Wagner, Stuttgart, 1982, S. 196-227, bes. S. 210f., 218ff.

（11）ここでいう「Abstraktion」は、思考によって外的事物から具体的内実を引き離すという意味で理解してはならず、むしろ、ヘーゲル的な「否定性」との関連で考える必要があろう。ヘーゲルは、「引き離すこと」をこう特徴付ける。「引き離すこととは、具体的なものの分離（eine Trennung）であり、具体的なものの諸規定の個別化（eine Vereinzelung）である。引き離すことによってとらえられるのは、個別的な諸性質もしくは諸契機だけである。というのも、引き離すことによる所産は、引き離すことがそれであるところのものを含まねばならないからである」（GW12、50）。「だがより詳しく考察するならば、抽象的なもの自身、個別的な内容と抽象的な普遍性との統一態（Einheit des einzelnen Inhalts und der abstrakten Allgemeinheit）として、したがって、具体的なもの（Koncretes）として示されるのであり、抽象的なものがそれであろうとするものの正反対（das Gegentheil）として示される」（ibid）。
なお、悟性による具体的内実の分析作用にも否定的なものの力が認められることを、ヘーゲル自身『精神現象学』の序文で述べていることに注意する必要があろう。vgl. GW.9, 27/8.

（12）デュージングは、概念が「個別性」においてこそ完成を見ることを的確に指摘している。K. Düsing, Endliche und absolute Subjektivität, in: *Hegels Theorie des subjektiven Geistes in der "Enzyklopädie der philosophischen Wissenschaften im Grundrisse", hrsg.* v. L. Eley, Stuttgart-Bad Canstatt, 1990, S. 33-58, bes. S. 58.

（13）以下の論考は、ヘーゲルにおける概念をカントにおける「超越論的統覚（die transzendentale Apperzeption）」と対比的に論じている。そこでは、カントの場合とは異なり、認識の素材が概念に対し出来上がったものとして与えられるのではなく、むしろ概念自身が「自己から産み出す」ことで成立する、と解釈されている。山口祐弘、『ドイツ観念論の思索圏　哲学的反省の展開と広袤』、学術出版会、二〇一〇年、三六八頁以下。

（14）vgl. GW12, 50.

（15）ヘンリッヒは、この「個別性」を「自らの他なるもの」と関連付けて論じている。D. Henrich, Kant und Hegel. Versuch zur Vereinigung ihrer Grundgedanken, in ders.: *Selbstverhältnisse*, Stuttgart, 1982, S. 173-208, bes. S. 202.

(16) 以下の論考は、概念の自己客観性の考えを、カントの『純粋理性批判』のような、有限な自己意識による客観の構成作用と対比的に論じている。K. Düsing, Syllogistik und Dialektik in Hegels spekulativer Logik, in ders. : *Aufhebung der Tradition im dialektischen Denken*, München, 2012, S. 55-76, bes. S. 69f.

(17) これについては以下を参照。L. Siep, Die Wirklichkeit des Guten in Hegels Lehre von der Idee, in: *Hegels Erbe*, hrsg. v. Chr. Halbig, M. Quante und L. Siep, Frankfurt a/M, 2004, S. 351-367, bes. S. 355.

(18) 以下の論考は、規定が単に外側から与えられるのではなく、概念自身に固有なものとして帰属する点や、また、この活動が認識的な性格のものである点を適切に指摘している。K. Düsing, Konstitution und Struktur der Identität des Ich, in: ders., *Subjektivität und Freiheit*, Stuttgart-Bad Canstatt, 2002, S. 143-180、bes. S. 172f., 175, 179.

(19) 以下の論考は、概念が十全に展開された客観性を自らのうちに未だ備えておらず、なお一面的なものにとどまると指摘する。K. Düsing, Hegels Begriff der Subjektivität in der Logik und in der Philosophie des subjektiven Geistes, In: *Hegel-Studien* Beiheft 19, Bonn, 1979, S. 201-214, bes. S. 213.

(20) 概念の実在性については、以下の論考がカントの『純粋理性批判』における実在性の考えと対照しつつ論じている。R. B. Pippin, Hegels Begriffslogik als Logik der Freiheit, in: *Hegel-Studien*, Band 36, Hamburg, 2001, S. 97-115, bes. S. 103, 106ff., 113ff.

(21) こうした意味での「はず（Soll）」は、ヘーゲルよりもむしろ一八〇四年以降のいわゆる中・後期のフィヒテの思索において重要な役割を占める。これについては以下を参照。W. Janke, Das bloß gesollte Absolute, in: *Transzendentalphilosophie und Spekulation*, hrsg. v. W. Jaeschke, Hamburg, 1993, S. 177-191, bes., S. 179f., 184, 187ff.

(22) ヘーゲルは、フィヒテにおける意志とその実在性について、一八〇二年に公刊された『信仰と知』の中で次のように特徴付けている。「純粋な意志は、行動すること（Handeln）によって実在的となるべきである。実在性は、行動することにより意志に対して生じるわけだが、むしろ意志から発するべきであり、意志自身に固有のものであるべきである。それゆえ、この実在性は、まずもって意志のうちに観念的な仕方で、主体の意図や目的（Absicht und Zweck des Subjekts）として現存するのでなければならない」（ＧＷ４、４０２）。

(23) フィヒテにおいては、「世界が理性に対して絶対的に対立しており、それにより、世界は、絶対的であるとともに、理性を欠いた有限性（absolute vernunftlose Endlichkeit）であり、非有機的な感性界」（ＧＷ４、４０６）に過ぎないものとされてしまっており、そのため、世界のうちには理性に固有なものの反映が認められていない、という批判をヘーゲルは『信仰と知』の中で展開する。またヘーゲルは、フィヒテの哲学について次のように述べてもいる。「この哲学においては、世界は、根源的な本性のものでも神的でもなく、またその人倫的な側面に従って和解がなされるのでもなく、むしろもともとそれ自体で劣ったものであるとされる」（ＧＷ４、４０８）。

(24) デュージングは、「概念論」における「推理（der Schluss）」が概念の媒介的な自己関係の形成に対して重要な役割を果たす点を強調する。K. Dusing, Syllogistik und Dialektik in Hegels spekulativer Logik（註16を参照）, bes. S. 69.

(25) これについては以下を参照。D. Henrich, *Der ontologische Gottesbeweis*, 2., unveränderte Aufl., Tübingen 1967, S. 210ff. なお、ヘーゲル自身による神の存在論的証明への言及に関してはvgl. GW12, 127-129.

(26) 以下の論考によれば、存在と思惟の対立という、アンセルムスと彼の存在論的証明を批判するカントの両者に共通してみられる事態は、ヘーゲルの場合、有限で主観的な思惟の止揚によって克服される。山口祐弘、『ドイツ観念論の思索圏』（本章註１３を参照）、三四二頁以下。

(27) フィヒテは、『全知識学の基礎』の中で制約についてこう述べている。「何かものかを制約するということは、この何ものかの実在性を否定にとって完全にではなく、部分的にのみ止揚することを意味する。したがって、制約の概念のうちには、実在性や否定の概念の外に、分割性の概念が存する」（ＧＡ Ｉ・２、２７０）。

(28) 以下の論考は、ヘーゲルにおける「善」の考えがカントにおける「実践的なもの」の定義付けに対応すると解釈する。F. Hogemann, Die “Idee des Guten” in Hegels “Wissenschaft der Logik”, in: *Hegel-Studien* Band 29, Bonn, 1994, S. 79-102, bes. S. 99f.

(29) ジープによれば、ヘーゲルにおける善の考えは、カントのように意志と理性法則との合致のみならず、善を世界のうちに実現することと関連していると解釈される。L. Siep, Die Wirklichkeit des Guten in Hegels Lehre von der Idee, bes. S. 356f.（註17を参照）。

(30) ヘーゲルは、『信仰と知』の中でカントとフィヒテに対し次のような批判を行っている。「カントによれば、超感性的なもの（Übersinnliches）が理性によって認識されることは不可能であり、最高の理念が同時に実在性を有するということはない」（ＧＷ４、３１６）。「フィヒテによれば、神は、把握することも思考することも出来ない何かである。知は、それが何も知らないということ以外に何も知らず、信仰へと逃避せざるを得ない」（ibid）。

(31) この定式は一八〇一年刊行の『差異論文』に見られる。「絶対的なものそれ自身は、〈同一性と非同一性との同一性〉

である。対立すること（Entgegensetzen）と一であること（Einssein）の両者が絶対的なもののうちで同時に存在する」（ＧＷ４、６４）。

（32）デュージングは、意志を「概念論」における主体性の考えとの関連で論じている。K. Düsing, Die Bestimmungen des freien Willens und die Freiheit des Begriffs bei Hegel. in ders.: *Aufhebung der Tradition im dialektischen Denken*, München, 2012, S. 265-277, bes. S. 269, 271.

（33）「客観的世界」は、「絶対的理念」においても破棄されるべきでもなければ、あるいはまた、理念のうちへと解消されてしまうというのでもない。以下の論考は、善の考えにおける欠陥が「客観性の国が真の国であるという意識の欠如」にあると指摘する。山口祐弘、『ドイツ観念論の思索圏』（註13を参照）、三七九頁以下。

（34）以下の論考は、絶対的な精神においては「理論的なもの」が完全な優位にあるのに対し、「実践的なもの」がいかなる場所を占めないも同然だと解釈するが、これは適切とはいえない。A. Peperzak, Selbstbewußtsein - Vernunft - Freiheit - Geist, in: *Hegels Theorie des subjektiven Geistes in der "Enzyklopädie der philosophischen Wissenschaften im Grundrisse"*, hrsg. v. L. Eley, Stuttgart-Bad Cannstatt, 1990, S. 280-312, bes. S. 289.

（35）『精神現象学』の「絶対知」では、真理そのものが「自ら自身の確信という形態（die Gestalt der Gewißheit seiner selbst）を有する」（ＧＷ９、４２７）と述べられており、絶対知そのものが「自我（Ich）」というかたちをとって存在するとされていた。「この知の本性や諸契機、また運動は、知とは〈自己意識が純粋な仕方で自らに対してあること〉（das reine Fürsichsein des Selbstbewußtseins）である、というようにして生じたのであった。この知とは自我のことである。また自我は、この自我以外のいかなるものでもない、まさしくこの自我（dieses und kein anderes Ich）である。さらに自我は、同様に直接に媒介されており、あるいはまた止揚されているとともに、普遍的であるような自我である」（ＧＷ９、４２８）。

　なお以下の論考は、こうした「自我」自身の主体的な確信が真理であるという場合、真理とはこの「自我」自身に固有の真理であり、その点でフィヒテ的な「自ら自身に等しい自我」の考えを踏襲していると述べる。K. Düsing, Phänomenologie und spekulative Logik. in ders.: *Aufhebung der Tradition im dialektischen Denken*, München, 2012, S. 115-129, bes. S. 120ff.

（36）以下の論考は、〈主観＝客観〉という意味での同一性が静止的でプロセスを抜きして成立するのではなく、むしろ主体自身の自発性によって構成されると主張する。K. Düsing, Endliche und absolute Subjektivität, in: *Hegels Theorie des subjektiven Geistes in der "Enzyklopädie der philosophischen Wissenschaften im Grundrisse"* hrsg. v. L. Eley, Stuttgart-Bad Canstatt, 1990, S. 33-58, bes. S. 45f.

(37) これについては以下を参照。 K. Düsing, *Das Seiende und das göttliche Denken*, Paderborn・München・Wien・Zürich, 2009, S. 29.

(38) 以下の論考は、ヘーゲル論理学を「純粋で絶対的で無限な主体性の理論」であるとし、アリストテレスにおける「神的な自ら自身を思考すること」を踏まえて論じている。K. Düsing, Subjektivität in der klassischen deutschen Philosophie von Kant bis Hegel. in ders.: *Aufhebung der Tradition im dialektischen Denken*, München, 2012, S. 159-182, bes. S. 179f.

(39) この箇所は、一八三〇年の第三版では次のようになっている。「理念とは過程である。その過程とは、概念が〈個別性であるところの普遍性〉として自らを規定して客観性となし、また、この客観性に対する対立へと自らを規定し、こうした外面性（それは、概念をその実体とするのであるが）を、この外面性自身に固有な弁証法によって、自らの主体性へと立ち返らせる、ということである」（GW２０、２１８）。

(40) フィヒテは、『全知識学の基礎』で自我について次のように述べる。「自我の自ら自身による定立（das Setzen des Ich durch sich selbst）とは、自我の純粋な活動性である。――自我は、自ら自身を定立するのであり、また自ら自身によるこうした単なる定立によって存在する。――自我は、行動するものであると同時に、行動の所産でもある」（GA I・２、２５９）。「自ら自身を定立すること（Sich selbst setzen）と存在の両者は、自我について用いられるならば完全に等しい。〈私は、私が私自身を定立したのであるが故に存在する〉（Ich bin weil ich mich selbst gesetzt habe）という命題は、したがって、次のような仕方でも表現され得る。すなわち私は、私が存在するが故に端的に存在する（Ich bin schlechthin, weil ich bin）」（GA I・２、２６０）。

　また、シェリングの『我が哲学体系の叙述』では「A＝A」という「絶対的な同一性」について次のように述べられている。「A＝Aという命題は、唯一の真理である。この真理は、それ自体で、したがって時間へのいかなる関係もなしに定立されている。私はそうした真理を永遠であると呼ぶが、それは経験的な意味においてではなく、絶対的な意味においてである」（Werke １０、１１８）。「A＝Aという命題は、普遍的に考えるならば、A一般が存在することをいうのではなく、またAが主語、あるいは述語として存在することをいうのでもない。むしろこの命題によって定立される唯一の存在とは、同一性そのものの存在であり、したがってこの同一性は、主語としてのAや述語としてのAから完全に独立して定立される」（Werke １０、１１９）。

（41）以下の論考は、ヘーゲルの主体性の考えがプラトンの『パルメニデス』対話篇における弁証法やアリストテレスの『形而上学』第12巻における「思考の思考」についての神学的考察、並びに新プラトン主義における一切のものたる一者（All-Einheit）の系譜に連なる点を指摘する。W. Beierwaltes, Das seiende Eine, in ders.: *Denken des Einen*, Frankfurt a/M, 1985, S. 193-225, bes. S. 222ff.

（42）バイアーヴァルテスは、ヘーゲルにおける概念「人格性」について、プロクロスにおける「一者（ヘン）」や「精神（ヌース）」と対比的に論じている。彼によれば、ヘーゲルにおける無限な主体性は、新プラトン主義的な〈一者〉とは明確に区別される。W. Beierwaltes, Hegel und Proklos, in ders.: *Platonismus und Idealismus*. 2. durchgesehene und erweiterte Aufl., Frankfurt a/M, 2004, S. 154-187, bes. S. 170, 179f.

（43）以下の論考は、ヘーゲルの概念をプラトニズムの系譜の中に位置付けつつ、「神的な概念」として理解しており、また、形而上学的・存在神学的に解釈している。W. Beierwaltes, Negation, Differenz, Identität, in ders.: *Identität und Differenz*, 2. Aufl., Frankfurt a/M, 2011, S. 241-268, bes. S. 246f.

（44）以下の論考は、ヘーゲルにおける概念の人格性の考えが「人知を超えた神的なもの」を意味するのではなく、むしろカント以来の「人間の立場」に立脚しており、従って超越的なものではない、という点を強調する。山口祐弘、『ドイツ観念論の思索圏』（註13を参照）、三八二頁以下。

（45）vgl. GW9, 103ff., bes. 108f.

（46）これについては以下を参照。H. F. Fulda, Spekulatives Denken und Selbstbewußtsein, In: *Theorie der Subjektivität*, hrsg. v. K. Cramer u.a., Frankfurt a/M, 1987, S. 444-479, bes. S. 468f.

（47）ヘンリッヒは、人間の意識プロセスの深みの解明と合理的形而上学の新たな形態の可能性の追求という二つの課題が『大論理学』において密接に絡み合いつつ、絶対的な精神の理論へと展開すると解釈する。D. Henrich, Warum Metaphysik?, in ders.: *Bewußtes Leben*, Stuttgart, 1999, S. 74-84, bes. S. 78.

（48）フルダは、「絶対的な理念」の「方法」が概念の自己認識のみならず、思索を行うところの「この私」の自己認識でもなければならないと解釈する。H. F. Fulda, Idee und vereinzeltes Subjekt in Hegels "Enzyklopädie", In: Hegels Theorie des subjektiven Geistes in der "*Enzyklopädie der philosophischen Wissenschaften im Grundrisse*", hrsg. v. L. Eley, Stuttgart-Bad Canstatt, 1990, S. 59-83, bes. S. 81.

（49）以下の論考は、ヘーゲルにとって、プラトンのイデア論に対するアリストテレスの批判において肝要なのは「個体化の原理」であると指摘する。K. Düsing, Ontologie bei Aristoteles und Hegel, in ders. : *Aufhebung der Tradition im dialektischen Denken*, München, 2012, S. 131-158, bes. S. 147f.

(50) ガダマーは、ヘーゲル論理学が近代哲学の立場に立脚していることを認めつつも、それと同時に、ヘーゲルの場合、一切の知の基礎となるのは近代的な「主体性」なのではなく、むしろ一切の現実的なものの「理性性」であるとしており、根本において古代ギリシア哲学に親近性を有すると主張する。H.-G. Gadamer, Hegel und die antike Dialektik, in ders.: *Gesammelte Werke*. Band 3, Tübingen, 1987, S. 3-28, bes. S. 10.

(51) フルダは、始原をなす普遍的なものが端的なものでもなければ、絶対的なものでもなく、むしろ規定付けによって進展していくことにより、そうした規定のうちに自らを「示す」と解釈する。H. F. Fulda, Über den spekulativen Anfang, in: *Subjektivität und Metaphysik*, hrsg v. D. Henrich, H. Wagner, H. F. Fulda, R. Wiehl, Frankfurt/a/M, 1966 , S. 109-127, bes. S. 124f.

(52) これについては以下を参照。K. Düsing, Hegels Dialektik, in ders.: *Aufhebung der Tradition im dialektischen Denken.*, München, 2012, S. 43-54, bes. S. 53f.

(53) 以下の論考は、ヘーゲルにおける概念の自由が理性的な秩序や必然性の領域と関連し、その限り「存在論」や「本質論」といった「客観的論理学」を前提としており、そこから独立して別の領域を形作るのではないと解釈する。W. Marx, Die Logik des Freiheitsbegriffs, in: *Hegel-Studien*, Band 11, Bonn, S. 125-147, bes. S. 127f.

(54) だからといって、そのことは、ヘーゲルの論理学が「純粋な思想」において展開されることを否定するわけではない。フルダは、ヘーゲルにおける「論理的なもの」が有限な精神と無限な精神のいずれの側にも一方的に解消されてしまうのではない点を強調する。H. F. Fulda, Vorbegriff und Begriff von Philosophie bei Hegel, In: *Hegels Logik der Philosophie*, hrsg. v. D. Henrich und R.-P. Horstmann, Stuttgart 1984, S. 13-34, bes. S. 27f.

(55) 自らをより高次の境位へと高めるということに関連していえば、ガダマーは、ヘーゲルの論理学における「論理的なもの」が単にカテゴリーのような思考諸規定の総体を形成するにとどまらず、むしろ、そうした諸規定の定立のはたらきに先行する次元や地平を形づくると述べる。H.-G. Gadamer, Die Idee der Hegelschen Logik, in ders. : *Gesammelte Werke*. Band 3, Tübingen, 1987, S. 65-86, bes. S. 83ff.

第四部

（1）アウグスティヌス、『三位一体』、泉治典訳、『アウグスティヌス著作集　28』、教文館、二〇〇四年、二五七頁以下、及び四一九頁以下。また、ヘーゲルの宗教哲学講義における三位一体の位置付けについては以下を参照。山崎純、『神と国家　ヘーゲル宗教哲学』、創文社、一九九五年、一八三頁以下。

（2）三位一体における三つの位格には人格の思想が密接に関わるが、その論理的構造については以下を参照。D. Henrich, Die Trinität Gottes und der Begriff der Person, in: *Identität, hrsg.* v. O. Marduard und K. Stierle, München, 1979, S. 612-620. なお、ヘーゲルに関連する箇所については vgl. S. 619.

（3）パネンベルクは、ヘーゲルにおける精神が自己意識的な構造をとっており、三位一体における「神の似像」の考えの系譜に連なることを指摘する一方、そうした自己意識的な構造が絶対的なものを解明するのに十分かどうかということに対して疑念を表明している。W. Pannenberg, Das Problem des Absoluten, in ders.: *Metaphysik und Gottesgedanke*, Göttingen, 1988, S. 20-33, bes. S. 31f.

（4）GW. 7, 165ff.　なお、ヘーゲルの精神概念とキリスト教における三位一体の関係については以下を参照。W. Pannenberg, Der Geist und sein Anderes, in: *Hegels Logik der Philosophie*, hrsg. v. D. Henrich und R.-P. Horstmann, Stuttgart, 1984, S. 151-9.

（5）ヘーゲルの存命中に彼に対して向けられた汎神論の批判は、絶対的なものに比して有限なものが無化されてしまうのではないか、という疑念から生じたのであった。有限な存在者の自由の問題については、ヘーゲルの没後、哲学・神学双方から様々な議論が展開された。これについては以下を参照。F. W. Graf, Der Untergang des Individuums, In: *Die Flucht in den Begriff, hrsg.* v. F. W. Graf und F. Wagner, Stuttgart, 1982, S. 274-307, bes. S. 283ff., 303ff.

（6）ヘンリッヒは、そもそも〈自己を知る〉という知の構造そのものが、それに先立ち、かつそれを支えるような根底を指示していると指摘する。D. Henrich, Subjektivität als Prinzip, in ders.: *Bewußtes Leben*, Stuttgart, 1999, S. 49-73, bes. S. 64f.

（7）ヘーゲルは、ベルリン時代に一八二一、二四、二七、および三一年の計四回、宗教哲学の講義を行っている。本稿では、主としてイエシュケの新版による二四年度と二七年度の講義録に基づいて論じている。従来の宗教哲学のテクストは、一九六九年刊行のズーアカンプ版全集に至るまで、四回分の講義の資料が一まとめにして編集されていたが、この新版により各年度の講義をそれぞれ別々に考察することが可能となった。ヘーゲル自身の手になるのは、最初の一八二一年度の講義のときのものだけである。それ以外の三回のうち、最後の三一年度は講義ノートが消失しており、D. F. シュトラウスによる講義ノートの要約が残されているだけである。残りの二四、二七年度については、ヘーゲル自身の手稿がもともと存在しておらず、学生たちによる筆記録が残されているだけである。一八二一年度については、自筆のものであるという利点があるものの、構想がまとまり切っていないきらいがある。そのため、本稿ではヘーゲル自身の構想がより整った形で示されている二四、二七年度の講義録を基に論じる。なお、各年度の特徴については以下を参照。W. Jaeschke, *Die Vernunft in der Religion*, Sturttgart-Bad Canstatt, 1986, S. 229ff.

(8) パネンベルクは、神学の側からして神についての問題を論じるためには哲学、とりわけ形而上学が不可欠であるという点を強調する。W. Pannenberg, Das Ende der Metaphysik und der Gottesgedanke, in ders.: *Metaphysik und Gottesgedanke*, Göttingen, 1988, S. 7-19, bes. S. 16ff.

(9) 以下の論考は、プラトニズムとキリスト教神学の関係について、教父時代からルネサンス期の新プラトン主義に至るまで詳細に辿っている。そこでは、歴史的出来事を考察の出発点とする神学から哲学が区別される点を指摘されつつも、同時に、両者が同一の問題の知平線上に立つ点も強調されている。W. Beierwaltes, *Platonismus im Christentum*, 2., korrigierte Aufl., Frankfurt a/M, 2001, S. 8-11.

(10) こうした考えのうちには、ユダヤ・キリスト教における「原罪」の観念が反映していると見ることが出来よう。また「悪」の考えについては、既に一八〇七年の『精神現象学』の「啓示宗教」でも論じられている。その中で、「悪」とは、「精神の自然のままの定在（natürliches Dasein）が自らのうちへと向かうこと（Insichgehen）」（ＧＷ９、４１４）であるとされており、有限な精神による自らの内面への反省と悪との間に密接な連関が成り立つとされている。vgl. GW. 9, 412ff, 417f.

(11) 以下の論考は、有限な精神の現にある在り方が善い場合と悪である場合との区別が一八〇七年の『精神現象学』においてはじめて導入されたと指摘している。H. Kimmerle, Die Begründung der Spekulation als eine Form des patriarchalischen Denkens, in: *Hegels Logik der Philosophie*. hrsg. v. D. Henrich und R.-P. Horstmann, Stuttgart, 1984, S. 189-210, bes. S. 208.

(12) ヘーゲル自身のアンセルムスへの言及についてはＶＰＲ１、６５参照。

(13) 『コリントの信徒への手紙一』一三、一二。訳文は日本聖書協会刊『新共同訳聖書』に従う。

(14) 以下の論考は、既に宗教哲学において思考という普遍的なものの境地への高揚が実現されており、そのため、宗教哲学が本来的な学としての思弁的哲学へと解消される必要が必ずしもあるわけではないとする。F. Wagner, Religion zwischen Rechtfertigung und Aufhebung, in: *Hegels Logik der Philosophie*. hrsg. v. D. Henrich und R.-P. Horstmann, Stuttgart, 1984, S. 127-150, bes. S. 146-149.

(15) フルダは、『エンチクロペディー』における「精神の証し」に言及しつつ、「証し」とは主体と実体との統一であり、従って主体的な確信と客観的な真理との統一を含むと指摘する。H. F. Fulda, Hegels Begriff des absoluten Geistes, In: *Hegel-Studien* Band 36, Hamburg, 2001, 171-198, bes. S. 195.

(16) 本稿では詳論出来なかったが、こうした普遍性に基づくことで、同じ一つの信仰のもとに「教団（die Gemeinde）」という共同体が形成可能となる。ヘーゲルによれば、「教団」は、精神の「普遍的な自己意識」の実現にとって重要な契機をなしている。なお、「教団」の位置付けについては以下を参照。F. Wagner, *Der Gedanke der Persönlichkeit Gottes bei Fichte und Hegel*, Gütersloh, 1971, S. 273ff., bes. S. 278f.

(17) これについては以下を参照。H. F. Fulda, Hegels Begriff des absoluten Geistes（註15を参照）

(18) vgl. GW. 7, 29ff., bes. 33f.「無限性（die Unendlichkeit）とは、こうした〈規定されたものによる自ら自身への絶対的な反省運動〉（absolute Reflexion des Bestimmten in sich selbst）である。この規定されたものは、それ自身とは他なるものなのであって、すなわち、それ自体としては無関心でいるような相手としての他なるもの一般（ein Anderes überhaupt, gegen das es für sich gleichgültig wäre）なのではなく、むしろ直接的な反対物（das unmittelbare Gegenteil）である」（ＧＷ７、３３）。

「無限性は、こうした絶対的な矛盾（dieser absolute Widerspruch）としてみるならば、規定されたものの唯一の実在性（die einzigen Realität des Bestimmten）である。またこの無限性は、彼岸といったもの（ein Jenseits）なのではなく、むしろ単一な関係（einfache Beziehung）であり、純粋で絶対的な運動（die reine absolute Bewegung）であり、さらには、〈自らのうちにあることにおいて自らの外にあること〉（das Außersichsein in dem Insichsein）である」（ＧＷ７、３４）。

(19) 『コリントの信徒への手紙二』一二、九。訳文は『新共同訳聖書』に従う。

(20) レーヴィットは、ヘーゲルの精神の考えにおいては、自然や世界が単に外面的で制限されたものに過ぎず、そのため、それ自身ではいかなる積極的な意義をも持たないと批判する。だが、そう結論付けるのはいささか性急であろう。というのも、確かに有限な精神について見るならば、「自然のままであること」は克服されるべきであるが、だからといって、現実的世界そのものが無価値なものとされるわけではないからである。K. Löwith, Hegels Aufhebung der christlichen Religion, in ders.: *Vorträge und Abhandlungen*, Stuttgart・Berlin・Köln・Mainz, 1966, S. 54-96, bes. S. 92ff.

（21）ヘーゲルにおいては、絶対的なものが有限な存在者の彼岸であるのでもなければ、それを消失させてしまうのでもなく、むしろこの有限な存在者がそれ自身として存在することを可能ならしめている、という点をヘンリッヒは的確に指摘している。D. Henrich, Bewußtes Leben. Einleitung und Übersicht zu den Themen des Bandes, in ders.: *Bewußtes Leben*, 1999, S. 11-48, bes. S. 38f.

（22）パネンベルクの主張では、ヘーゲル論理学の場合とは異なり、形而上学は、存在と認識の両者を基礎づけて構成するのではなく、むしろ推測的であり再構成的であるとされる。これに従うならば、無限な精神が自らをあるがままに顕すとしても、有限な精神は、無限な精神をあるがままに知るのではなく、むしろ自らの有限な在り方にかなった仕方で「相対的に」推し量ることと理解される。これは、クザーヌスの『推測について（De coniecturis）』における、神の無限な知性とは区別される人間特有の「推測」の考えに通じところがあるといえる。だがそのように考える場合、〈有限なものの内なる無限〉が一体どのように確保されるのか、という点が問いとして依然として残る。W. Pannenberg, Begriff und Antizipation, in ders.: *Metaphysik und Gottesgedanke*, Göttingen, 1988 S. 66-80, bes. S. 67f.

（23）これについては以下を参照。K. Löwith, Hegels Aufhebung der christlichen Religion（註20を参照）, bes. S. 82.

（24）パネンベルクは、有限な存在者が消え去るべきものに過ぎないのではなく、むしろ、「神の愛」によって無限に肯定されるべきであるとする神学的な見地に立って、ヘーゲルの宗教哲学における自己意識的なモチーフを積極的に取り上げるが、同時に、こうした自己意識の考えが汝や共同体、世界、あるいは神といった「止揚できない他なるもの」によって条件付けられるにとどまっており、なお不十分さを残すと解釈する。だが、これまで見てきたように、ヘーゲル論理学における概念は、根源的に他なるものに対して開かれている以上、そうした「他なるもの」は概念にとって克服し難いようなものであったり、それを制約するものとして立ちはだかることなどあり得ないであろう。W. Pannenberg, Der Geist und sein Anderes（註4を参照）, bes. S. 157ff.

（25）なお、『精神現象学』の序文では精神についてこう述べられている。「精神は、対象となる。というのも精神とは、自らにとって他なるもの、つまり自らの自己の対象となり、またこのような〈他であること〉を止揚するという、こうした運動（diese Bewegung, sich ein anderes, d.h. Gegenstand seines Selbsts zu werden, und dieses Anderssein aufzuheben）であるのだから」（GW9、29）。

（26）以下の論考は、無限な精神の主体性を三位一体との関連において論じており、『大論理学』に示される概念の「普遍性」・「特殊性」・「個別性」の三契機が三位一体における父・子・聖霊の三位格に対してどのように対応するのかについて考察を行っている。F. Wagner, Religiöser Inhalt und logische Form in: *Die Flucht in den Begriff*. hrsg. v. F. W. Graf und F. Wagner, Stuttgart, 1982, S. 196-227, bes. S. 199ff., 218ff.

（27）以下の論考は、ヘーゲルによる主体性の論理学の目標が思弁的な神学を打ち立てることにあり、また、この思弁的な神学に基づいてキリスト教という啓示宗教を体系的に認識することが遂行され得るようになるとする。K. Düsing, Kategorien als Bestimmungen des Absoluten?, in ders.: *Aufhebung der Tradition im dialektischen Denken*. München 2012, S. 201-217, bes. S. 209f.

（28）以下の論考は、『エンチクロペディー』の「精神哲学」における「主観的精神（der subjektive Geist）」と『大論理学』における「絶対的な主体性」両者の関係のことを、人間の有限な精神と神的で絶対的な精神の関係と対比的に論じている。K. Düsing, Endliche und absolute Subjektivität, in: *Hegels Theorie des subjektiven Geistes*, hrsg. L. Eley, Stuttgart-Bad Canstatt, 1990, S. 33～58, bes. S. 53ff. また、次の論考は、絶対的なものの主体性の活動を三位一体的な自己関係としてとらえている。W. Pannenberg, Die Bedeutung des Christentums in der Philosophie Hegels, in: ders. *Gottesgedanke und menschliche Freiheit*, Göttingen, 1972, S. 78-113, bes. 99ff.

（29）パネンベルクは、神学の側からして、有限な主体性の自立性を積極的に擁護する。彼によれば、有限な主体性が絶対的なものをそれ自身の根源や目標とするからといって、そのことは、この主体性の自立性と矛盾するのではなく、却って有限なものや世界に対する絶対的なものの関わりの完成であるとする。W. Pannenberg, Buwußtsein und Subjektivität, in ders.: *Metaphysik und Gottesgedanke*, Göttingen, 1988, S. 34-51, bes. S. 46ff.

（30）以下の論考は、古代ギリシアにおける普遍的なものの優位が、キリスト教の登場とともに人格や個体性を重視する方向へと転換し、中世においてスコトゥスやクザーヌスを経由して、近代に至ってライプニッツのモナド論やフィヒテの自我論へと展開する次第を詳細に辿っている。H. Heimsoeth, *Die sechs großen Themen der abendländischen Metaphysik und der Ausgang des Mittelalters*, 4. Aufl., Stuttgart, 1958, bes. S. 172, 175ff., 181ff., 184ff. なお、古代ギリシアにおける自己意識及び自己認識の問題については以下を参照。W. Beierwaltes, *Selbsterkenntnis und Erfahrung der Einheit. Plotins Enneade* V3, Frankfurt a/M, 1991, bes. S. 76, 81, 83ff.

（31）以下の論考は、こうしたことを総体性との関連で論じている。H. Huber, "Das Absolute ist der Geist", in: *Die Flucht in den*

Begriff. hrsg. v. F. W. Graf und F. Wagner, Stuttgart, 1982, S. 228-246, bes. S. 236-240.

(32) 有限な主体の自発的な活動性は、それ自身の意のままになるような恣意的なものではなく、またそれ自身を根源とするのでもないにもかかわらず、それでもなおいかなる他なるものによっても担われることがない、ということについては以下を参照。D. Henrich, Über Selbstbewußtsein und Selbsterhaltung, in ders.: *Selbstverhältnisse.* Stuttgart, 1982, S. 109-130, bes. S. 125.

(33) これについては、一八〇四／五年の『体系構想Ⅱ』の「形而上学」での「絶対的な精神（der absolute Geist）」の考えを基に論じた以下の論考を参照。D. Henrich, Absoluter Geist und Logik des Endlichen, in *Hegel-Studien* Beiheft 20, Bonn, 1980, S. 103 ~ 118.

(34) 以下の論考の解釈によれば、ヘーゲルにおいては、絶対的な主体性は、人間の有限な主体性自身の自由に基づく倫理的な振る舞いに対しても、極めて重要な役割を果たしていると理解される。K. Düsing, *Das Seiende und das göttliche Denken,* Paderborn. München. Wien・Zürich, 2009, S. 31ff.

(35) こうした解釈をとるものとして以下を参照。B. Lakebrink, *Die Europäische Idee der Freiheit,* 1968, bes. S. 495f., 500f., 510f.

(36) 例えば、古代末期のキリスト教世界では、「恩寵（gratia）」と「自由意志（voluntas）」の関係をめぐって有名なペラギウス論争が繰り広げられ、その経過の中で、「恩寵」は「自由意志」を破壊せず、むしろそれを完成する、という思想が形成された。その経緯については以下を参照。H・I・マルー、『キリスト教史2　教父時代』、上智大学中世思想研究所編訳／監修、平凡社、一九九六年、三五〇頁以下。

(37) バイアーヴァルテスは、こうしたヘーゲルの思索がパウロやルターにおける信仰のみによる「義認」の考えや、クザーヌスにおける〈神の無限で創造的な認識〉とは異なるものとしての人間特有の推測（conjectura）の考え、さらには、古代末期の新プラトン主義の哲学者プロクロスにおける「否定的弁証法」とは区別される点について概念論史的に論じている。W. Beierwaltes, Negation, Differenz, Identität, in ders.: *Identität und Differenz,* 2. Aufl., Frankfurt a/M, 2011, S. 241-268, bes. S. 247ff.

(38) この点については以下を参照。F. Wagner, *Der Gedanke der Persönlichkeit Gottes bei Fichte und Hegel*（註16を参照）, bes. S. 247ff.

(39) 以下の論考は、宗教が超自然的な形で突然発生するのではなく、むしろ、人間の意識的生における感情や行為と深く結びついて発生すると理解する。またそれによれば、人間は、世界のうちに存在する自分とはそもそも何者であるのかという問いを立てるに至る。さらに、こうした自己への問いが思弁的な哲学へと引き継がれ、それにより、この問いが超越的なものとしてではなく、むしろ、人間自身の「意識的生」からして理解可能なものとして形成される、というように解釈が与えられている。D. Henrich, Das Selbstbewußtsein und seine Selbstdeutungen, in ders.: *Fluchtlinien*, Frankfurt/a/M, 1982, S. 99-124, bes. S. 99f., 118-121.

あとがき

本書は、2014年12月に東北大学大学院文学研究科に提出し、翌年3月に学位が認められた博士論文をもとに、加筆修正したものである。その際の作業は、出来る限りの簡潔化・簡略化に主眼を置いてなされた。本書の各箇所の初出を挙げると、以下のとおりである。

第一部：「ヘーゲル哲学における主体性と精神の自己知について」、『文化』、東北大学文学会、第77巻、pp. 104～121、2014年。

第二部：「ヘーゲル論理学における概念の自己生成と定立について」、『東北哲学会年報』、東北哲学会、No. 28、pp. 77～91、2012年。「「定立されていること」と自らを根拠とすること ——ヘーゲル論理学における現実性について——」、『ヘーゲル哲学研究』、こぶし書房、vol. 20、pp. 157～170、2014年。

第三部：「概念の主体性における個と普遍の本質について ——ヘーゲル論理学における「概念の人格性」をもとにして——」、『ヘーゲル哲学研究』、こぶし書房、vol. 18、pp. 128～139、2012年。

第四部：「ヘーゲルの『宗教哲学講義』における「表象」の本質について」、2010年12月開催の日本ヘーゲル学会の研究大会（於：新潟大学）での口頭発表。

なお、第三部と第四部については、博士論文の提出後に次に挙げる関連論考が公刊されている。

「純粋な自己意識の学としてのヘーゲル論理学」、『実存思想論集』、理想社、XXX号、pp. 123〜140、2015年。

「自己であることの根源への問い　――ヘーゲルのベルリン期の宗教哲学講義における精神の証しと自己知をもとに――」、『文化』、東北大学文学会、第79巻、pp. 67〜87、2016年。

思索するとは感謝することである（Denken ist Danken）とはハイデッガーが述べた言葉である。かつてハイデッガーからも学んだ者としては、やはり感謝を捧げることから述べたい。

筆者が何よりも感謝を捧げるべきは、師である東北大学教養教育院教授の座小田豊先生である。座小田先生は、筆者が文字通り学部に入部したころから今日に至るまで、絶えず暖かく見守って下さった。先生の研究姿勢は、何よりもまず問題となっているテクストを厳密かつ徹底的に読み込み、そこで問題となっている事象を浮き彫りにした上で、単に訓詁学的な解釈に陥ることなく、幅広い視点から問題を包括的にとらえる、というものである。これは考えられる限りで最も単純な方法であるが、この方法を実践するのがいかに困難であるのかは、実際にやってみようとした者であれば誰しも痛感することであろう。先生の関心の中心が『精神現象学』にあり、また学部や大学院の演習でも同書をテクストに取り上げていたわけだが、『大論理学』を研究の中心課題にしていた筆者にとって、紙背に徹するという訓練から得られたものは、何ものにも代えがたい。また、当初からヘーゲル論理学に惹かれていたにもかかわらず、学部時代には30・40年代のハイデッガー、修士時代には1804、5年のフィヒテ知識学を研究対象としており、ヘーゲルからは離れていた筆者をやりたいように任せてくれたことに対しても、いくら感謝しても足りないであろう。

今述べたように、筆者が学部・修士時代に取り組んでいたのはハイデッガーとフィヒテであった。それも、多くの研究者が取り上げるのとは異なる時期のテクストを対象としていた。筆者のこうした関心の背景にあるのは、《知る》というはたらきの根底がどこにあるのかを見極めたいという、ひたすら愚直な思いであったし、今もその事に変わりはない。人間を人間たらしめ、他のものから区別するようなすぐれたはたらきでありながら、なおかつきわめて自明であり、近しいというような、《知る》というはたらきがもつ射程を見極めてみたい、本書の議論全体も、この一点に集約されるといっても決して過言ではない。

筆者が本書に示されるようなヘーゲル研究に取り組んだのは、博士時代に入ってからの5年間になるが、その2年目に入ろうとするまさにその時にあの震災が起きたのだった。ものを考える人なら誰でも、自分に出来ることは何だろうかと自問したことであろうし、津波にさらわれて何もなくなった広大な空無を目の当たりにして自分自身もそうした思いに駆られたことはたしかにその通りである。けれども、求められるのは、何か新しいことをすることではなくて、むしろそれまでしてきたことをそれまでどおりに続けることであり、それを守ることであるはずだろう、という思いに行き当たったのであった。ヘーゲル自身、彼の体系がかたちを整えるようになってきたのは、まさに激動の時代の只中においてであった。他ならぬその彼は、彼自身のいるべき場所を静かに守ったわけなのであった。

まだ他にも感謝を捧げるべき多くの人たちがいる。特に、東京理科大学名誉教授の山口祐弘先生にはここで感謝の言葉を記したい。先生から直接研究指導を受けたわけではないものの、学会の際や上京の折にフィヒテやヘーゲルについて先生の精緻で透徹した話を伺うことができなければ、筆者の研究が現在あるようにはならなかったであろう。惜しむらくは、先生の訳された『論理の学』を出版の時期的な理由で博士論文に生かせなかったことである。これについては、今後の筆者の課題となろう。

さらに、筆者がこれまで学んできた東北大学文学部・文学研究科の哲学・倫理学合同研究室の先生方、とりわけ、アリストテレスやプラトンの演習で徹底的なテクストの読解や分析・議論の手ほどきをして下さった荻原理先生（東北大学大学院文学研究科准教授）（修士の頃に一緒にフィヒテの１８０４年の知識学を読んで下さったことは得難い経験であった）にも感謝を捧げたい。また、日本ヘーゲル学会の諸先生方、特に新潟大学名誉教授の栗原隆先生や同志社大学教授の田端信廣先生には、折に触れて励ましの言葉や助言を下さったことに感謝の言葉を記したい。近い世代の研究者のひとたちにも感謝の言葉を述べたい。特に、若手・中堅をまとめて活発な交流を促してくださる一橋大学大学院教授の大河内泰樹さんをはじめ、東洋大学准教授の三重野清顕さん、東京大学大学院の飯泉佑介さん、池松辰男さんには博士論文の原稿に目を通してもらった。そのときのものよりも本書の方がいくらかでも読みやすくなっているとすれば、ここに挙げた人たちのおかげである。学部時代を一緒に過ごした仲間たちや院生時代の研究室の先輩・後輩たちにも感謝の言葉を忘れてはならないだろう。哲学的思索は、純粋な学問の場だけではなく、ふとした身近なところからこそ立ち現れることがあるし、その場合の方がむしろ重要な発見があることを教えてくれたのもやはり仲間たちなのであった。

また、本書は、「第13回東北大学出版会若手研究者出版助成」として刊行される。助成にあたり審査の労を執って下さった匿名の査読者の先生方や、丁寧な編集作業を行って下さった出版会事務局の小林直之さんにも感謝を述べたい。さらに、本書がなるまでの博士課程での研究を、資金の面から支えてくれた日本学術振興会、並びに東北大学のグローバルＣＯＥのプログラムにもここで感謝を記しておきたい。

最後に、両親にも感謝を述べねばならないだろう。筆者が現にこうしてあるのも、両親のおかげなのだから。

いつもより早い新緑をむかえて

２０１８年４月　仙台

嶺　岸　佑　亮

著作索引

人名索引

アウグスティヌス Augustinus, Aurelius
12、217、283
アダム Adam　226、242
アリストテレス Aristoteles　13、21、207、265、280、281
アンセルムス Anselmus Cantuariensis
230、278、284
イエシュケ Jaeschke, Walter
268、275、283、284
ヴェルフレ Wölfle, Gerhard Martin　274
エヴァ Eva　226
エックハルト Meister Eckhart　12
ガダマー Gadamer, Hans-Georg　282
カント Kant, Immanuel　2、11、21、25、28、188、266、267、275、276、277、278、281
キンマーレ Kimmerle, Heinz　270、284
クザーヌス Cusanus Nicolaus
12、286、287、288
グラーフ Graf, Friedrich Wilhelm　283
ゴレツキー Goretzki, Catia　268
シェリング Schelling,
Friedrich Wilhelm Joseph von　12、22、38、44、45f.f、48、49、188、202、266、268、280
シェーファー Schäfer, Rainer
ジープ Siep, Ludwig　267、277、278
シュトラウス Staruss, David Friedrich　283
シュルツ Schulz, Walter　268
スコトゥス Scotus, Duns　287
スピノザ Spinoza, Baruch de　22、47、80、99、271、272、274
ソクラテス Sokrates　249
デカルト Descartes, René　218、248、262
デュージング Düsing, Klaus　12、265、266、268、269、270、272、273、274、275、276、277、278、279、280、282、286、287、288
トイニッセン Theunissen, Michael　273
トゥシュリング Tuschling, Burkhard　273
バイアーヴァルテス Beierwaltes, Werner
12、265、281、284、287、288
ハイデッガー Heidegger Martin
3、4f.、11、265、271
ハイムゼート Heimsoeth, Heinz　275、287
バウム Baum, Manfred　267、268
ハーガー Hager, Achim　266
パウロ Paulos　7、230、239、288
パネンベルク Pannenberg, Woflhart　11、12、265、267、271、283、284、286、287
パルメニデス Parmenides　260
ピピン Pippin, Robert B.
フィヒテ Fichte, Johann Gotlieb　10、21、25、28、38、44、181f.、187、196、201、266、268、269、277、278、279、280、287
フーバー Huber, Herbert　287
ブラウン Braun, H.　274
プラトン Platon　207、249、276、281
フルダ Fulda, Hans Friedrich　267、270、281、282、285
ブルーノ Bruno, Giordano　12
フレイシュマン Fleischmann, Eugene
271、272、273
プロクロス Proclos　12、281、288
プロティノス Plotinos　12、217
ペゲラー Pöggler, Otto　270
ペペルザーク Peperzak, Adriaan Theodoor
279
ペラギウス Pelagius　288
ヘルダーリン Hölderlin, Friedrich　47
ヘンリッヒ Henrich, Dieter　11、12、265、267、269、270、271、272、273、274、275、276、278、281、283、286、288、289
ホーゲマン Hogemann, Firedrich　278
ホルストマン Horstmann, Rolf-Peter　267
ボンジーペン Bonsiepen, Wolfgang　267
マルー Marrou, Henri-Irénée　288
マルクス Marx, Wolfgang　274、282
ヤコービ Jacobi, Friedrich Heinrich
22、25、28、266
ヤハウェ Jahwe(h) / Jehovah　226
山口祐弘　268、273、276、278、279、281
山崎純　283
ヤンケ Janke, Wolfgang　269、277
ライプニッツ Leibniz, Gottfired Wilhelm
273、287
ラインホルト Reinhold, Karl Leonhard　44
ラウト Lauth, Reinhard　268
ラケブリンク Lakebrink, Bernhard　265、288
ルター Luther, Martin　239、248、288
レーヴィット Löwith, Karl　285、286
ワグナー Wagner, Falk　276、285、286、288

文献一覧

1　ヘーゲルのテクスト

G.W.F. Hegel, *Gesammelte Werke*, in Verbindung mit der Deutschen Forschungsgemeinschaft, hrsg. v. Nordrhein-Westfälischen Akademie der Wissenschaften, Hamburg, 1968ff. Historisch - Kritische Ausgabe（GW と略記）

GW 4 : *Jenaer kritische Schriften*

GW 5 : *Schriften und Entwürfe*（1799-1808）

GW 7 : *Jenaer Systementwürfe II*

GW 8 : *Jenaer Systementwürfe III*

GW 9 : *Phänomenologie des Geistes*

GW 10 : *Nürnberger Gymnasialkurse und Gymnasialreden (1808 -1816)*

GW 11 : *Wissenschaft der Logik. Erster Band. Die objektive Logik (1812/1813)*

GW 12 : *Wissenschaft der Logik. Zweiter Band. Die subjektive Logik oder die Lehre vom Begriff (1816)*

GW 13 : *Enzyklopädie der philosophischen Wissenschaften im Grundrisse (1817)*

GW 20 : *Enzyklopädie der philosophischen Wissenschaften im Grundrisse (1830)*

G.W.F. Hegel, *Phänomenologie des Geistes*, Hamburg, 1988（Philosophische Bibliothek Bd. 414）（PhB414 と略記）

G.W.F. Hegel, *Werke in zwanzig Bänden*, Neuedition der Freundesvereinsausgabe, redigiert und ergänzt v. E. Moldenhauer u. K. M. Michel, Frankfurt a/M, 1971（SW と略記）

SW 1 : *Frühe Schriften*

SW19 : *Vorlesungen über die Geschichte der Philosophie II*

SW20 : *Vorlesungen über die Geschichte der Philosophie III*

G.W.F. Hegel, *Vorlesungen. Ausgewählte Nachschriften und Manuskripte. Vorlesungen über die Philosophie der Religion*, hrsg. v. W. Jaeschke, Hamburg, 1983f.

Teil 1 : *Einleitung, Der Begriff der Religion*（VPR1 と略記）

Teil 3 : *Die vollendete Religion*,（VPR3 と略記）

2　その他のテクスト及び研究文献

Aristoteles, *Aristotelis Metaphysica*, recognovit brevique adnotatione critica instruxit W. Jaeger, Oxford 1957（邦訳、アリストテレス、『形而上学』、出隆訳、岩波文庫、全二巻、一九五九／一九六一年）

M. Baum, Zur Methode der Logik und Metaphysik beim Jenaer Hegel, in: *Hegel-Studien*,

Beiheft 20, Bonn, 1980 S. 119-138

—, *Die Entstehung der Hegelschen Dialektik*, Bonn, 1986

W. Beierwaltes, Plotin im deutschen Idealismus, in ders. :*Platonismus und Idealismus*. 2. Aufl., Frankfurt a/M 2004, S.83-153

—, Hegel und Proklos, in ders. : *Platonismus und Idealismus*. 2.Aufl., Frankfurt a/M, 2004, S. 154-187

—, Negation, Differenz, Identität. Die reflexive Bewegung der Hegelschen Dialektik, in ders. : *Identität und Differenz*, 2. Aufl., Frankfurt a/M, 2011, S. 241-268

—, Das seiende Eine. Neuplatonische Interpretationen der zweiten Hypothsis des platonischen ‚Parmenides ‘und deren Fortbestimmung in der christlichen Thologie und in Hegels Logik, in ders.: *Denken des Einen. Studien zum Neuplatonismus und dessen Wirkungsgeschichte*, Frankfurt a/M, 1985, S. 193-225

—, *Selbsterkenntnis und Erfahrung der Einheit. Plotins Enneade V3. Text, Übersetzung, Interpretation, Erläuterungen*, Frankfurt a/M, 1991

—, *Platonismus im Christentum*, 2. Aufl., Frankfurt a/M, 2001

—, *Das wahre Selbst. Studien zu Plotins Begriff des Geistes und des Einen*, Frankfurt a/M, 2001

W. Bonsiepen, *Der Begriff der Negativität in den Jenaer Schriften Hegels, Bonn*, 1977, S. 111-115

H. Braun, Spinozismus in Hegels *Wissenschaft der Logik*, In: Hegel-Studien Band 17, Bonn, 1982, S. 53-74

K. Düsing, *Das Problem der Subjektivität in Hegels Logik. Systematische und entwicklungsgeschichtiliche Untersuchungen zum Prinzip des Idealismus und zur Dialektik*, Bonn, 1976

—, Hegels Begriff der Subjektivität in der Logik und in der Philosophie des subjektiven Geistes, In: *Hegel-Studien* Beiheft 19, Bonn, 1979, S. 201-214

—, Endliche und absolute Subjektivität. Untersuchungen zu Hegels philosophischer Psychologie zu ihrer spekulativen Grundlegung, in: *Hegels Theorie des subjektiven Geistes in der "Enzyklopädie der philosophischen Wissenschaften im Grundrisse"*, hrsg. v. L. Eley, Stuttgart-Bad Canstatt, 1990, S. 33-58

—, Konstitution und Struktur der Identität des Ich. Kants Theorie der Apperzeption und Hegels Kritik, in: ders., *Subjektivität und Freiheit. Untersuchungen zum Idealismus von Kant bis Hegel*, Stuttgart-Bad Canstatt, 2002, S. 143-180

—, Vernunfteinheit und unvordenkliches Daßsein. Konzeption der Überwindung negativer Theologie bei Schelling und Hegel, in: ders., *Subjektivität und Freiheit*, Stuttgart-Bad Canstatt, 2002, S. 181-207

—, *Das Seiende und das göttliche Denken, Hegels Auseinander- setzung mit der antiken Ersten Philosophie*, Paderborn・München・Wien・Zürich, 2009

—, Identitat und Widerspruch. Untersuchungen zur Entwicklungs- geschichte der Dialektik Hegels, in ders.: *Aufhebung der Tradition im dialektischen Denken. Untersuchungen zu Hegels Logik*, Ethik und Ästhetik, München, 2012, S. 11-42

—, Hegels Dialektik. Der dreifache Bruch mit dem traditionellen Denken, in ders.: *Aufhebung*

der Tradition im dialektischen Denken, 2012, S. 43-54

—, Syllogistik und Dialektik in Hegels spekulativer Logik, in ders. : *Aufhebung der Tradition im dialektischen Denken*, München, 2012, S. 55-76

—, Phänomenologie und spekulative Logik. Untersuchungen zum “absoluten Wissen” in Hegels *Phänomenologie*. in ders. : *Aufhebung der Tradition im dialektischen Denken*, München, 2012, S. 115-129

—, Ontologie bei Aristoteles und Hegel, in ders. : *Aufhebung der Tradition im dialektischen Denken*, München, 2012, S. 131-158

—, Subjektivität in der klassischen deutschen Philosophie von Kant bis Hegel. Ein pogrammatischer Überblick. in ders. : *Aufhebung der Tradition im dialektischen Denken*, München, 2012, S. 159-182

—, Kategorien als Bestimmungen des Absoluten? Untersuchungen zu Hegels spekulativer Ontologie und Theologie. in ders.: *Aufhebung der Tradition im dialektischen Denken*, München 2012, S. 201-217

—, Die Bestimmungen des freien Willens und die Freiheit des Begriffs bei Hegel. in ders.: *Aufhebung der Tradition im dialektischen Denken*, München, 2012, S. 265-277

J. G. Fichte, *Gesamtausgabe der Bayerischen Akademie der Wissenschaften*. Hrsg. v. R. Lauth, H. Jacob und H. Gliwitzky, Stuttgart − Bad Canstatt 1962ff. (GA と略記。Abteilung をローマ数字で表記し、その後に Band をアラビア数字で表記)

E. J. Fleischmann, Die Wirklichkeit in Hegels Logik. Ideengeschichtliche Beziehungen zu Spinoza, in: *Zeitschrift für philosophische Forschung*, Bd. XVIII, 1964, S. 3-29

H. F. Fulda, Über den spekulativen Anfang, in: *Subjektivität und Metaphysik. Festschrift für Wolfgang Cramer*, hrsg v. D. Henrich, H. Wagner, H. F. Fulda, R. Wiehl, Frankfurt a/M, 1966, S. 109-127

—, Vorbegriff und Begriff von Philosophie bei Hegel, In: *Hegels Logik der Philosophie. Religion und Philosophie in der Theorie des absoluten Geistes*, hrsg. v. D. Henrich und R.-P. Horstmann, Stuttgart 1984, S. 13-34

—, Spekulatives Denken und Selbstbewußtsein, In: *Theorie der Subjektivität*, hrsg. v. K. Cramer / H. F. Fulda / R.-P. Horstmann / U. Pothast, Frankfurt a/M, 1987, S. 444-479

—, Idee und vereinzeltes Subjekt in Hegels “Enzyklopädie”, In: *Hegels Theorie des subjektiven Geistes in der “Enzyklopädie der philosophischen Wissenschaften im Grundrisse”*, hrsg. v. L. Eley, Stuttgart-Bad Canstatt, 1990, S. 59-83

—, Hegels Begriff des absoluten Geistes, In: *Hegel-Studien* Band 36, Hamburg, 2001, 171-198

H.-G. Gadamer, Hegel und die antike Dialektik, in ders.: *Gesammelte Werke*. Band 3, Tübingen, 1987, S. 3-28

—, Die Idee der Hegelschen Logik, in ders. : *Gesammelte Werke*. Band 3, Tübingen, 1987, S. 65-86

C. Goretzki, *Die Selbstbewegung des Begriffs. Stufen der Realisierung der spekulativen Metaphysik Hegels in den Jahren 1801-1804/05*, Hamburg, 2011

F. W. Graf, Der Untergang des Individuums. Ein Vorschlag zur historisch-systematischen

Rekonstruktion der theologischen Hegel-Kritik, In: *Die Flucht in den Begriff. Materialien zu Hegels Religionsphilosophie*, hrsg. v. F. W. Graf und F. Wagner, Stuttgart, 1982, S. 274-307

A. Hager, *Subjektivität und Sein. Das Hegelsche System als ein geschichtliches Stadium der Durchsicht aus Sein*, Freburg/München, 1974

M. Heidegger, Die Metaphysik als Geschichte des Seins, in ders.: Nietzsche, 2 Bde., Pfullingen, 1961, Bd. 2, S.399 ～ 457

―, Die onto － teho － logische Verfassung der Metaphysik, in ders.: *Gesamtausgabe. 1. Abteilung. Band 11. Identität und Differenz*, Frankfurt/a/M, 2006, S. 51-79

―, Überwindung der Metaphysik, in ders.: *Vorträge und Aufsätze*, 11. Aufl., Pfullingen, 2009, S. 67 ～ 95

D. Henrich, *Der ontologische Gottesbeweis. Sein Problem und seine Geschichte in der Neuzeit*, 2.,unveränderte Aufl., Tübingen 1967（邦訳、ディーター・ヘンリッヒ、『神の存在論的証明　近世におけるその問題と歴史』、本間謙二／須田朗／中村文郎／座小田豊訳、法政大学出版局、一九八六年）

―, Fichtes ursprüngliche Einsicht, in: *Subjektivität und Metaphysik. Festschrift für Wolfgang Cramer*, Frankfurt a/M, S. 188 ～ 232

―, Anfang und Methode der Logik, in ders.: *Hegel im Kontext*, mit einem Nachwort zur Neuauflage, Frankfurt/a/M, 2010（erschien erstmasls 1971), S. 73-94

―, Hegels Theorie über den Zufall, in ders.: *Hegel im Kontext*, Frankfurt/a/M, 2010, S. 157-187

―, Formen der Negation in Hegels Logik, in: *Hegel-Jahrbuch 1974*, Köln, 1974, S. 245-256

―, Hegels Logik der Reflexion. Neue Fassung, in: *Hegel-Studien* Beiheft 18, Bonn, 1978, S. 204-324

―, Hegels Grundoperation. Eine Einleitung in die "Wissenschaft der Logik", in: *Der Idealismus und seine Gegenwart*, Hamburg, 1979, S. 208-230

―, Die Trinität Gottes und der Begriff der Person, in: *Identität*, hrsg. v. O. Marduard und K. Stierle, München, 1979, S. 612-620

―, Absoluter Geist und Logik des Endlichen, in: *Hegel-Studien*. Beiheft 20, Bonn, 1980, S. 103-118

―, Das Selbstbewußtsein und seine Selbstdeutungen, in ders.: *Fluchtlinien. Philosophische Essays*, Frankfurt a/M, 1982, S. 99-124

―, Über Selbstbewußtsein und Selbsterhaltung. Probleme und Nachträge über ＞ Die Grundcharakter der modernen Philosophie ＜ , in ders.: *Selbstverhältnisse. Gedanken und Auslegungen zu den Grundlagen der klassischen deutschen Philosophie*, Stuttgart, 1982, S.109-130

―, Andersheit und Absolutheit des Geistes, in ders.: *Selbstverhältnisse*, Stuttgart, 1982, S. 142-172

―, Kant und Hegel. Versuch zur Vereinigung ihrer Grundgedanken, in ders.: *Selbstverhältnisse*, Stuttgart, 1982, S. 173-208

―, Bewußtes Leben. Einleitung und Übersicht zu den Themen des Bandes, in ders.: *Bewußtes Leben. Untersuchungen zum Verhältnis vom Subjektivität und Metaphysik*, Stuttgart, 1999, S.11-

—, Subjektivität als Prinzip, in ders.: *Bewußtes Leben*, Stuttgart, 1999, S. 49-73
—, Warum Metaphysik ? , in ders.: *Bewußtes Leben*, Stuttgart, 1999, S.74-84
H. Heimsoeth, *Die sechs grossen Themen der abendländischen Metaphysik und der Ausgang des Mittelalters*, 4. Aufl., Stuttgart, 1958（邦訳、『近代哲学の精神　西洋形而上学の六つの大テーマと中世の終わり』、座小田豊／後藤嘉也／須田朗／宮武昭／本間謙二訳、法政大学出版局、一九九五年）
—, 須田朗・宮武昭訳『カント哲学の形成と形而上学的基礎』、III「カント哲学における人格性意識と物自体」、未来社、一九八一年、一五九〜二三七頁。
F. Hogemann, Die "Idee des Guten" in Hegels "Wissenschaft der Logik", in: *Hegel-Studien* Band 29, Bonn, 1994, S. 79-102
R.-P. Horstmann, Über das Verhältnis von Metaphysik der Subjektivität und Philosophie der Subjektivität in Hegels Jeaner Schriften, in: *Hegel-Studien* Beiheft 20, Bonn, 1980, S. 181-195
H. Huber, "Das Absolute ist der Geist", in: *Die Flucht in den Begriff. Materialien zu Hegels Religionsphilosophie*, hrsg. v. F. W. Graf und F. Wagner, Stuttgart, 1982, S. 228-246
W. Jaeschke, *Die Vernunft in der Religion. Studien zur Grundlegung der Religionsphilosophie Hegels*, Stuttgart-Bad Cannstatt, 1986
—, *Hegel Handbuch*, 2. Aufl., Stuttgart・Weimar, 2010
W. Janke, *Fichte. Sein und Reflexion － Grundlagen der kritischen Vernunft*, Berlin, 1970
—, Das bloß gesollte Absolute. Zur strittgen Rolle des Sollens in Hegels Logik und Fichtes Phänomenologie ab 1804, in: *Transzendentalphilosophie und Spekulation. Der Streit um die Gestalt einer ersten Philosophie (1799-1807)*, hrsg. v. W. Jaeschke, Hamburg, 1993, S. 177-191
H. Kimmerle, *Das Problem der Abgeschlossenheit des Denkens. Hegels "System der Philosophie" in den Jahren 1800-1804*, Bonn, 1970, S. 132-134
—, Die Begründung der Spekulation als eine Form des patriarchalischen Denkens. Ein Beitrag zur Interpretation von Hegels Religionsphilosophie in den Jahren 1801-1807, in: *Hegels Logik der Philosophie*, hrsg. v. D. Henrich und R.-P. Horstmann, Stuttgart, 1984, S. 189-210
B. Lakebrink, *Die Europäische Idee der Freiheit. Teil 1. Hegels Logik und die Tradition der Selbstbestimmung*, Leiden, 1968
R. Lauth, *Die Entstehung von Schellings Identitätsphilosophie in der Auseinandersetzung mit Fichtes Wissenschaftslehre (1795-1801)*, Freiburg/München, 1975
K. Löwith, Hegels Aufhebung der christlichen Religion, in ders.: *Vorträge und Abhandlungen. Zur Kritik der christlichen Überlieferung*, Stuttgart・Berlin・Köln・Mainz, 1966, S. 54-96
W. Marx, *Hegels Theorie logischer Vermittlung*, 2. Aufl., Stuttgart-Bad Canstatt, 1972
—, Die Logik des Freiheitsbegriffs, in: *Hegel-Studien*, Band 11, Bonn, 1976, S. 125-147
W. Pannenberg, Die Bedeutung des Christentums in der Philosophie Hegels, in ders.: *Gottesgedanke und menschliche Freiheit*, Göttingen, 1972, S. 78-113
—, Der Geist und sein Anderes, in: *Hegels Logik der Philosophie*, hrsg. v. D. Henrich und R.-P. Horstmann, Stuttgart, 1984, S.151-9

—, *Metaphysik und Gottesgedanke*, Göttingen,1988（邦訳、ヴォルフファルト・パネンベルク、『形而上学と神の思想』座小田豊／諸岡道比古訳、法政大学出版局、一九九〇年）
darin :Das Ende der Metaphysik und der Gottesgedanke, S. 7-19
Das Problem des Absoluten, S. 20-33
Buwußtsein und Subjektivität, S. 34-51
Begriff und Antizipation, S. 66-80

A. Peperzak, Selbstbewußtsein-Vernunft-Freiheit-Geist, in: *Hegels Theorie des subjektiven Geistes in der "Enzyklopädie der philosophischen Wissenschaften im Grundrisse"*, hrsg. v. L. Eley, Stuttgart-Bad Canstatt, 1990, S. 280-312

R. B. Pippin, Hegels Begriffslogik als Logik der Freiheit, in: *Hegel-Studien*, Band 36, Hamburg, 2001, S. 97-115

O. Pöggeler, *Hegels Idee einer Phänomenologie des Geistes*, Freiburg/München, 1973

R. Schäfer, *Die Dialektik und ihre besonderen Formen in Hegels Logik. Entwicklungsgeschichte und systematische Untersuchungen*, Hamburg, 2001

F. W. J. Schelling, *Historisch-kritische Ausgabe im Auftrag der Schelling-Kommission der Bayerischen Akademie der Wissen- schaften*. Hrsg. v. H. M. Baumgartner, W. G. Jacobs, H. Krings und H. Zeltener, Stuttgart, 1976ff.
Werke10 : Schriften 1801. ≫ Darstellung meines Systems der Philosophie ≪ und andere Texte. Hrsg. v. M. Durner, Stuttgart, 2009

L. Siep, *Hegels Fichte Kritik und die Wissenschaftslehre von 1804*, Freiburg・München, 1970

—, Die Wirklichkeit des Guten in Hegels Lehre von der Idee, in: *Hegels Erbe*, hrsg. v. Chr. Halbig, M. Quante und L. Siep, Frankfurt a/M, 2004, S. 351-367

Spinoza, *Opera*. Im Auftrag der Heidelberger Akademie der Wissenschaften. hrsg. v. C. Gebhart. 4 Bde., Heidelberg 1925

M. Theunissen, *Sein und Schein. Die kritische Funktion der Hegelschen Logik*, Frankfurt a/M, 1978

B. Tuschling, Necessarium est idem simul esse et non esse. Zu Hegels Revision der Grundlagen von Logik und Metaphysik, in: *Logik und Geschichte in Hegels System*, hrsg. v. H.-Chr. Lucas und G. P.-Bonjour, Stuttgart − Bad Canstatt, 1989, S. 199-216

F. Wagner, *Der Gedanke der Persönlichkeit Gottes bei Fichte und Hegel*, Gütersloh, 1971

—, Religiöser Inhalt und logische Form. Zum Verhältnis von Religionsphilosophie und "Wissenschaft der Logik" am Beispiel der Trinitätslehre, in: *Die Flucht in den Begriff*, hrsg. v. F. W. Graf und F. Wagner, Stuttgart, 1982, S. 196-227

—, Religion zwischen Rechtfertigung und Aufhebung. Zum systematischen Ort von Hegels Vorlesungen über die Philosophie der Religion, in: *Hegels Logik der Philosophie*, hrsg. v. D. Henrich und R.-P. Horstmann, Stuttgart, 1984, S. 127-150

G. M. Wölfle, *Die Wesenslogik in Hegels "Wissenschaft der Logik". Versuch einer Rekonstruktion und Kritik unter besonderer Berücksichtigung der philosophischen Tradition*, Stuttgart-Bad Canstatt, 1994

アウグスティヌス、『三位一体』、泉治典訳、アウグスティヌス著作集28、教文館、二〇〇四年。

H・I・マルー、『キリスト教史２　教父時代』、上智大学中世思想研究所編訳／監修、平凡社、一九九六年。

伊坂青司、『ヘーゲルとドイツ・ロマン主義』、御茶ノ水書房、二〇〇〇年。

岩波哲男、『ヘーゲル宗教哲学入門』、理想社、二〇一四年。

海老沢善一、『ヘーゲル論理学研究序説』、梓出版社、二〇〇二年。

加藤尚武、『ヘーゲル哲学の形成と原理　理念的なものと経験的なものの交差』、未來社、一九八〇年。

―（編），『ヘーゲル哲学への新視角』、創文社、一九九九年。

―,「ヘーゲルの個体論とゲーテの色彩論」『ヘーゲル哲学研究』vol.19、こぶし書房、二〇一三年、一五七～一七〇頁。

栗原隆、『ドイツ観念論の歴史意識とヘーゲル』、知泉書館、二〇〇六年
―,『ドイツ観念論からヘーゲルへ』、未來社、二〇一一年。

小林亜津子、「世界と神との和解　――「宗教哲学」講義一八二一年草稿におけるキリスト教と世俗性――」、『ヘーゲル哲学研究』vol. 4、こぶし書房、1998年、四一～五三頁。

座小田豊、「ヘーゲル哲学における神の思想　――「自由」概念の根本にあるもの」、『シェリング年報』、こぶし書房、第一七号、2009年、二六～三七頁。

―、「共有知としての「良心」についての一考察　――「良心」は誰のものか？」、栗原隆編『共感と感応　――人間学の新たな地平』、東北大学出版会、二〇一一年、七七～一〇三頁。

―、「共通知としての「良心」　――その始まりと神の問題――」、栗原隆編『世界の感覚と生の気分』、ナカニシヤ出版、二〇一二年、六六～八五頁。

―、「無限性と否定性　――ヘーゲルのイェーナ体系構想における「精神哲学」の成立」、『思索』第四七号、東北大学哲学研究会、二〇一四年、一～二五頁。

―、「「私」と「私」の間に　――「彼方への眼差し」を可能にするもの――」、座小田豊・栗原隆編『生の倫理と世界の論理』東北大学出版会、二〇一五年、一八一～二一三頁。

三重野清顕、「ヘーゲル『論理学　本質論（一八一三)』における因果性と時間」、『ヘーゲル哲学研究』vol. 14、こぶし書房、二〇〇八年、一三七～一四八頁。

嶺岸佑亮、「概念の主体性における個と普遍の本質について　――ヘーゲル論理学における「概念の人格性」をもとにして――」、『ヘーゲル哲学研究』、こぶし書房、vol.18、二〇一二年、一二八～一三九頁。

―、「「定立されていること」と自らを根拠とすること　――ヘーゲル論理学における現実性について――」、『ヘーゲル哲学研究』、vol.20、こぶし書房、二〇一四年、一五七～一七〇頁。

―、「純粋な自己意識の学としてのヘーゲル論理学」、『実存思想論集』、ＸＸＸ号、理想社、2015年、一二三～一四〇頁。

文献一覧

山内廣隆、『ヘーゲル哲学体系への胎動　フィヒテからヘーゲルへ』、ナカニシヤ出版、二〇〇三年。

山口誠一・伊藤功、『ヘーゲル「新プラトン主義哲学」註解　新版『哲学史講義』より』、知泉書館、二〇〇五年。

山口祐弘、『近代知の返照　――ヘーゲルの真理思想――』、学陽書房、一九八八年。

―、『ドイツ観念論における反省理論』、勁草書房、一九九一年。

―、『ヘーゲル哲学の思惟方法　――弁証法の根源と課題――』、学術出版会、二〇〇七年。

―、『ドイツ観念論の思索圏　哲学的反省の展開と広袤』、学術出版会、二〇一〇年。

―、「反省哲学と哲学的反省　――ヘーゲルにおける反省思想の展開――」、『ヘーゲル哲学研究』vol. 17、こぶし書房、二〇一一年、五〇～六〇頁。

山崎純、『神と国家　ヘーゲル宗教哲学』、創文社、一九九五年。

ワルター・シュルツ解説、座小田豊／後藤嘉也訳、『フィヒテ――シェリング往復書簡』、法政大学出版局、一九九〇年。

共同訳聖書実行委員会、『聖書　新共同訳　旧約聖書続編つき』、日本聖書協会、一九九六年。

著者略歴

嶺岸佑亮（みねぎし　ゆうすけ）

1985年宮城県生まれ

・経歴

2008年　　　　東北大学文学部人文社会学科卒業
2012～2014年 日本学術振興会特別研究員（DC2）
2015年　　　　東北大学大学院文学研究科博士課程後期修了　博士（文学）
2015～2018年 東北大学大学院文学研究科専門研究員などを経て、
現在、東北大学文学部、全学教育並びに福島大学非常勤講師

・主要論文

「真実の生の追求としての哲学　――人間的生の完成についてのソロン的理解とドイツ古典哲学における変容――」、『Moralia』第24号、27～47頁、2017年
「純粋な自己意識の学としてのヘーゲル論理学」、『実存思想論集』XXX、123～140頁、2015年
「「定立されていること」と自らを根拠とすること　――ヘーゲル論理学における現実性について」、『ヘーゲル哲学研究』第20号、157～170頁、2014年

装幀：大串幸子

ヘーゲル　主体性の哲学
――〈自己であること〉の本質への問い――

Hegel Philosophie der Subjektivität :
Frage nach dem Wesen des Selbstsein

2018年10月1日　初版第1刷発行

著　者／嶺岸佑亮
発行者／久道　茂
発行所／東北大学出版会
〒980-8577　仙台市青葉区片平2-1-1
Tel. 022-214-2777　Fax. 022-214-2778
http://www.tups.jp　E.mail info@tups.jp
印　刷／カガワ印刷株式会社
〒980-0821　仙台市青葉区春日町1-11
Tel. 022-262-5551

ISBN978-4-86163-297-6　C3010
定価はカバーに表示してあります。
乱丁、落丁はおとりかえします。